무문자사회의 역사

서아프리카 모시족의 사례를 중심으로

무문자사회의 역사

서아프리카 모시족의 사례를 중심으로

논형

지은이 : 가와다 준조(川田順造)
1934년 동경 출생. 동경대학 문화인류학과 졸업.
파리 제5대학 민족학 박사. 문화인류학 전공.
동경외국어대학 아시아·아프리카언어문화연구소 교수를 거쳐,
현재 가나가와(神奈川)대학 대학원 교수.
주요저서:『曠野から─アフリカで考える』(筑摩書房 제32회 일본에세이스트 클럽상 수상)『無
文字社會の歷史』(岩波書店, 第8回 澁澤〈시부사와〉賞 수상)『サバンナの音の世界』(東芝EMI,
1984年 文化廳芸術祭레코드부문 우수상 수상)『聲』(筑摩書房, 第26回 歷程賞 수상)『口頭傳承論』
(河出書房新社, 第46回 每日出版文化賞 수상)
1994년 프랑스정부로부터 문화공로상, 2001년 紫綬褒章 수상.

옮긴이 : 임경택
1960년 경북 김천 출생. 서강대학교 영어영문학과 졸업. 서울대학교 대학원 인류학과 졸업.
동경대학 대학원 학술박사. 문화인류학·민속학 전공
일본 민족학진흥회 연구원, 서울대학교 비교문화연구소 연구원을 거쳐, 현재 전북대학교 동양어
문학부 일어일문학 전공 교수.
주요저서:『日本の地方都市における商家の家業と社會的關係』(박사학위논문)
「일본의 도시형 생활집단-町內에 관한 소고」,「물건을 통해 본 한국과 일본의 민속문화비교」등.

무문자사회의 역사

지은이 | 가와다 준조(川田順造)
옮긴이 | 임경택
초판 1쇄 인쇄 | 2004년 6월 20일
초판 1쇄 발행 | 2004년 6월 28일
펴낸곳 | 논형
펴낸이 | 소재두
편집 | 이정미
표지디자인 | 디자인공 이명림
등록번호 | 제2003-000019호
등록일자 | 2003년 3월 5일
주소 | 서울시 관악구 봉천2동 7-78 한립토이프라자 6층
전화 | 02-887-3561
팩스 | 02-886-4600

ISBN 89-90618-36-3 94380
값 15,000원
協力: 獨立行政法人日本國際交流基金

無文字社会の歴史

西アフリカ・モシ族の事例を中心に

岩波書店

MUMOJI SHAKAINO REKISHI

by Junzo Kawada ©1976 by Junzo Kawada Commentary ©2001 by Hiroyuki Ninomiya Originally published in Japanese in1976 by Iwanami Shoten, Publishers, Tokyo.

This Korean language edition published in Nonhyung, Co., seoul by arrangement with the copyright holder c/o Iwanami Shoten, publishers, Tokyo

한국어판 서문

이 책은 제가 아직 학문의 출발점에 서 있던 시절에 문자와 역사에 관해 처음으로 집필한 것입니다. 이러한 책이 한국의 독자 여러분들에게 읽혀지게 된 것에 대해, 특별히 감개무량함을 느낍니다. 왜냐하면, 여러분 한국인의 조상들을 통해 우리 일본인들의 조상들은 문자라는 것을 알게 되었고, 그 문자를 사용하여, 유라시아 내의 다른 사회에서 보면 매우 늦은 8세기 초두에 처음으로 일본사회의 역사인 [고사기]를 쓰게 되었기 때문입니다. 8세기 중엽에는 그 때까지 약 300여 년 동안 불려져 왔고, 소리로 전해져 오던 수많은 노래들을 모아 처음으로 문자로 기록한 노래집인 [만엽집]을 편찬하게 되었습니다. 그 노래집에서 아주 빈번하게 사용되었던 까닭에 [만요가나]라고도 불리고 있는, 한자를 표음문자로 사용하여, 그 때까지 소리로서만 발화되던 일본어를 문자로 나타내게 되었던 것인데, 이 만요가나를 만들어 내는 데 있어서 6세기 경부터 전해져 온 한반도의 영향이 매우 컸다고 합니다.

한국의 조상과 일본의 조상은, 한자라는 자신들의 언어와는 전혀 다른 중국인을 위해 만들어진 문자로 자신들의 말을 표기하려고 함으로써, 양자가 유사한 곤란과 고민에 빠졌을 것임에 틀림이 없을 것입니다. 만요가나를 출발점으로 하여, 일본인은 이윽고 [마나(眞名)](진정한 문자라는 의미로서, 당시의 일본인이 한자를 가리켜 일컫던 말)인 한자의 일부를 간략화하여, 각이 진 문자 [카타카나]와 붓으로 흘려 썼을 때의 부드러운 느낌의 문자 [히라가나]라는 두 종류의 [가나(假名)](진정한 문자인 한자에 대해, 그것을 일본어에 맞춰 사용하기 쉽게 만든 [임시 문자]라는 의미)

를 (한자를 모르는; 역자 주)일본인들을 위해 만들어, 한자와 가나 혼용의 문장이라는 세계 어디에도 동일한 부류가 없는 서기법(書記法)을 창안하여 지금까지 사용해 오고 있습니다. 한국인들의 조상은 15세기에 세계에서 가장 합리적인 표음문자로 일컬어지는 한글을 발명하였습니다.

문자를 둘러 싼 한국과 일본의 경험은, 한 마디로 문자가 있다고 하더라도 그 문자의 존재방식이 매우 다양함을 가르쳐 줍니다. 역으로 문자가 없는 사회 하더라도, 큰북언어를 비롯한 소리의 전달과 그림을 통한 표현이 아주 풍부하게 발달하여 결코 똑같지는 않습니다. 그러한 것에 대해 저는 이 책에서 기술하고 있는 큰북언어로부터 역사를 찾고자 한, 당시로서는 어느 누구도 깊이 탐구한 바가 없었던 기획을 통하여, 그리고 이 책을 저술한 이후에, 모시왕국과 동시대에 번성히 었으며, 큰북언어는 없지만 청동이나 상아 혹은 나무로 만든 조상의 그림/조각을 아주 많이 만들어낸 베닌왕국(현재의 나이지리아)사회의 연구를 통해 알게 되었던 것입니다.

그러한 연구를 통하여 저는 이 책의 표제로 정한 [무문자사회]라는, 마치 인간사회에 문자가 존재하는 것을 당연한 전제로 한 것 같은, 그리고 문자가 존재하지 않는 것이 무엇이가가 결여된 것처럼 여기는 마이너스적인 규정방식으로부터 벗어나 문자를 필요로 하지 않는 사회라고 하는 보다 현실에 맞는 규정을 해야만 한다고 생각하게 되었습니다. 이 책의 서두에서도 기술한 바와 같이, 언어는 인류에 보편적이지만, 문자는 조금도 보편적이지 않습니다. 실제로 사용되는 범위라는 것도 함께 고려하면서 인류 백만년의 역사를 보면 문자를 사용하는 생활장면이 오히려 특수한 것이라고 할 수 있을 것입니다.

그와 동시에 저는, 한국이나 일본과 같이, 오랜 옛날부터 문자를 사용해 온 사회에도 [무문자성]이라고 할 수 있는 문자와는 전혀 연고가 없는 전달영역이 아주 풍부하게 퍼져 있다는 것도 깨닫게 되었습니다. 아주 생생한 소리로 이야기나 노래를 통해 표현되는 세계나, 몸짓과 동작을 통한 전달, 그리고 그림이나 조각과 같은 것들이 표현하는 세계라는 것은 문자로는 치환할 수 없는 독자적이고 아주 소중한 것들입니다. 제가 일본어로 읽은 책들 중에도, 오랜 친구인 사쿠라이 테츠오(櫻井哲男)가 장기간에 걸친 한국에서의 필드워크에 기초하여 정리한 ['소리' 의 연구: 한국 농촌에 있어서 소리와 음악의 민족지](1989, 東京, 弘文堂)에서도 밝히고 있는 것처럼, 문자문화가 옛날부터 발달하여 보급된 한국사회에서도, 풍요한 소리의 세계가 존재하는 것입니다.

현대세계는 취학률과 식자율을 고양시키는, 즉 아이들을 가능한 한 학교에 보내 문자교육을 보급하는 것이 개발이요 진보라고 생각하는 경향이 있습니다. 제가 처음 방문했던 무렵, 독립직후의 부르기나파소(당시의 오토볼타)의 농촌의 학령아동기의 취학률은 9% 정도였다고 공식발표하였습니다. 낮에는 어른들과 어울려 진흙투성이가 되어 일을 하던 아이들이, 밤에 단란하게 모여 이야기 할 때에는 아주 생생하게 개성이 뚜렷한 자신의 소리와 말로 아주 훌륭하게 옛날이야기를 들려주면서 모든 이들을 웃겨주는 모습을 보면서, 정말 살아 있는 목소리에 감동을 받았습니다.

저는 그 무렵부터, 음성언어와 소위 음악과 목소리와 그리고 기계음(소위 악기가 아니라, 작업구로서의 방아나 방망이 등이 내는 소리)마저도 포함한 소리에 의한 전달의 총체를 사회적 · 정치적 의미와 연관시켜 생각하는 [소리문화]라는 개념을 주장하였고, 그러한 관념을 바탕으로 한 필드워크를 통해 많은 연구를 발표해 왔습니다. 제가 아프리카에서 채록한 많은 노래, 이야기, 역사전승, 큰북언어 등을 편집하여 해설을 덧붙여 [사바나의 소리 세계]라는 제목으로 처음 레코드앨범을 냈고, 나중에 더 자세한 해설을 붙여 같은 제목으로 카세트북으로 발표하였는데, 그것을 들은 몇 명의 친구들이 [아이들의 목소리가 너무 예쁘다]고 하였습니다. 이야기의 프로도 그 무엇도 아닌 아이들의 목소리가 아름답고, 말에 개성이 있어서 빛나는 것은 이 아이들이 학교에서의 문자교육으로 말을 획일화하는 방식으로 배운 것이 아니었기 때문은 아닐까 하고 생각하게 되었습니다. 문자를 통해 말을 배우게 되면, 음성언어가 규격화되고, 획일화되어 버립니다. 그 결과, 음성언어의 지역차, 개인차는 감소하게 되고, 언어가 넓은 범위에서 통용되게 됩니다.

19세기의 유럽에서 시작되어, 제2차 세계 대전 후에는 식민지로부터 독립한 나라들도 포함하여 전 세계에 퍼지게 된 국민국가(Nation-State)에서는 국가별로 국어라는 것을 정하고, 학교교육을 보급시켜 공통의 [국어]로 상호 의사전달이 가능하게 되도록 노력해 왔습니다. 그 때까지 자유롭게 이야기 하던 방언이 지니고 있던 차이는 표준화되어, 한 국가 안에서는 말의 의미가 보다 잘 통하게 되었을 것입니다. 하지만, 그 때 [통하는]의 의미라는 것은 무엇일까요. 정부나 행정관서로부터의 하달 등, 공용의 연락을 위해서는 편리해지겠지만, 이전의 방언, 마을 고유의 말, 집안 고유의 말, 자신만의 언어가 지녔던 생생한 감정의 표현력과 전달력은 상실되는 것은 아닐까요. 게다가, 이 모시사회에서는 국가의 공용어가 구 식민지종주국의 언어인 프랑스어이고, 학교에서 문자를 통해 배우는 것도 마을이나 가족생활에서는 전혀 사용하지 않는 프랑스어인 것입니다.

단지, 말을 문자로 기록하는 행위가 특히 역사나 역사의식의 형성과의 관계에서 가지게 되는 중요한 의미로서 (1)시간, 공간의 원격전달성(어떤 메시지를 변형시키지 않고 시간공간을 넘어 전달할 수 있다), (2)반복참조성(동일한 메시지를 몇 번이고 반복하여 참조할 수 있다), (3)개별

참조성(혼자서 스스로 원할 때 참조할 수 있다), (4)발신수신에 있어서 무제약적인 정지의 자유(메시지를 문자로 표기할 때나 그것을 읽을 때나 모두, 도중에 시간을 들여서 쓰고 읽는 행위를 정지하고 사고할 수 있다) 등을 들 수 있을 것입니다. 그 중에서 (1)(2)(3)에 대해서는 저 자신도 그 후에 아주 오랜 시간에 걸쳐 행해 온 큰북언어의 연구를 통해서 상당한 정도 달성되었는데, 역시 획득된 문화를 전달하고 세련되게 하는 데 매우 중요한 것이며, 나아가 큰북언어 등에 의해서는 달성되지 않는 것은 (3)과 (4)이고, 특히 (4)는 문화를 창조하고 창안하는 데 큰 의미를 지니고 있다고 생각합니다.

문자의 존재유무로 사회를 명확하게 구별할 수는 없지만, [문자를 필요로 하지 않았던 사회]에서, 역사나 역사의식의 존재방식에 대해서 생각한다는 것은 매우 중요한 의미를 지닌다고 생각합니다. 그것은 여태까지 당연시해 왔던 동양사, 서양사 중심의 문자자료에 기초한 역사연구를, 보다 넓은 시야에서 그러한 것들도 결국은 다양한 역사인식의 하나로서 상대화시켜 가치평가를 할 수 있는 길을 열어준다고 생각하는 것입니다. 특히 근년에 활발해진 사회사연구에 있어서도 비문자자료를 활용하기 위해서 [문자를 필요로 하지 않는 사회]를 통해 익힌 역사나 역사의식의 존재방식에 대한 이해는 빼놓을 수 없는 것입니다.

이 책은 프랑스 파리에서 작성한 박사학위논문 가운데 방법론적인 부분을 확대하여 일본어로 써서 이와나미서점에서 발행하는 (사상)에 단속적으로 연재하던 것이 그 바탕이 되었습니다. 연재를 완결한 후 단행본으로 간행되었고, 그 후에 [이와나미 동시대 라이브러리]라는 소형책자 시리즈의 하나로서, 그리고 [이와나미현대문고]라는 포켓북의 하나로 재간행되었습니다. 그러한 과정을 거치면서, 제가 제기한 많은 문제들을 저 나

름대로 탐구한 결과는 이 책의 말미에 있는 자저해제와 이와나미현대문고판을 위한 추기 등에 써 놓았습니다. 또한 프랑스어로 번역된 {소리}(筑摩書房, 1988; 증보개정판은 ちくま學芸文庫, 1998)는, 이 책 이후에 전개되는 작업들 중 중요한 성과의 하나로서, 한국의 독자 여러분들에게 읽혀질 수 있는 기회가 있기를 소망하고 있습니다.

이 책을 한국어로 번역해 준 임경택 교수는 제가 존경하는 후배 한국연구자인 동경대학 이토 아비토(伊藤亞人)교수의 제자로서, 일본의 지방도시의 상업활동에 대하여 치밀한 필드워크를 통하여 수집한 자료를 정리하고 분석하여 아주 우수한 박사학위논문을 동경대학에서 완성하였습니다. 일본어뿐만 아니라 일본문화에도 아주 이해가 깊은 문화인류학자입니다. 작년 서울에서 만나 이 책의 번역에 대한 애기를 들을 수 있었는데, 동경대학 재학 중에 이 책을 읽고 번역하기로 결심한 후 오랜 세월에 걸쳐 면밀하고 양심적으로 번역을 완성시켜 주었음을 역력히 알 수 있었습니다. 저의 주장과 의도를 이 정도로 잘 이해하고 있는 분이 번역을 해 주신 것은 저자로서는 너무나 행복한 일이며, 임 교수의 오랜 노력에 대해 이 자리를 빌어 새삼 감사를 드리는 바입니다.

갑신년 5월 15일 湯河原의 자택에서   가와다 준조

무문자사회 읽기 혹은 소리의 정복

문자란, 지금 바로 독자 여러분들이 읽고 있는 것이다. 이 글을 쓰고 있는
나 자신은 물론 독자 여러분들에게 아주 낯익은 존재이며, 그 점에 있어서
문화인류학자가 오로지 그 대상으로 삼아 온 먼 세계의 기묘한 풍습과는
극을 이루는 존재이다. 그러나, 우리는 그 낯익음으로 인해 종종 망각하기
도 하는데, 식자(literacy), 즉 문자를 읽고 쓰는 것은 인간에게 있어서 결코
자연스런 행위라 볼 수 없을 것이다. 특히 19세기까지의 세계에 있어서 문
자란, 일부의 지역에서 일부의 사람들이 사용한 데 지나지 않으며, 다른 지
역에서는 없어도 그다지 곤란하지 않은 도구의 하나에 지나지 않았다. 또
한 그것은 어느 정도 적극적인 훈련을 받지 않으면 습득할 수 없음에도 불
구하고, 일단 습득하게 되면 그 자의성을 의식하는 것은 대단히 어려워지
는데, 그러한 점에서 문자란 강렬한 문화적 존재인 것이다. 따라서 저자의
말대로 "문자의 유무를 기준으로 하여 문자사회와 무문자사회를 상호 단
절된 두 가지 이질적인 사회로 간주하고…후자를 배제하는 형태로 설정하
는 것은 불가능하다".

　　인간은 보편적으로 두 가지의 능력을 지니고 있는데, 음성언어능력
과 도구의 제작 및 사용능력이다. 이 책은 그 중에서 음성언어에 의한 커
뮤니케이션에 대하여 그것이 일부를 이루고 있는 소리의 세계, 춤·의례
등의 신체표현, 조각상 등 그림/조각의 세계와 관련지어 가면서 문자사회
라는 측면에서의 부정적인 파악이 아닌, 그것 자체로서 성립되고 있는 전
체로서 파악해 보고, 또한 역으로 문자 이외의 측면에서 다시금 문자 및 문

자가 지배하는 문화의 의미를 반대로 파악해 보고자 시도한, 川田順造(가와다 준조;전 동경외대, 현 가나가와대학 교수)의 『無文字社会の歷史』[무문자사회의 역사](岩波書店, 2001)를 완역한 것이다.

사하라 사막 이남의 아프리카의 거의 대부분의 지역은 19세기에 서유럽 국가들에 의한 식민지화와 함께 본격적인 문자문화를 알게 되는데, 그 시점에서의 서유럽인들이 지니고 있었던 문자문화는 산업혁명을 거쳐 고도로 기계화된 문자문화였다. 더구나, 문자문화는 식민지화·식민지 지배라는 권력적인 형태로 도입된 것이었다. 따라서 사하라 사막 이남의 아프리카 사회에 있어서 〈구연 문자〉의 충격은 당시까지의 역사상 각지에서 일어난 그 어떤 과정보다 강렬한 것이었음을 충분히 짐작할 수 있다. 그런 까닭에 20세기의 사하라 이남의 아프리카 사회가 겪는 경험은 인간에게 있어서 문자문화가 가지고 있는 의미를 생각하는 데 있어서 중요한 단초를 제공해 주고 있다. 우선, 100여년 전까지 문자문화가 거의 존재하지 않고, 현재에도 일반적으로 식자율이 낮은 상황으로 인해, '문자를 사용하지 않는 생활이란 어떤 것일까'에 대해 구체적으로 알 수 있는 기회를 제공해 왔다. 그러한 흐름 안에서, 이 책은 '문자문화가 생물학적 존재로서의 인간에게 있어서 반드시 필연적인 것은 아니다'라는 사실을 구체적인 생활의 양상을 통해 보여주는 것으로 매우 중요한 의미를 지닌다고 할 수 있을 것이다.

저자는 이 책에서 특정사회의 전체론적인 파악을 기본적인 전제로, 서아프리카·남부모시 사회, 구 텐코도고 왕국(지금의 부르기나파소)을 중심으로 하여 방대하면서도 동시에 다방면에 걸친 자료를 검토하고 있다. 그것은 서아프리카에서만 30여년에 이르는 저자의 계속적인 연구의 성과이기도 하지만, 그것이 특정한 결론으로 수렴되는 연구의 집대성이라 기보다는 차후에 이루어질 수 있는 다양한 연구에 대한 가능성을 제시하는 성격이 더욱 강하게 나타나고 있다. 따라서 이와 비슷한 관심을 지니고 있는 인류학 · 민속학 등의 분야에 종사하고 있는 연구자들은 거기에서 여러가지 흥미로운 문제제기를 찾아낼 수 있을 것이다. 이와 같이 저자가 펼쳐 놓은 다양한 연구영역에 걸친 모든 문제제기에 대하여 검토를 더하는 일은 옮긴이의 지식과 견식, 역량을 넘어서고 있다. 따라서 옮긴이는, 저자가 의도하는 대로 구연전승과 역사, 문자사회의 무문자성, 그리고 인간의 커뮤니케이션[1]이라는 측면에 집중하여 좇아가 보는 것도 이 책을 읽는 한 방법임을 제시하고자 한다.

1. 일반적으로 「커뮤니케이션」이란, 정보전달, 물리적 이동의 쌍방의 의미를 포괄하는 말로서 사용되지만, 여기에서는 음성커뮤니케이션을 주제로 하는 이 책의 취지를 고려하여, 보다 좁은 「정보전달」의 의미로서 사용하기로 한다.

저자가 대부분 모시족의 사례만을 근거로 삼고 있는 것은, 한 사회의 구체적이고 종합적인 검토를 통하여 결국 문화체계 안에서 어떠한 사실이나 현상이 지닌 의미 및 그러한 사실과 현상이 다른 맥락의 사실과 현상들과 맺고 있는 관련성에 대하여, 그 문화 자신이 지니고 있는 개념이나 논리를 참조하면서 분명히 함으로써, 연구자의 주관에 따라 대상을 자의적으로 취사선택하는, 문화연구의 과정에서 빠져들기 쉬운 결함을 배제하는 최선의 방법이라고 생각했기 때문일 것이다. 나아가 다른 문화와의 비교 역시 그러한 '문화내부적' 검토를 거쳐 비로소 유효하게 된다고 생각하였기 때문이라는 것은 전체의 논조를 통해 충분히 알 수 있을 것이다. 또한, 저자는 옮긴이에게 이렇게 말한 적이 있다. "본인이 통산 17년에 가까운 모시사회의 필드워크에서 얻은 자료들과 비교할 때, 구연전승의 역사나 무문자성에 관한 한 비견될 만한 자료를 서아프리카의 다른 사회에서는 거의 얻기 힘들었기 때문이다".

이처럼 '문자를 이용하지 않는 전체사회 모시'가 보여주는 인간사회의 무문자성에 대한 시사가 설득력을 지니는 이유는 필자의 장기적인 조사 외에, 다음과 같은 상황에서 기인한 것이라 할 수 있을 것이다. 우선, 식민지 이전부터 왕국으로서 상당한 집권성을 보유하고, 식민지화 이후에도 지방의 유제로서 왕제가 존속하고, 일시적으로는 강화되기도 하는 등, 남부 모시사회가 전체사회로서 지니고 있었던 안정성 때문이다. 둘째, 흑인아프리카 여러사회에 대해 일반적으로 지적되는 외부 사회에 대한 수동적 태도 및 정치적·경제적 악조건을 요인으로 하는 부르기나파소의 근대화정책, 특히 뒤쳐진 학교교육의 설립으로 인한 문자문화 침투의 완만함 때문이다.

　　이러한 방법론에 입각하여 저자의 '구연전승론'은 서양근대적인 언어, 음악의 개념에 대해 모시라는 전혀 이질적인 문화로부터 근본적으로 질문을 던져보는 것을 출발점으로 하여 전개시켜 나가고 있다. 거기에서 행하여지는 고찰은 복수의 시점을 병용한 이른바 복안적 성격을 갖추고 있다. 그것은 실로 종합적 파악이라는 방법론이 필연적으로 요청하는 것이겠지만, 특히 흥미로운 것은 '무문자사회 모시'라는 정적인 전체사회의 설정이다. 저자 자신도 현재형과 과거형을 미묘하게 혼재시켜 기술하고 있는 것처럼, 1962년부터 시작되었던 실제의 조사상황과 비교하면 '무문자사회 모시'라는 것은 일종의 이념적인 형태로서 이해되어야 할 것이다. '민속지적 현재(民俗誌的現在)'라고 불리는 것과도 겹치는 대상사회의 이념형의 설정은 문자의 유무라는 규준과는 관계없이 문화연구의 중요한 방법의 하나이다. 이 책에서 저자가 '문자를 사용하지 않는 전체사회'로서의 모시사회라는 이념형을 채택한 것은, 무엇보다도 문자사회의 상대화라는 명확한 문제의식 위에 서 있음을 보여주는 것이다. 기혼여성과 미혼남성이 주도하는 밤의 대화방 '소아스가'를 위시하여, 악기음에 의한 메시지의 전달 시스템 중에서도 가장 세련된 것의 하나인 큰북을 이용하여 전하는 왕통의 계보까지, 모시사회의 다양한 커뮤니케이션을 종합적으로 파악하는 것에 기초를 둔 이 책의 논고는 독자들에게 문자문화를 상대화할 수 있는 중요한 계기를 제공하는 데 충분히 성공하고 있다고 여겨진다. 모시사회의 벤다들의 모습은 소리를 냄으로써만이 현존하는 무문자사회의 지식의 본성이 지닌 일면을 여실히 드러내주고 있기 때문이다. 모든 것이 매체 안에서의 정보로서 등가화되고 있는 현재, 이 무문자사회의 이야기꾼들은 매체에 쉽게 빠져드는 것을 선호하지 않는 문화의 최후의 담당자라 아니할 수 없다. 언어의 구두성(口頭性)을 극한까지 끌어 올리는 벤다와 노트와 녹음기를 들고 다니는 인쇄문자문화의 화신과 같은 조사자(저자). 그들의 만남은 현재 점점 더 곤란해지고 있는 진정한 의미에서의 '말의 타문화접촉'의 하나인 것이다. 잭 구디(J.Goody)가 지적하는 것처럼 문자를 가짐으로써 구두언어도 문자의 영향을 받게 된다. 특히 문자언어를 기록하는 것을 그 직업으로 삼고 있는 연구자의 경우, 문자언어와 구두언어 사이의 피드백이 현저하게 이루어지고 있다고 생각된다. 문화인류학자의 참여관찰이란 구체적으로 메모를 하면서 살아가는 것에 다름 아닌 것이다. 필기용구 없이 장기체재 조사를 하는 일은 시도조차 되지 않는 것이다. 그러므로, 자신의 필드에서 타문화를 읽는다고 하는 것은, 연구자와 그들의 손에 의해 텍스트가 생성되는 순간의 왜곡과 알력을 자각하지 않는 한, 어디에나 나타나는 관광객과 다름 아니게 되는 것이다.

그러나, 최근의 흑인 아프리카 여러 나라의 상황변화는, 가령 근대국가에서의 유제라는 하위사회로서도 '정적인 전체사회'의 존속을 곤란하게 하고 있다. 또한 더디긴 하지만 인쇄문자 문화의 침투가 계속되고 있는 한편, 라디오, 텔레비전, 비디오, 카세트레코더 등의 매체들을 통하여 전기에 의한 대량복제·증폭된 인공음·영상이 지역과 국경을 초월하여 급속히 퍼져가고 있다. 문자를 필요로 하지 않는 전체사회로서의 안정성의 저하는 흑인아프리카에만 한정된 것이 아니라, 제3세계의 지역사회 일반에 해당하는 경향일 것이다. 저자는 이러한 문제에 관한 한 모시사회만큼 세밀하고 종합성을 갖춘 연구가 서아프리카의 다른 지역에 관해서는 거의 볼 수 없다고 이야기 하고 있다. 하지만 이 책에서 아쉬웠던 점은, 특정 지역사회의 자연환경에 대해 일차적 가공만으로 커뮤니케이션을 종합적으로 파악하려는 시도는 설령 서아프리카 이외의 지역까지 그 범위를 넓힌다 하더라도 한층 더 곤란스러워 지리라 생각된다는 점과, 문자 뿐만이 아니라 대량공업생산적 매체, 이른바 일반적인 매스미디어를 배제하고 있다는 점을 들 수 있을 것이다.

그런데 앞서 지적한 바와 같이 저개발지역을 중심으로 문화인류학이 그 연구대상으로 삼아 왔던 사회를 정적·종합적으로 파악하는 것이 매스미디어의 침투로 인해 곤란해지고 있는데, 문화인류학적 조사자들은 최근까지 그 대상사회에서 그러한 새로운 매체들의 침투보다 항상 선행하여왔다. 참여관찰이라는 상황의존성이 높은 방법에 의한 산발적인 자료수집을 빈번한 참여관찰과 체재의 장기화에 의하여 제어한다라는 전략을 취해온 여러 연구자들에게 있어서, 사진기나 녹음·녹화기기는 그대로 두면 한정된 장소에서의 이야기나 음악, 무용 혹은 '그 장(場)의 분위기' 등을 효율성 높게 기록하기 위한 강력한 기술로서 적극적으로 이용되어 왔다(단, 기록되어진 방대한 자료들을 실제로 얼마만큼 분석할 수 있는가는 이와 별도의 이야기이다).

그렇지만 매스미디어를 사용하여 '지금, 이곳'을 넘어선 커뮤니케이션을 행하고 있는 것은 더 이상 조사자 혹은 연구자 뿐만이 아니다. 체재기간 중 한없이 계속 이어지는 '지금, 여기'에서 벌어지는 사건들의 기록을 쌓아 올리는 것만으로 그것이 저절로 '소규모의 자기완결적인 전체상'으로 수렴되어 가는 일은 존재하지 않는다는 사실은 이미 많은 연구자들이 지적하고 있다. 그리고 그러한 지적들은 대상사회의 근대화에 동반된 상업음악, 문학, 영화 등 매스미디어에 개재된 표상문화적 분야로 관심의 비중이 증대하는 것과 대극적인 한 쌍을 이루고 있다.

이러한 매체를 둘러싼 여러 가지 조건의 고찰은 궁극적으로는 '모든 활동을 상황에 따라서'라는 필드워크의 원칙에 일반화시키는 것도 가능할 것이다. 하지만, 참여관찰에 의하여 파악할 수 있는 상황에 비해서 시간적으로나 공간적으로 현격하게 그 규모가 큰 상황을 고려하는 것이야말로, 그러한 일반화를 행하기 전에 우선 조사가 행해지고 있는 상황마저도 이미 시야에 포함시켜, 연구대상사회의 역사적 과정에 대한 의식을 강화시키는 것으로 이어지고 있는 것은 아닐까.

물론, 동시대의 문자자료가 축적되어 있는 이른바 역사사회를 대상으로 하는 조사의 경우, 대상사회의 역사를 고려한다는 것은 다시금 말할 것도 없이 당연한 전제가 될 것이다. 그렇지만, 커뮤니케이션 매체의 급속한 발달·다양화에 수반되어 일어나는 '현재를 참조점의 하나로 간주하는 역사·의식'의 변용을 고려하여 조사를 하고자 할 때 그것은 '연구자가 역사를 필요로 하고 있다'는 것일 수도 있을 것이다 , 이 책에서 전개되고 있는 흑인아프리카 여러 사회의 커뮤니케이션, 역사, 권력을 둘러싼 논의는 매우 중요한 의미를 지닌다. 또한 , 그와 같이 '문자를 배제하면서 역사를 필요로 해 왔던 사회'에 관한 저자의 일련의 논고는,인간이 역사를 하나의 초점으로 삼아, 자연음을 일차적으로 가공하거나, 그림이나 조각을 구사하는 등, 얼마나 다양하고 복잡한 커뮤니케이션을 발달시켜 왔는가를 잘 보여주고 있다. '역사란 무엇인가' 라는 물음을 중심으로 하는 그러한 고찰들을 멀티/매스미디어사회에 있어서의 필드워크를 통하여 얼마나 발전시켜 나갈 것인가는 이후의 문화인류학에 있어 커다란 과제일 것이다.

이 책의 원문은 한국인들이 쉽게 번역할 수 있을 거라는 막연한 기대감을 가지고 있는 일본어로 쓰여졌음에도 불구하고, 번역하기에 까다로운 부분이 매우 많았다. 저자 스스로가 밝혔듯이 자신의 학문이 성숙해 가던 시기에 프랑스와 구 프랑스령 식민시에서 생활하면서 자연스럽게 익히게 된 프랑스어의 수사적 표현이 일본어에 잔뜩 묻어 있었기 때문이고, 또한 일본어의 수사적 표현과 의미를 우리말로 나타내기에는 어색한 부분이 수없이 있다는 것을 일본어를 옮길 때마다 느끼곤 하던 것이 여전히 옮긴이를 괴롭혔기 때문이다. 그러한 과정에서 이 책을 번역하는 데 많은 도움을 주신 분들께 지면을 빌어 감사를 드리고자 한다. 우선 옮긴이가 유학 중에 우연히 접하게 되어, 문자사회 일본의 역사와 문화를 연구하는 데 많은 시사점을 얻었던 이 책의 번역을 흔쾌히 허락해주신 가와다 선생님께 감사를 드리며, '말과 글' 을 놓고 고민하던 당시부터 지금까지 끝없이 가르침을 주고 계시는 동경대학의 지도교수 이토 아비토 선생님, 그리고 이름을 다 열거할 수는 없지만, 역사란 무엇인가란 주제를 놓고 술자리에 옮겨서까지 토론하고 싸웠던 동경대학의 선배 · 동료들께 다시 한 번 감사드리고 싶다.
또한 이 책의 초벌 번역과정에는 최승욱군을 비롯한 전북대학교 일어일문학과의 학생들이 많은 도움을 주었다. 이 자리를 빌어 그들의 노고에 감사의 마음을 전한다. 끝으로 거듭된 수정작업과 편집에 노고를 아끼지 않으신 논형출판사의 소재두 사장님을 비롯한 편집진 여러분께 지면을 빌어 고마움을 전하고 싶다.

2004년 6월

전주의 황방산 아래 고즈넉한 서재에서

임경택

차례

한국어판 서문 · 7

옮긴이의 말 · 13

1. 첫 머리에 · 27

2. 비문자(非文字) 사료의 일반적 성격 · 29

3. 문자 기록과 구연(口演) 전승 · 36

4. 보시족의 경우 · 43

5. 계보의 병합 · 54

6. 절대연대의 문제 · 71

7. 역사의 출발점 · 80

8. 반복되는 주제 · 90

9. 구연 전승의 정형화 · 96

10. 수장(首長)의 지위 계승 · 101

11. 역사 전승과 사회 정치조직 · 113

12. 이데올로기―표현으로서의 역사 전승 · 123

13. 역사 전승의 '객관성' · 134

차
례

14. 역사 전승의 비교 · 143

15. 제도의 비교 · 155

16. 발전단계의 문제 · 174

17. '전통적' 사회라는 허상 · 195

18. 신화로서의 역사 연표(年表)로서의 역사 · 213

19. 문자사회 · 226

20. 맺음말 · 240

저자 후기 · 245

이와나미현대문고판을 위한 추기 · 251

저자 해제 l '갈 길은 멀다, 하지만 아직 해는 저물지 않았다' · 258

해설 니노미야 히로유키 · 278

참고문헌 · 283

사진차례

권두 사진 의례를 위해 성장(盛裝)을 갖춘 텐코도고 왕 ▪ 25

지도 1 서아프리카 ▪ 26

그림 1 시조 준그라나라고 여겨지고 있는 바오밥 나무 ▪ 32

그림 2 도곤족의 도형 기호 ▪ 32

그림 3 수장의 차양 밑에서 큰북을 두드리는 노악사 ▪ 38

지도 2 준그라나의 묘 ▪ 44

그림 4 내방자를 접견하는 와가두구의 모시 왕(1888년) ▪ 45

그림 5 신하로부터 예를 받고 있는 와가두구의 모시의 왕(1963년) ▪ 45

그림 6 농작물을 수확한 후의 마을의 풍경 ▪ 47

그림 7 모시족의 주거 일부 ▪ 47

그림 8 시장에서 팔 물건을 머리에 이고 걸음을 재촉하는 여인들 ▪ 49

그림 9 테노아겐 수장의 조상제사 ▪ 62

그림 10 남자의 춤 '와루바' ▪ 64

그림 11 우리는 춤춘다, 고로 존재한다 ▪ 66

그림 12 통북투의 이슬람 대사원 ▪ 73

그림 13 통북투 마을의 모습 ▪ 73

그림 14 주술의 도구[呪具]를 전신에 두른 토지의 주인 ▪ 82

그림 15 맘프루시 왕 앞에서 춤을 추는 토지의 주인 ▪ 92

그림 16 큰북 만들기 ▪ 98

그림 17 다곰바의 궁정 악사들 ▪ 98

그림 18 다곰바의 최고 수장 야나 ▪ 105

그림 19 맘프루시의 최고 수장과 궁정 신하들 ▪ 107

그림 20 역사전승을 이야기하는 마을의 장로 ▪ 118

그림 21 의례를 위해 화려하게 분장한 텐코도고 왕 ▪ 124

그림 22 텐코도고 왕의 조상의 기념 의례 ▪ 126

그림 23 맘프루시의 최고 수장의 '존고' ▪ 145

그림 24 왕의 곡물 타작 ▪ 159

그림 25 왕의 밭 작업 ▪ 159

그림 26 수장례(首長禮) '나 포솜'에 온 신하 ▪ 189

그림 27 베를 짜는 사람 ▪ 199

그림 28 마을의 대장장이 ▪ 200

그림 29 토기 만들기 ▪ 203

그림 30 마을의 '바스가' ▪ 216

그림 31 쿠란 학교에서 공부하는 학생들 ▪ 228

그림 32 바람으로 곡물을 골라내기 ▪ 241

그림 33 곡물을 찧는 여자들 ▪ 243

의례를 위해 성장(盛裝)을 갖춘 텐코도고 왕

이슬람의 축제 '타바스키'에 맞춰서 행해지는 모시족의 축제 '키부사'에서는, 이슬람교도가 아닌 텐코도고 왕도 오전 중에 투구를 쓰고 말을 탄 채 부하를 거느리고 예배드리는 장소로 가서, 조금 떨어진 곳에 자리를 잡고 일반의 예배가 끝나기를 기다린다. 그후에 이맘(예배의 인도자)이 왕에게 다가가서 왕에게 특별한 축복을 내린다. 오후에는 붉고 긴 모자를 쓰고, 왕궁의 안쪽 출구에서 시작하여 '잔데'까지, 큰북이 연속적으로 울리는 가운데 상체를 앞뒤로 흔들면서 한 발자국씩, 20미터 정도의 거리를 30분 남짓에 걸쳐 걷는다. 이것은 아주 오래 전, 지면이 아직 단단해지기 전에 지상을 걸었던 카멜레온 '곰티우고'의 걸음걸이를 흉내 낸 것이라고 한다. 뜨거운 태양 아래에서 두꺼운 옷을 입고 천천히 걸어가는 왕은 더위를 조금이나마 식히기 위해, 입에 청량제인 코라의 열매를 넣고 씹으면서 걸어간다. 사진은 걸어가는 도중의 한 장면.

[지도 1] 서아프리카

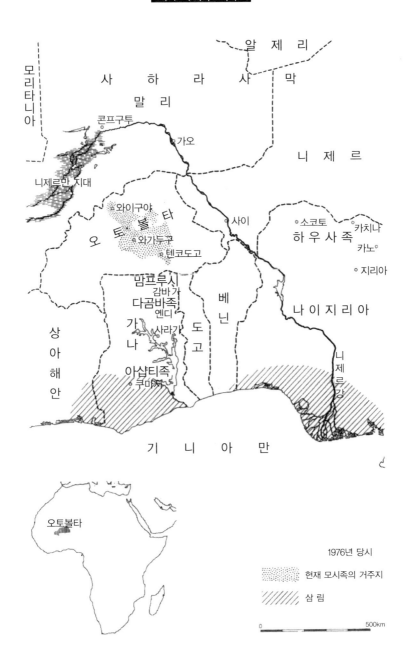

모리타니아

사 하 라 사 막

알 제 리

말 리

콩프구투

니제르만 지대

가오

니 제 르

와이구야

오 토 볼 타

와가두구

텐코도고

사이

소코토

하 우 사 족

카치나

카노

지리아

맘프루시

감바가

다곰바족

옌디

가 나

사라가

도 고

베 닌

나 이 지 리 아

니 제 르 강

상 아 해 안

아샨티족

쿠마저

기 니 아 만

오토볼타

1976년 당시

현재 모시족의 거주지

삼 림

0   500km

1. 첫 머리에

역사의 '史' 라는 한자를 '기록 또는 문서' 라는 의미로 새겨 읽는 감각이
나 관점에서 본다면, '무문자사회의 역사' 라는 문제제기는 의미가 없는
것으로 보인다. 하지만 세계에는 문자를 사용하지 않았거나 지금도 사용
하지 않는 사회가 수없이 많다. 언어는 인류가 보편적으로 사용하고 있지
만, 문자는 결코 보편적이지 않다. 문자를 실제로 사용하는 사람의 숫자로
본다면, 인류 역사에서 구성원 대부분이 문자를 사용하지 않은 사회가 훨
씬 더 많았다. 그러나 이러한 무문자사회도 '문자' 를 사용하는 사회와 같
은 시간을 거쳐 온 이상, 문자를 갖지 않은 사회의 역사에 주목하는 것은
당연한 일이다.

　'세계' 사라는 용어가 본래적 의미를 가지려면 무문자사회의 역사
는 어떤 성격을 갖고 있는지, 문자로 기록된 과거를 가진 사회와 그렇지 않
은 사회의 역사는 질적인 차이가 있는 것인지, 구연 전승의 유무와 사회 구
성원의 역사의식 사이에 관련이 있는 것인지, (만일 있다면) 그러한 역사
의식의 차이가 사회구조 및 변화와 어떠한 상호작용을 가지는지 등이 세
계사의 일부분으로 고려되어야 한다.

　이러한 모든 문제를 포괄적으로 검토하는 일은 필자의 역량으로는
불가능하다. 이 책에서는 필자가 13년간 지속적으로 현지 연구를 계속해
온 서아프리카의 오토볼타 공화국(현재의 부르키나파소)에 사는 '모시
족' 의 사례를 중심으로, 무문자사회의 역사가 지닌 성격 중 몇 가지를 도
출해 내어 이후의 연구를 위한 밑그림을 그리는 것에 진력하고자 한다. 이
문제를 다루는 필자의 입장은 기존 동양사 서양사의 범위 안에서 만들어

저온 개념이나 방법을 무문자사회를 문자사회의 '변경'으로 간주하여 확대 적용시킨다든지, 또는 문헌사학의 단순한 보조 자료로서 무문자사회의 전승을 환기시키고자 하는 것은 아니다. 필자는 조금이나마 무문자사회의 성격을 밝혀냄으로써, 문자를 사용하는 사회를 인류사 안에서의 특수한 발전형태로 새롭게 자리매김할 시점을 구축해보고자 한다. 나아가 그것은 '근대'라는 것을 깊은 뿌리에서부터 파헤치는 중요한 도구의 하나가 될 것이다. 이 책은 그 긴 도정을 시작하는 작은 첫 걸음에 불과하다.

2. 비문자 사료의 일반적 성격

구체적인 자료의 검토에 들어가기 전에 무문자사회에 존재하는 사료의 일반적인 성격을 알아보자. 비문자 사료는 크게 다음과 같이 나눌 수 있다. 첫째는 도구의 유물, 건조물의 유적, 인골 등과 같이 형상화되어 고정된 것이며, 둘째는 입으로 전해지는 것, 기호화된 악기의 소리, 의례 등 형상적으로 고정되지 않고 살아 있는 인간에 의해 계승되어온 자료이다. 첫째 항목에 해당하는 것은 상당 정도 과거 시대의 증거라는 성격을 지니고 있음에 비해, 둘째의 것은 항상 현재에 집약하여 해석된 역사라는 특징을 갖고 있다.

이 관계를 분명히 하기 위해 고고학적 유물 조사와 구연으로 전승된 역사 이야기의 분석 작업을 비교해보기로 하자. 고고학 연구에서는 연구자가 단편적인 과거의 유물에 의미를 부여하여 자료 간의 상호관계를 해석하려고 하지만, 구연 전승의 경우에 연구자는 우선 철저히 해석되어진 것들과 갑자기 맞닥뜨리게 된다. 그리하여 연구자는 파편을 맞붙여서 항아리를 복원하는 대신 이미 완성되어 있는 '해석'의 항아리를 파괴하고 그것을 다시 변경하여 과거의 파편을 하나씩 골라내고 가려내는 작업을 하는 것이다. 다만 이 '해석'이라는 것이 전승을 갖고 있는 사회의 성원들이 의한 사물과 현상을 안으로부터 해석한 것이기에, 연구자는 일단 자료의 단편적인 부분들을 골라내어 정리한 후에 연구자 자신의 해석을 설정하려고 노력하는 것이다.

그래서 이러한 비교도 절대적인 것은 아니다. 땅 속에서 발굴된 토기의 파편들과 구연 전승에 의한 왕의 계보 설명 사이에 과거의 문자 자료를 위치시켜보면 이것은 좀더 확실해진다. 왕의 계보 설명은 해석이 지나치게 과장되어 있고 토기의 파편들은 거의 해석이 이루어지지 않은 상태이므로, 문자 자료는 사료로서의 성격이라는 면에서 그 중간에 놓이게 된다. 문자 자료도 역사의 내부에 존재하는 하나의 입장에서 나온 해석인 이상, 문헌 비판에 의해 사료로서의 가치가 검토되는 것은 당연하지만, 과거 한 시점에서의 증언으로서만 머물러 있다는 점에서는 오히려 토기의 파편에 가깝다.

한편 토기의 파편도 인간의 해석을 완전히 배제하고 있는 것은 아니다. 왜냐하면 그것이 인간에 의해 만들어지거나 사용된 이상, 그 토기는 당시 사회에서 나름대로의 의미를 갖고 있던 것이고, 그것을 만들었던 사람은 자연의 소재에 대한 인간의 '해석'과 노동의 결과물로서 그 토기를 만들어낸 것이기 때문이다. '물건'에는 문자나 말과 같은 정도로 해석이 확실하게 드러나 있지는 않지만, 토기의 모양 또는 토기에 새겨져 있거나 묘사되어 있는 여러 가지 무늬나 도형에 주의를 기울이면,[2] 사료라는 면에서 토기와 문자의 거리도 실은 연속되어 있음을 알 수 있다. 시각화된 기호의 의미가 명확한가, 그리고 분해와 재구성이 가능한 소단위로 나뉠 수 있는가, 언어로서 소리로 하는 전달을 가능하게 하는가 등등에 그 기능상의 큰 격차가 생겨나는 것은 말할 나위도 없다. 그러나 서아프리카의 도곤족, 밤바라족, 구르마(Gourmantche라고도 한다)족 등의 의례나 땅무늬점, 또는 세계관의 표현에 사용된 도형, 표주박의 무늬, 직물의 의장 등에 대한 최근의 많은 연구[3]는 지

2. 고고학 유물의 도형을 '해독'하려고 시도한 사례로, Laming-Emperaire(1969)를 들 수 있다. 이는 의미를 나타내는 단위로 대상을 나누고, 그들의 상호관계로부터 전체의 의미를 해독하려고 하는, 문화의 구조 분석이나 기호학(semiologie)의 상투 수단을 선사시대의 암벽화 해석에도 적용시키려고 한 것이다. 여기서 라스코동굴 벽화를 대상으로 이러한 방법을 적용한 것에 대해서는 그 성공 여부에는 의문이지만, 방법은 앞으로 충분히 검토할 만한 가치가 있다고 생각된다. 또한 넓은 의미에서 고고학 유물이 가지는 형식의 의미 분석을 논의한 것으로는 Gardin(1958, 1965)이 있다.

3. GRiaule et Dieterlen, 1951; GRiaule, 1952; Calame-GRiaule 1965: 516-523; Gartry, 1963 & 1968; Dieterlen et Cisse, 1972. 미발표된 것도 포함하여 이 분야(특히 서아프리카)에서 현재 진행 중인 연구들 중에는 특히 뛰어난 것들이 있다. 10여 년 전 '문자'에 관한 것을 총망라한 역작 Cohen(1958)과 Gelb(1958)에도 '원문자'(原文字)로서 오시파 타고타 등의 북미 인디언이나 알래스카 에스키모의 그림문자에 대해서는 상당히 상세하게 언급되어 있으나, 아프리카에 대해서는 Cohen의 책에 남부 나이지리아의 대장장이 집단과 젊은이들의 결사에서 이용되었던 'nsibidi'라고 하는 선 모양의 도형이 소개되어 있을 정도이고, "아프리카에는 상형 문자 표시의 실례가 거의 없다"고 결론짓고 있다(Cohen, 1958, Ⅰ:30).

금가지 문자의 하한으로 간주되어 온 고대 문명의 상형 문자와, 문자를 갖고 있지 않은 것으로 여겨져 온 사회의 여러 가지 도형 등을 연속된 관계로 파악할 수 있음을 더욱더 강하게 시사하고 있다.[4] 밤바라족의 코모 결사들이 사용하는 도형은 소단위로 분해되고 별도로 조합을 만들어냄으로써 거의 무한이라고 해도 좋을 만큼의 상이한 의미를 표현할 수 있다고 한다.[5]

한편 특정한 형상으로 고정되지 않은 표시나 기호 중에서 역사와 관련이 가장 깊은 것은, 언어 전승을 제외하면, 악기-그 중에서도 특히 큰북-의 기호화된 소리일 것이다.[6] 여기서 잠깐 필자의 작은 경험을 이야기해보겠다. 모시족 중에서도 가장 오래된 왕조를 수립했다고 보이는 남부

4. 이 문제를 생각하는 데 있어서 Jakobson(1965)이, 기호 전체를 icone, indice, symbole 세 가지의 등급으로 나누고 이 세 가지가 각기 다른 강도로 다양하게 중첩되어 기호를 만든다고 하는 C. S. Peirce의 설을 재차 언급하면서, signifiant와 signifie의 관계에 자의성이 있는 것은 상대적이라고 강조하고 있는 것은, 시사하는 바가 크다. 시각 기호에 관한 기호학 분야의 연구에서 참고할 만한 것은 많은데, Communication, 15(1970)에서 특집으로 다룬 'L' analyse des images' 의 움베르토 에코(Eco, 1970)와 Bertin(1970)의 논문, 그리고 Bertin(1967)의 저작 등은 시각 기호의 일부로서의 문자의 위치를 생각하게 한다.

5. Youssouf Cisse의 개인적인 교시에 의거하였다. 또한 이 점은 Calame-GRiaule & Lacroix(1969)에서도 특별히 강조되어 논의되고 있다. 서아프리카의 몇몇 사회(바이, 멘뎀, 바뭄 등)에는 비교적 새로운 시대에 라틴 문자와 아라비아 문자의 자극을 받아 한 사람 또는 몇 명의 고안에 의한 '문자' 가 나타나, 단기간에 급속하게 변화하거나 소멸했다는 것이 알려져 있다. 사례 연구로서는 Duast & Jeffreys(1950), Dalby(1967) 등이 있다.

6. 큰북, 피리 등의 악기에 의한 메시지 전달에 대해서는 이미 많은 연구가 이루어져왔다. 이러한 종류의 전달 기술이 특히 발달되어 있는 열대 아프리카에 관해서도 과제의 규모로 본다면 극히 불충분하다고 할 수는 있으나 현지 조사에 기초한 수많은 사례 연구를 비롯한 많은 고찰이 있다. 사례 연구의 대표적인 예로는 Herzog(1945)와 Carrington(1949a) 등이 있다. 또 비교적 최근에 이루어진 총괄적인 연구로 Stern(1957)과 Alexander(1969)가 주목된다.

모시족의 텐코도고 왕의 궁정에서 필자가 역사 전승의 채록을 막 시작했던 때의 일이다. 왕의 계보는 주민들의 주요 작물인 수수의 수확 후 지내는 조상에 대한 제사를 비롯하여 중요한 제사 의식 때 정중하게 낭송된다. 이것은 21일에 한 번 열리는 '다 카상카' (큰 시장이 서는 날)의 이른 아침에도 궁정의 앞뜰에서 벤다(이야기꾼, 악사)가 낭송하기 때문에 그 자리에서 그것을 녹음하면 좋을 것이라고 왕이 나에게 말했다. 그 다음에 열린 다 카상카의 아침, 나는 어둠 속에서 일어나 아직 인기척이 없는 궁정의 앞

그림 1 시조 준그라나라고 여겨지고 있는 바오밥 나무
나무의 뿌리 부분 왼쪽으로 풀에 뒤덮여 있는 돌이 있고, 여기에 산 제물의 피가 부어진다.

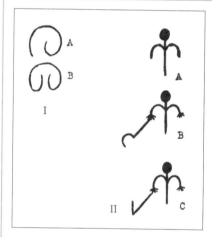

그림 2 도곤족의 도형 기호

표주박의 파편에 작은 칼 또는 구운 철로 도형을 새겨 넣어, 과거에는 수장들 간의 연락에 이용되었다. Ⅰ은 도곤족의 창세 신화를 기반으로 우주 개벽의 소용돌이를 나타낸 것으로, 도곤족의 최고 수장의 권위를 상징한다. 이것을 소지한 사람은 최고 수장의 명령을 지키는 사자로 간주되었다. Ⅱ의 A는, 손이 없는 '불완전한 인간'을 표현하며, 이것은 '수장은 부하를 동반하지 않고 출두하든가, 대리인을 한 명 보내도록'이라는 의미를 전달한다. Ⅱ의 B에 나타나는 것—손이 있는 인간이, 안으로 향한 반원형이 앞쪽 끝에 붙어 있는 막대기를 지니고 있는 그림—은, 원래 '세계가 조금씩 열린다'라는 의미를 나타내며, 최고 수장으로부터의 전달로는 '수장은 평의회를 열고나서 출두하도록'이라고 읽혀진다. Ⅱ의 C는 '세계는 열렸다'라는 의미를 나타내며, '수장이 부하 모두를 거느리고 출두하도록'이라고 읽힌다. 이 밖에도 의례의 개최에 관한 전달을 행하는 도형과 여러 가지 부가적인 도형이 이용되고 있다(Geiaule & Dieterlen, 1951: 27-28).

뜰로 가 보았다. 이윽고 안면이 있는 벤다들이 나타나 우산 밑에 책상다리를 하고 앉아서 큰 표주박에 소가죽을 붙인 큰북을 양손으로 장단을 맞춰 두드리기 시작했다. 나는 곧 녹음을 시작했지만, 전주로 생각되는 부분이 너무 길어져서 낭송에 대비하여 테이프를 절약하기 위해 도중에 녹음을 중단하고, 계보에 대한 낭송이 시작되기를 기다렸다.

그렇게 40여 분 정도 되었을까? 내내 진지한 표정으로 큰북의 연주를 끝낸 벤다는, 편안하게 큰 숨을 쉬고 땀을 닦으며 나에게 "녹음은 잘 했겠죠"라고 말하고 "그럼" 하며 일어나 큰북을 메고 문을 나가 버렸다. 나는 잠시 그 곳에서 기다렸지만, 금방 날이 밝고 소군캄바(하인)가 앞뜰을 청소하기 시작했다. 나이 많은 하인에게 "벤다가 언제 다시 돌아와서 계보의 낭송을 하나요?"라고 부자연스럽게 더듬거리는 말씨로 묻자, 그는 "낭송이라면 이제 막 끝나지 않았느냐"고 하였다. 나는 간신히 그 말을 알아들었지만, 큰북의 소리만으로 역대 왕에 대한 이야기와 각각의 왕들에 대한 찬미를 표현한다는 것을 그후의 여러 기회를 통해서 깨닫게 되었다.

그러나 왕이나 노인도 왕의 계보를 말하는 큰북 소리의 의미를 모두 이해하고 있는 것 같지는 않았다. 최근의 유명한 왕에 관해 자주 되풀이되는 부분은 왕도 알고 있어서, "지금   왕의 것을 연주하고 있다"라고 필자에게 알려주기도 하였다. 이 경우 큰북 소리의 기호화는 말과 직접 대응하는 것은 아니고, 공연장의 단골손님들이 들려오는 반주를 듣는 것만으로도 무대에 올라온 만담가의 이름뿐만 아니라 얼굴이나 말투까지 머리속에 떠올리는 것과 비교될 수도 있는 것인데, 이와 같이 구어(口語)의 성조(聲調)를 따라하는 것처럼 큰북으로 표현하는 예가 아프리카에서는 그리 드물지는 않다.[7]

7. Carrington(1949b : 32-39); Schneider(1952). 모시족에서는 '도도가'라고 하는 일종의 활을 사용하여, 또한 인접한 레레족, 카아나족 등의 구룬시어족에서는 구멍이 세 개 있는 작은 피리로 구어의 성조를 흉내내어 메시지를 전달하는 일이 행해져왔다.

또한 의례 중에 그 사회의 역사의식을 성원들에게 반복해서 일깨워 주기도 하고 강화하기도 하는 기능이 있다는 것은 굳이 많은 예를 들지 않아도 될 것이다. 서아프리카의 왕조 성립사와 관련 있는 일례를 들면, 요루바족의 케투 왕은 즉위식에서 시조(始祖)인 알라케투 대왕이 이페부터 케투에 도착할 때까지의 노정을 의례를 통해 반복한다. 케투의 주민은 왕의 죽음과 동시에 집들의 불을 끄고 새로운 왕의 즉위와 함께 다시 각자의 집에 불을 켜는데, 그 불은 이 지역에 먼저 살던 폰족으로부터 요루바족의 조상이 빌렸다고 하는 동굴에 피우던 불에서 옮겨온 것이라 한다 (Biobaku, 1956: 44).

역사는 자연의 경관 속에도 깃들어 있다. 바위는 왕조의 시조가 처음으로 집을 정했던 장소를 가리키고, 커다란 바오밥 나무들은 종종 왕의 무덤으로 여겨진다. 선조의 기념제(記念祭)에는 이러한 바위나 나무에 소나 양이나 새가 희생물로 바쳐진다. 모시족 왕조의 공통 시조인 준그라나 대왕의 묘도 바오밥 나무이다. 이 나무는 기괴한 형태를 가진 바오밥 나무 중에서도 특히 오래되고 특이한 모양—황야 가운데에 독수리 날개처럼 가지를 펼치고 있다—을 하고 있다. 그 나무로부터 수 킬로미터 되는 곳에 준그라나 야오겐(준그라나의 묘)이라는 작은 마을이 있고 그 마을의 수장(首長)은 야오 나바(묘의 수장)라고 불리는데, 그는 텐코도고 왕에게 종속되어 대대로 준그라나 왕의 묘지기를 하고 있다.

준그라나 대왕의 묘라고 여겨지는 큰 바오밥 나무는 나무가 듬성듬성 서있는 황야의 한가운데에 있는데, 현재의 텐코도고 왕이나 노인들도 그 곳을 방문한 적은 없다고 한다. 나무가 보이는 곳부터 나무 밑에 갈 때까지 네 번 무릎을 꿇어 절해야 한다. 그 나무뿌리에는 풀로 엮은 높이 1미터 정도의 원뿔형 덮개가 있는데, 이를 들춰보면 희생물의 피나 암탉의 깃

털로 범벅이 된 역한 냄새를 풍기는 돌이 있다. 닭을 제물로 바친 후 그 돌로 짓이겨 죽였기 때문이다.

이 무덤은 실제로 주민이 숭배하는 대상이기 때문에 발굴되지 않았다. 따라서 과연 이 밑에 사람이 매장되어 있는 것인지, 또는 매장되어 있다고 해도 그것이 준그라나 대왕인지 아닌지에 대해서는 이제껏 생각해보지도 않았다는 것이다. 바오밥은 열대 아프리카의 사바나에서 역사적인 인물의 묘를 나타내고 있는 경우가 많기 때문에, 줄기를 자르지 않고 수령(樹齡)을 추정하는 방법도 시험되고 있지만 아직 유력한 것은 없다.[8] 또 이 준그라나 왕의 묘와 같이 오래되고 거대한 바오밥 나무는 뿌리부터 잘라본다고 해도 뿌리 속이 텅 비어 있기 때문에 나이를 계산하기 힘들 가능성이 크다.

8. Raymond Mauny와 그의 조카인 식물 민족학자 D. Baudet의 견해에 따랐으며, Mauny(1961: 61-63)를 참조하였다. 연구 성과 자체는 발표되지 않았으나 방사성 탄소 연대측정법이 14회 실시하였고, 실행하려는 시도는 여러 차례 꽤 있었던 것 같다(Swart, 1953).

60년에 한 번, 시리우스(겨울철 남쪽 하늘에 나타나는 큰개자리의 별 중에서 가장 밝게 빛나는 별)가 태양과 함께 떠오르는 날에 행해지는 도곤족의 '시기' 축제(천지창조와 인간의 죽음의 기원을 기념하는 축제)에서는 많은 사람들이 가면이나 몸의 장식으로 천지 창조와 관계가 있는 여러 가지 상징을 보여 주는데, 들판 한가운데에서 창세(創世)의 소용돌이와 같이 왼쪽으로 크게 돌아가는 그림을 그리면서 격렬하게 춤을 춘다. 그것은 단순한 기념 의례라기보다는 차라리 한 편의 드라마가 만들어낸 '풍경'이라고 불러야 할 것이다.[9]

9. 기록영화 Jean Rouch, Les ceremonies soixantenaires du Sigui chez les Dogon(1967-1969) 및 그 영화의 시사회였던 International African Institute 주최의 Germaine Dieterlen, XIth Lugard Memorial Lecture(Paris, 6/4/1970)에 의거하였다.

3 문자 기록과 구연口演전승

필자는 지금까지 문자를 토기의 파편이나 큰북의 소리부터 풍경에 이르기까지, 역사를 나타내는 의미세계의 일부분으로서 다른 증거나 기호와의 연속적인 관계 안에 자리매김하는 것에 중점을 두고 논의해왔다. 과거의 어느 한 시점을 정해두고 동일한 시점에서 표현할 수 있는 기능을 기준으로 두 가지 사항을 대치(對峙)시켜놓는다면, 문자는 토기의 파편과 구연 전승의 중간에 위치하는 것인지도 모른다. 그러나 문자의 특질을 비문자와의 대치를 통해 다른 각도에서 생각하기 위해, 이번에는 언어를 매개로 하는 표현을 경계선으로 하여 다른 역사 기호를 양측에 세워놓고 문자 사료와 구연 전승을 대치시켜보고자 한다. 왜냐하면 언어는 의미를 전달하는 데 있어서 아주 뚜렷한 기능을 갖고 있기 때문이다.

문자에 대해서 생각할 때, 어떤 사회에 문자가 존재하는지의 여부와 문자 보급의 문제를 일단 구분하는 것이 혼란을 피할 수 있을 것이다. 문자의 보급은 말할 것도 없이 복사 전달 교육의 문제와 구분하기 어려울 정도로 밀접한 관계를 갖고 있다. 문자의 존재만을 다룬다고 한다면, 문자를 쓰고 읽는 것이 한 사회에서 좁은 범위의 사람들에게만 한정되어 있는 경우가 훨씬 많았다. 다만 폐쇄성 비밀성에 대해 살펴보면, 모든 종류의 구연 전승은 언어의 발화(發話) 자체가 갖는 신성관(神聖觀)과 밀접한 관계가 있고, 문자도 이와 비슷한 성격을 갖고 있다. '말의 영(言靈)' 이라는 감각은 매우 친숙한 일본의 민속 중 하나이다.**10**

모시족의 사람들은 죽은 왕의 이름을 함부로 입에 담는 것

10. 言靈이란 일본어로 '코토마다' 라고 읽는데, 이는 말에 내재하는 언어의 정령이 그 영묘한 힘으로 인간의 행복과 불행을 좌우한다는 주술신앙으로, 그 신앙은 여러 가지 형태의 습속이 되어 나타난다. 애니미즘의 연장선상에서 파악할 수 있을 것이다.

을 꺼린다. 전술하였듯이 이야기꾼이면서 악사이기도 한 벤다가 왕조의 연대기를 사람들 앞에서 목소리를 높여 낭송하는 것은 제의 등과 같은 특별한 경우에 한정되고, 그것도 반드시 중요한 선조의 무덤에 희생물을 바치고 나서야 비로소 선조의 이름이 '언어' 로서 발화되는 것이다. 그 이외의 경우에는 현재 왕의 허가를 받아야만 하며 제물도 바쳐야 한다. 소리로 죽은 왕을 표현하는 큰북도 동일한 의미에서 신성한 것으로 간주되기 때문에 벤다 이외의 사람이 함부로 큰북에 손을 대고 소리를 내는 것은 금지되고 있다.

문자와 구연 전승은 전달의 내용이 이해되는 범위가 제한된다는 점에서 공통되는 면이 있지만, 문자는 시간 공간을 관통하는 불변성이 구연 전승에 비해 현격히 높다. 공간을 관통하는 불변성은 문자를 물질화할 때의 재질이나 그것을 운반하는 기술에 의존하지만, 공간적 전달력의 질과 전달 거리는 특히 정치조직의 질 및 규모와 깊은 관계가 있다고 말할 수 있다. 이것은 나중에 자세하게 언급하겠지만, 흑인 아프리카의 식민지화 이전에 전개된 정치구조의 형성이나 발전을 생각하는 경우에 매우 중요한 의미를 갖는다고 생각된다.

모시족의 여러 왕국에서 최고 수장과 그 지배를 받고 있는 지방 수장 사이의 통신은 말을 타고 다니는 사자(使者)의 말을 통해 전달되었지만, 사하라사막의 남쪽—특히 지배층에 아랍 문화가 강하게 침투한 여러 국가—에서는 말을 탄 사자가 아라비아 문자로 씌어진 문서를 휴대하는 것이 가능했다. 이렇게 강한 전달력이 없었다면 원거리 교역 시장이나 교역로의 확보에 경제적 기초를 두고 성립된 광역 지배는 어쩌면 불가능했을 것이다. 사하라 남쪽의 여러 국가와 모시족의 사이에 위치하는 밤바라족이나 도곤족에서는 원래 의례와 밀접한 관계를 맺고 있던 도형 기호가

그림 3 수장의 차양 밑에서 큰북을 두드리는 노악사

| 무문자사회의 역사

표주박의 파편이나 나무 파편에 새겨져, 수장들 사이에서 이루어진 행정상의 연락에도 사용되었다고 한다(Griaule & Dieterlen, 1951: 27-28, 42). 한편 체체파리도 적고 평탄하게 열린 사바나지역에서는 말이 먼 곳까지 빠르게 이어주는 전달의 핵심 역할을 담당했지만, 열대 우림지역에서는 말 대신 긴 나무의 몸통에 가죽을 붙이거나 나무줄기의 속을 파고 구멍을 내어 음량을 크게 한 큰북—경우에 따라서는 소리의 중계를 반복하든지 하여—이 북쪽의 여러 왕국과 비교할 때 비교적 규모가 작은 나라나 취락의 수장들 사이에서 연락수단으로 사용되었다.

남미의 잉카에서 결승(結繩)에 의한 기록 및 전달의 기술이 없었다면 말도 수레바퀴도 없는 상태에서 그처럼 대규모의 정치구조를 발달시킨다는 것은 매우 힘들었을 것이다. 복잡한 동력에 의한 운송수단이나 전신(電信)이 만들어지기 전에 문자를 원거리에 전달하는 또 하나의 유력한 방법인 통신용 비둘기는 로마제국 시대부터 지중해지역에서 널리 사용되어졌던 것으로 보인다. 또 영역이 아주 넓었던 서아시아의 중세 이슬람 국가에서도 아주 빈번하게 사용되었는데, 그것을 본 십자군의 병사가 매우 놀랐다고 한다(Renouard, 1961: 102). 비둘기에 의한 전달은 짧은 내용밖에 전할 수 없고 수신지가 한정된다는 단점은 있지만, 천 킬로미터도 넘는 두 지점을 직접 이어주고, 빨리 달리는 말 이상의 속도로 전달하기 때문에 도보의 파발꾼이나 말과 비교하면 전달 성능은 훨씬 우월한 것이라고 말할 수 있을 것이다.

문자기록이 가진 시간적 불변성은, 사료가 지니고 있는 개별참조성이라는 특성과 관계있다. 이것은 구연 전승에만 기초를 두고 역사를 생각해보면 그 이면의 결과로서 선명하게 드러난다. 아무리 자세하게 과거를 이야기한다고 해도 구연 전승에 의한 왕조의 연대기에서는 개별적으로 과거의 어느 한 시점으로 되돌아가서 그 주변을 음미하는 것은 절대적으로 불가능하다. 10대 이전이든 5대 이전이든 당대의 왕에 대한 것은 모두 그 이후 현재까지 살고 있는 사람들의 기억을 통해 여과된 모습일 뿐이다. 말하자면 역사는 긴 시대를 관통하여 집합적인 기억이 아주 잘 끓여진 죽처럼 되어 현재에 흐르고 있는 것이다. 그것은 어쩌면 당연한 것이다. 따라서 이를 억지로 문제 삼는 것은, 눈앞에 펼쳐진 밝은 사바나의 한복판에서 거의 200만 명을 넘는 많은 사람들이 백일몽이 아니라 실제로 흑인 왕국의 조직의 잔해를 짊어지고 눈부시게 아름다운 왕의 의례를 진행하고, 그 역대 왕의 계보가 그들 앞에서 아름다운 목소리로 낭송되었다는 것을 들은 사람들만이 느낄 수 있는 (눈앞이 캄캄해지는 듯한) 초조감에서 나온 것인지도 모른다. 이와 같이 분명히 목격되는 일들에 얽힌 유래들이 어쩌면 영원히 알려지지 않은 채 아무런 흔적도 남기지 않고 사바나 속으로 사라져버렸는지도 모르는 것이다.

문자기록의 개별참조성이란 그 기록을 참조하는 사람이 개별적으로 존재할 수 있다는 뜻이기도 하다. 구연에 의한 역사 전승이 많게는 의례 등에서 군중에게 동시에 낭송되고, 그것을 듣는 많은 사람들은 멈추지 않고 흘러 사라져가는 말을 동시에 거슬러 찾는다. 녹음 기술이 없이는 동일한 낭송을 많은 사람들이 개별적이면서 서로 다른 형태로, 또는 좋아하는 것만을 반복해서 참조하는 것은 불가능하다. 레이 브래드버리의 과학소설 『화씨 451도』(Bradbury, 1953)는 개인이 책을 읽음으로써 반사회적으로 변하는 것을 두려워한 위정자가 모든 책을 불태워버린 이야기인데, 문자기록의 개별참조성은 집단 속에서의 개인적 각성과 결코 관계없는 것은 아닐 것이다.[11]

11. 문자의 보급이 사회구성원의 사상과 의식을 개별화하고 다양화하는 데 공헌한다는 점은 이미 책 구디(Goody & Watt, 1968: 56) 등이 지적한 바 있다. 반대로 문자의 보급이 광범위한 사회통제를 가능하게 한다는 점을 강조하는 학자(Levi-Strauss, 1955: 317-319)도 있다. 이 점에 대해서는 이 책 19장에서 다시 한번 언급하도록 하겠다.

문자기록이 역사 자료로서 갖고 있는 특성을 경시할 수는 없지만, 지금까지 언급한 사실만 가지고도 필자는 문자사회와 무문자사회가 단절된 관계가 아니라는 것을 강조하고 싶다. 구비(口碑)와 문자기록도 서로 변환될 수 있는 것이며, 때에 따라서는 구비가 문자화되고 역으로 문자기록이 구연화되어 살아 있는 사람들에게 전달되는 경우가 있다는 것도 새삼스럽게 지적할 필요가 없을 것이다. 예를 들면 일본의 시골에서 문자기록을 채집할 때, 그 지방의 '식자' (識者)나 '민속학이나 향토사 연구에 관심이 있는 사람' 의 이야기는 특히 조심할 필요가 있다. 그러한 사람들의 이야기 안에서 그 지역의 전승과 민속학의 책 등으로부터 얻은 지식이 섞여서, 그 지역의 전승을 바꾸거나 새롭게 윤색하는 경우가 자주 있기 때문이다.

이미 기술한 바와 같이, 필자의 입장은 역사의 의미를 표현하고 있는 것들의 전체가 모여 만들어내는 형태와 모습의 일부분으로서 문자를 위치시켜보고자 하는 것이다. 이른바 '고등 문화' 의 문자에만 한정하더라도, 그러한 문화들의 문자가 소위 '무문자사회' 에 도입되어 한정된 범위와 특수한 의미로 사용되는 것과 유사한 상태가 '문자사회' 에서도 의무교육이 행해지기 전에는 일반적이었다.[12] 또 인쇄 복사기술이 어느 정도 발달하고 교육이 보급된 사회 안에서도 무문자성이라고 할 수 있는 생활의 부분이 전과 다름없이 큰 비중을 차지하고 존재하고 있다. 오히려 앞으로는 전달기술의 다양화와 함께 전체의 정보전달 중에서 문자가 차지하는 비율은 다시 감소해갈 것이 확실하다. 개인의 입장에서도 그 사람의 생활의식 속에 문자성과 무문자성이 동시에 침투해 있다고 말할 수 있다. '문자' 사회에서 맹인이 구비의 보

12. 이른바 무문자사회나 문자교육이 보급되기 이전의 사회에서, 한정된 범위의 문자 사용에 관한 사례연구로서는 Chamberlain, 1906; Ransom, 1945; Goody, 1968 등을 들 수 있는데, 전체적으로 볼 때 이 문제에 관한 연구는 아직 미미한 상태이며 그 수도 적은 편이다.

존 계승자로서 특별한 역할을 부여받고 있는 경우가 많은데, 맹인은 '문자' 사회에 몸을 두고 있다고는 해도 '무문자'의 세계에 살고 있는 사람들이기 때문이다. 그러나 내가 알고 있는 범위 내에서 말하자면, 흑인 아프리카의 모시족을 비롯하여 문자를 거의 사용하지 않는 사회에서 맹인이 이러한 의미에서 전승의 특별한 역할을 맡는 경우는 없다.[13]

문자사회와 무문자사회의 관계가 상호 침투하는 것이고, 또한 양자가 문화의 두 측면에서 연속해왔다는 것을 인정한다고 한다면, 민속학이나 문화인류학의 연구대상으로서 '무문자사회' (무문자민족은 '역사민족'과 대비되는 의미로 '자연민족'이라고 불리기도 했다[石田, 1959: 82])를 '문자사회'와 확실히 구별된 영역으로 설정하는 것은 명백히 부적절한 것이다. 다만 문화인류학은 인류 생활에서 '무문자성'의 측면—그것은 현대의 문자사회에서도 존재한다—을 탐구할 때 그 학문적 특색을 발휘할 수 있다고 할 수 있을 것이다.[14] 이 책의 말미에서 이러한 논점들을 다시 한 번 다루고자 한다.

13. 맹인의 의미세계 분석은, 그 사회에서 맹인에게 주어진 역할과 관련시켜 고찰해보면 기호학 연구에 흥미 있는 문제를 제기한다고 생각된다. 월터 옹(Ong, 1969)은, oral or oralaural culture에 사는 사람의 세계상은 계속적으로 일어나는 사건의 세계인 것에 반해, technologized man은 오히려 세계가 시각화될 수 있는 것이라고 생각한다고 언급하고 있는데, 앞서 예로 든 도곤족의 시기(축제)를 생각해보아도, 다른 예를 찾아볼 필요도 없이 이러한 이분(二分)은 어디까지나 상대적인 가치밖에 지니지 않는다는 것은 분명하다. 맹인의 문제는 옹이 말하는 technologized man 안에도 존재하는 비시각성을 극한상태를 통해 보여주는 것이다.

14. 인간 생활에서 문자 역할의 상대적 감소는 고도산업화와 문자 보급의 극대화가 이루어진 이후의 사회에서 실제로 일어나고 있는 사실인데, 이러한 사회를 직접적인 대상으로 한 '무문자성' 연구는 오히려 사회학, 사회심리학, 정보과학 등의 분야에서 특색을 발휘할 수 있을 것이다. 문화인류학이 고도산업사회를 고찰하는 경우에도 비산업사회의 분석을 통해서 얻어낸 축적들에 기초하고 있지만, 이러한 연구대상의 차이는 어디까지나 연속된 것이다. 현대 이후에 일어날 수 있는 '무문자성' 재확대현상의 인류사적 의미도, 종래에 문화인류학이 주로 다루어왔던 인류의 또 다른 측면이 지닌 무문자성과 대조시킴으로써 비로소 분명해질 것이다. 또한 그 반대로도 말할 수 있지 않을까.

4. 모시족의 경우[15]

이 책에서 중요한 고찰의 대상으로 다루고 있는 모시족의 경우 구연 민속에 의한 역사는 어느 정도 옛날까지 거슬러 올라가지만, 문자기록의 사료나 고고학적 유물은 거의 존재하지 않는다.

프랑스에 의해 식민지화 (1896~97)되기 이전 시대에 대한 문

15. 모시족에 관한 자료는 특별히 언급하지 않는 한 필자의 현지 조사(1962년 12월, 1963년 7월 11월, 1966년 4월 5월, 1967년 3월 5월, 1967년 12월 1968년 5월, 1972년 1 12월, 1973년 3월 1975년 9월)에 의거한 것이다. 조사를 하는데 있어, 오토볼타 과학연구센터(Centure Voltaique de la Recherche Scientifique) 및 오토볼타 국립박물관(Musee National de Haute Volta)으로부터 많은 면에서 원조를 받았다. 1963년의 조사는 프랑스정부의 장학금을 받아서 행해졌고, 1967 68년의 조사는 교토대학의 대(大)사하라학술탐험대에 참가하여 그 일환으로서 필자가 단독으로 모시 사회에 들어가 행한 것이며, 1972년의 조사는 유네스코장학금을 받아 행한 것이다. 1973 75년은 오토볼타 정부의 요청을 받은 일본 국제협력사업단(OTCA)을 통해 파견되어, 오토볼타국립박물관에 소속되어 주로 전통적인 생산기술을 조사하였다.

자기록으로서는 19세기 말 유럽인 탐험가의 보고(Crozat, 1891; Binger, 1892)가 있을 뿐이다. 간접적으로 언급된 것은 19세기 후반의 또 다른 유럽인 탐험가의 보고(Barth, 1857~58; Von Francois, 1888; Monteil, 1894)와 16세기 포르투갈의 문헌(Barros, 1552~53) 등이 있다. 또 모시족과 아주 가까이에 있으면서 어쩌면 접촉했을 가능성도 있는 사회에서 본 기록으로서는, 현재의 모시족 거주지의 북방한계보다 약 300킬로미터 북쪽에 있는, 당시에 주요한 학예 교역도시였던 통북투(팀북투라고도 한다)에서 17세기에 편찬된 두 개의 아라비아어의 연대기가 있다.[16] 또 통북투로부터 나

이저 강(니제르 어느 쪽이 현대표 기인지??)의 대만곡(大彎曲) 부분을 따라 약 800킬로미터 동남쪽으로 내려간 곳에 위치한 사이에

16. Es-Sa' di, 1964; Kati, 1964. 후자는 지금까지 마하무드 카티와 그의 자손에 의해 16세기와 17세기에 걸쳐 계속해서 씌어져 완성된 것으로 간주되어왔다. 그러나 그 근거가 되는 육필 원고 C의 부분은 19세기에 가필되었던 것으로, 카티는 아마 저자의 한 사람이지도 않으며, 19세기에 가필되기 이전의 육필 원고는 17세기에 씌어졌을 것이라는 것이 최근 네헤미아 레브치온에 의한 문헌비판의 결과로서 드러났다(Levizion, 1971 a, 1971 b).

서 수년 전에 발견된 아라비아어로 된 육필본에도 모시족에 대한 기록이

[지도 2] 준그라나의 묘

준그라나의 묘
가랑고 고덴
        텐코도고
로안가
    웨르겐
        테노아겐

비사족 모시족

北

        와루가인
        둘텐가
        킨   와루가이
        짐

얀
시
족

잠발가

        산가
        부스가

백
볼
타
강

맘프루스족

〈1976년 당시〉

감바가 나렐그

0   20km

있다. 이 초본은 니제르 공화국의 정계 유력자이자 역사가이기도 한 사람이 소장하고 있지만 공개하지 않기 때문에 간접적인 형태로밖에 내용이 소개되지 않았고(Hama, 1966), 더욱이 그 소개 내용에도 문제가 있어서 사료로서의 가치가 어느 정도인지는 아직 알 수가 없다.

식민지화 이후에는 프랑스인의 행정관이나 선교사, 민족학자의 보고서나 연구(Lambert, 1907; Marc, 1909; Delafosse, 1912; Tauxier, 1912, 1917; Mangin, 1914~16; Ch ron, 1924), 독일의 민족학자 프로베니우스의 조사여행기록(Frobenius, 1911~13, 1925), 모시족 출신 행정관의 저작(Delobsom, 1932) 등이 간행되고 왕조의 기원에 관한 전설이나 계보, 정치구조나 의례, 생활관행에 대해서도 많은 기술이 이루어졌다. 하지만 그것들은 모두 금세기에 들어서서 행해진 것이며, 현지에서 구연 민속을 청취하거나 당시에 관찰했던 것들에 근거하여 추측된 것들이다.

제2차 세계 대전 후 특히 오토볼타 공화국[17]의 독립(1960년) 이후에는 모시족 스스로에 의한 연구도 나타나고 있고(Ilboudo, 1966; Kabor , 1966), 외국인 연구자에 의한 현지연

17. 지금의 오토볼타 공화국은 면적이 약 27.2만 평방킬로미터, 인구는 약 430만 명 정도이다. 중앙부를 차지하고 있는 모시족은 약 207만 명으로 오토볼타를 구성하고 있는 여러 부족(모시, 보보, 구룬시, 구루만체, 비사, 사모, 다카리, 풀베 등) 중 단일 부족으로서는 최대의 인구를 지니고 있다. 1896년 프랑스의 보호령, 그리고 상(上)세네갈 니제르 식민지의 일부가 되었고, 1917년에 행정단위로는 해체되어 모시족을 중심으로 한 오토볼타(볼타 강 상류에 위치하고 있기 때문에 이러한 이름이 붙었다)가 행정상의 지역단위가 되었다. 1933년에 프랑스령 수단(현재의 말리), 니제르, 상아해안으로 분할되었으나, 1947년에 재차 오토볼타로 통합되었다. 1958년에 프랑스 공동체 내의 공화국이 되었고, 1960년 공화국으로 독립하였다. 1966년 1월의 쿠데타 이후 군인 중심의 정권이 계속되고 있다.

그림 4 내방자를 접견하는 와가두구의 모시 왕(1888년)

서아프리카 내륙 탐험의 명령을 받은 프랑스의 군인 빈젤은 1888년, 유럽인으로서는 처음으로 와가두구에 들어가 모시 왕을 만났다. 빈젤은 가는 도중에 주민으로부터 들은 모시 왕의 '영화'(榮華)라는 것이 실제로는 매우 빈약했다는 사실에 놀라기는 하였지만, 왕에게 융숭한 대우를 받았으며 당시의 궁정 모습에 대해 귀중한 견문을 기록으로 남겼다(Binger, 1892: 463).

그림 5 신하로부터 예를 받고 있는 와가두구의 모시의 왕(1963년)

그림4의 반젤시대로부터 15년 후 프랑스의 식민지 시대를 거쳐 공화국으로서 독립한 지 3년째 되는 해, 왕도 당시로부터 세어서 5대째의 시기에, 일본인으로서는 처음으로 이 궁정에 들어간 필자가 촬영한 것이다. 왕의 양측에서 시중을 들고 있는 사람은 여장을 한 시동(侍童)이다.

구의 성과도 조금씩 많아지고 있다(Skinner, 1964; Izard, 1965, 1970; Pageard, 1965; Kawada, 1967; Kohler, 1972).

적어도 지금까지는, 모시의 여러 왕국 역사에 관한 고고학적 연구 대상이 될 수 있을 만한 유물이 없다.[18] 식민지화 이전에는 왕궁과 일반 민가 그리고 창고에 이르기까지, 모든 건조물들은 반죽한 흙이나 햇볕에 말린 벽돌로 만들어졌고 돌이나 불에 구운 벽돌이나 덧칠한 것들은 사용되지 않았다. 지금도 건물을 지을 때 진흙을 다져 햇볕

18. 모니(Mauny, 1957)도 모시족 지역에 대해서는 거의 아무것도 다루고 있지 않은데, 그후에도 새롭게 발견된 것은 없다 (Izard, 1968: 22). 오토볼타 북부의 아리빈다(Cercle de Ouahigouya)에서 일군의 암벽화가 발견되었는데(Urvoy, 1941), 모시 지역에서는 여태까지 이러한 것이 발견된 적이 없다. 조직적인 고고학적 조사로는 1970년부터 3년에 걸쳐 이루어진 가나 대학 고고학부의 조사계획이 있었는데, 이는 오토볼타 남부의 로비족 지역과 가나의 교역로에 관한 조사였다. 모시의 왕조사와 관련 있는 고고학 조사로는 왕릉 발굴이 하나의 열쇠일 것이나, 실질적인 왕의 권위가 존속되고 있는 지금, 이러한 조사는 전혀 행해지고 있지 않다.

에 말린 벽돌로 벽을 쌓고 바깥에는 진흙을 바르고 나뭇가지와 풀로 지붕을 얹는다. 북방으로부터 도입되었다고 여겨지는 나무를 평평하게 늘어놓은 위에 진흙을 얹어 천장을 만든 사각형 건물도 왕궁 등 일부에서 보이지만, 여기에도 돌이나 불에 구워 만든 벽돌은 사용되지 않는다. 약 8개월 동안 이어지는 건기와 4개월 동안의 우기에 평균 약 800밀리미터의 비가 간헐적으로 바람을 동반한 호우가 되어 이 사바나에 내린다. 불에 굽지 않은 흙벽과 풀로 만든 지붕의 건조물은 끊임없이 수리와 복원을 해주지 않으면 그 수명이 겨우 20년이어서 사바나의 일부로 되돌아가버린다.

후술하겠지만, 수장들은 후계분쟁이나 내분, 외적과의 전투로 인해 빈번하게 처소를 옮겨 다닌 것으로 보인다. 일반 주민들도 사유제가 없는 광대한 토지에서 화전 경작을 하기 때문에 농경 자체의 이동성이 심한데다가, 혹독한 자연조건 속에서 촌락공동체가 생존해가기 위한 최소한의 인구조차 재앙이나 역병(疫病)으로 인해 흩어져버리거나 다른 마을에 합류되거나 하여 마을 자체가 사라져버리는 경우도 적지 않다.

그림 6 농작물을 수확한 후의 마을의 풍경

마을 가까이의 수수나 '토진비에' (조의 일종; 역자 주) 밭에서는 일찍 열린 열매를 따는 일도 있지만, 대부분은 4개월간의 우기가 지나고 건기가 깊어지고 나면 줄기를 밑동부터 잘라내어 열매를 수확한 후에 줄기는 연료로 사용하기 위해 집으로 운반한다. 왼쪽 깊숙이에 보이는 것은 진흙 벽의 주거이고, 중앙으로부터 오른쪽에 보이는 것은 진흙 벽 또는 풀로 둘러싸인 헛간, 중앙에 모시족 마을 사람들의 휴식과 대화장소인 '잔데'가 보인다.

그림 7 모시족의 주거 일부

햇빛에 말린 벽돌 또는 구운 흙벽 위에 원추형의 풀지붕을 얹은 오두막 '도고'에는, 한 쌍의 성인 남녀 또는 그들과 어린아이가 함께 잔다. 부계 혈연자와 그의 여성 배우자로 이루어진 확대가족 '이리'의 구성원이 거주하는 '도고' 모임이, 거주의 울타리격인 '자카'를 형성한다.

버려진 취락들이 결국에는 모두 듬성듬성한 숲으로 덮여버리기 때문에 구연 전승에 나타나는, 역사상 중요했을 것이 틀림없는 마을도 지금은 그 흔적마저 확인되지 않는 경우가 많다. 그리고 기념 건조물도 없다. 묘는 바오밥 나무 또는 자연 그대로의 돌 등으로 표현된다. 하지만 바오밥 나무도 벼락을 맞아 쓰러진 뒤 썩어버리는 경우가 많고, 설령 제대로 서 있다 하더라도 수목이나 자연의 돌로만 표현된 묘는, 그곳이 숭배나 제사를 드리는 대상물이 아니었다면 다른 평범한 자연목이나 돌과 구별되지 않는다.

문자에 대해서 살펴보자. 북방으로부터 진출해온 이슬람화된 만데계의 집단 야루시족[19]의 이맘(사원의 예배 인도자)이나 극히 적은 마라부(승려)들만이 아라비아 문자를 사용한다.[20]

식민지화 이후에도 특히 오토볼타에는 유럽식 학교 교육이 거의 보급되지 않았기 때문에,[21] 도시를 떠나 지방으로 이주한 주민들 가운데 현재 성인이 된 사람들 중에서 독립 후의 공용어가 된 프랑스어를 읽고 쓰는 것이 가능한 사람도 겨우 몇 명에 지나지 않는다.

19. 면직물을 짜거나 교역을 행하는 이슬람화된 집단 야루시가, 북방에서 내려 와 처음으로 와가두구의 모시 왕국에 정착한 것은 쿤두미에 왕의 시대로, 이것이 중부 모시족 지역에 이슬람이 침투한 것의 시초라고 생각된다. 레브치온의 추정에 의하면 이 때가 16세기 초라고 되어 있다(Levtzion, 1968: 164). 절대연대의 추정문제에 대해서는 6장에서 검토하기로 한다.

20. 마라부가 근처의 아이들(남자아이들만)을 모아 판자조각에 쿠란의 한 귀절을 써서 낭독시키는 것은 이슬람이 침투한 서아프리카 사회에서 널리 행해지고 있는데, 여기에서 아라비아 문자를 늘어놓는 것은 암송을 돕는 시각적 '계기'의 구실을 하는 것에 지나지 않고, '문자를 읽는 것을 배운다'라고는 말할 수 없다. 사실 이런 종류의 쿠란 학원에 몇 년이나 다닌 어린이도 다른 내용을 적은 아라비아어로 된 글은 전혀 읽을 수 없는 것이 보통이며, 성인이 되면 아라비아 문자와는 전혀 관계없는 생활을 하게 된다. 그림 31 참조.

21. 오토볼타의 취학률은 평균 9%라고 추정되고 있으나(정확한 인구통계가 없기 때문에 취학률에 관해서도 자세한 수치가 없다), 소수의 도시를 벗어나면 취락이 현저하게 분산되어 있는데다가, 학교수도 적어서 취학률은 지방에 따라 큰 차이가 있다. 필자가 주로 조사한 인구 약 11만 1천 명에 약 6천 평방킬로미터의 면적을 가지는 텐코도고 주(현재의 행정구획상)에는 16개 학급의 초등학교가 13개 있고, 합계 약 1,300명의 아이들이 취학하고 있다. 이 밖에 텐코도고 마을에는 남녀 각 6학급의 가톨릭 사립학교와 남녀공학이면서 3학급의 프로테스탄트 사립학교가 있다.

도곤족이나 밤바라족에서 발달한 것과 같은, 어느 정도 복잡한 의미를 전달하는 도형도 모시족에서는 발달하지 않았다. 이슬람의 마라부 집에 파묻힌 채 지금까지 아무도 돌아보지 않았던 아라비아 문자로 씌어진 오래

그림 8 시장에서 팔 물건을 머리에 이고 걸음을 재촉하는 여인들

모시 사회에서는 보통 정해진 장소에서 사흘에 한 번 시장이 선다. 각지의 시장을 순회하는 상인들 외에 가까운 마을의 주민들이 팔고 싶어 하는 농작물이나 산양, 닭, 공예품 등을 가지고 나와서 판다. 결혼한 여성이 가족의 밭과 별도로 경작하는 자신의 밭 '베요르가'에서 거둬들인 농작물을 파는 일도 많은데, 그 매상은 그녀 개인의 수입이 된다.

된 편지나 서류조각들을 세밀히 발굴해서 검토하는 작업이 최근 서아프리카의 각지에서 조금씩 진행되고 있다. 모시 사회에 대해서는 아직 이러한 작업이 진행되지 않기 때문에 차후에는 그러한 종류의 문자 자료가 모시족의 역사연구에도 도움이 될 때가 올지도 모르겠다. 민족식물학도 특히 묘로 사용된 나무의 수령 추정을 통해 역사연구를 위한 자료를 제공할 가능성도 있고, 언어의 비교, 친척관계의 검토, 지명의 분석 등도 민족의 이동이나 접촉을 추정하는 데 공헌할 수 있을 것이다.

이와 같이 본다면, 이 사바나 안에 형성된 여러 모시 왕국의 유래나 변동의 흔적을 대략 70년 전보다도 더 이전으로 거슬러 올라가서 명확히 하고자 할 때, 직접적으로 과거를 참조할 수 있게 하는 자료로는 구연 전승이 거의 유일하다. '동화' 정책이라고도 불리는 프랑스의 식민지 정책은 식민지화 이전의 주민 정치조직을 존속시킨 채 지배에 이용하기보다는 프랑스식 제도로 바꾸는 경우가 많았지만, 오래된 역사를 지니고 있는 모시족에 대해서 프랑스는 예외적으로 과거 왕국의 정교한 정치조직을 이용하여 통치하고자 하였다. 존속하였다고는 하나 '식민지적 상황'[22]에서 그

22. 발랑디에가 제창한 용어이다. 식민지 지배에 의해 원주민사회가 입게 된 생활 전반에 걸친 심한 변동을 충분히 고려하지 않고, 안이하게 과거를 재구성하여 민족학상의 '순수' 상태를 추구하려고 한 연구태도를 비판하고자 사용하였다(Balandier, 1951).

이전의 조직에 많은 변형이 일어난 것은 분명하며, 이에 대해서는 후에 다시 검토하고자 한다. 게다가 모시족 거주지는 식민지 지배자의 탐욕스런 욕망을 불러일으킬 만한 천연자원도 부족하고 교통이 지극히 불편한 내륙에 위치하고 있기도 하여 백인의 대량 침입도 받지 않았다. 그리하여 식민지화에 의한 모시 문화의 파괴나 변형은 같은 서아프리카에서도 해안지방만큼 심하지는 않았던 듯하다.[23]

23. 그러나 서아프리카의 해안지방이 식민지화되면서부터 내륙에 거주하는 다른 주민들과 마찬가지로 모시족의 남자도 남부 해안지방의 플랜테이션, 광산, 도시 등으로 대거 돈벌이를 나가게 되었다. 정확한 수는 밝혀지지 않았지만 오토볼타 전체에서 매년 10만 명을 넘는 사람들이 남부 해안지방(상아해안이나 가나)으로 돈벌이를 나간 것 같다(Rouch, 1956; Le Moal, 1960).

전승의 보존자인 노인들이 잇달아 죽고 관행도 점점 변해가고 있는 지금의 상황에서, 구연 전승 특히 왕의 계보를 채록하여 비교 검토하고, 관찰이나 청취로 알 수 있는 사회조직이나 왕을 둘러싼 의례나 관행 등을 주의 깊게 분석하여 가능한 범위에서 가설을 구축하는 것이 급선무라고 생각된다. 후에 이용할 가능성이 있는 지방 문서나 인접한 사회에 대한 유사한 연구의 진척에 따라 가설이 보강되고 재검토되는 것도 기대해볼 만하다.

현재의 조사를 통해 그 사회의 과거 변천을 추정한다고 해도, 필자는 '미개'(未開)사회를 진화에 있어서 '문명'(文明)사회의 과거 단계로 보고 역사를 재구성하는, 이미 사장된 단순한 진화론이나 전파론의 방법을 불러내어 되살리려고 하지는 않는다. 래드클리프 브라운(Radcliffe-Brown, 1923) 이래, 특히 영국의 사회인류학자 중에는 문자기록이 없는 사회의 통시적 연구에 극단적인 회의를 표방하는 사람이 많지만,[24] 근래에 들어 종족사(ethno-history)[25]나 역사 자료로서의 문자기록 연구[26]의 진전과 함께 정치 사회조직을 통시적으로 연구하고자 하는 지향성도 강해지고 있다.[27] 하지만 그렇다고 해서 필자가 영국의 아프리카 연구의 중진이었던 에반스-프리처드의 말처럼(Evans-Pritchard, 1950: 123), 넓은 의미에서 동양학의 보조부분으로서 '히스토리오그라피'(역사기술)의 위치에 인류학을 자리잡게 하고자 염원하는 것은 아니다.

필자가 현지연구를 주로 했던 남부 모시족은, 계보상 상호 친척관계

24. 미국의 문화인류학자 머독은 그러한 영국 사회인류학의 경향을 전반적으로 언급하면서, 통시적 시야의 결여도 그러한 경향을 특징짓는 하나의 요소라고 비판하고 있다(MURDOCK, 1951).

25. Dorson et al., 1961; Fenton, 1962; Vansina, 1962b가 있다.

26. 얀 반시나의 노작(Vansina, 1961)은 역사 자료로 문자기록을 이용하는 경우의 문제점을 실제적인 견지에서 개관한 것이다. 서아프리카의 문자기록의 수집에 대한 국제회의가 1968년 7월 29일부터 8월 2일까지 오토볼타의 수도부인 와가두구에서 열려, 니아메(니제르)와 아크라(가나)에 문자기록 수집을 위한 센터가 설립되었다.

27. Smith, 1962; Vansina, 1964; Southall, 1965. 구체적인 사례연구로는 Lewis, 1968에 수록된 연구 이외에, Smith, 1960; Vansina, 1962c가 뛰어난 성과를 거두었다.

를 맺고 있다고 여겨지는 모시의 여러 왕조 중에서도, 종래의 추정으로는 가장 오래된 왕조를 성립시켰다고 일컬어져왔던 텐코도고를 비롯하여, 역시 계보상 상호 친척관계를 맺고 있다고 여겨지는 몇 개의 수장 조직으로 이루어져 있다. 필자가 특별히 조사했던 것은 북에서 남으로 텐코도고, 라루가이, 둘텐가, 와루가이, 상가 등 다섯 개의 정치조직이다. 이 중에 둘텐가와 상가의 주민은 넓은 의미에서 모시족의 일부로서 얀시족이라 불렸고, 모오레(모시족의 언어. 이하 모시어라고 한다)의 방언을 사용하고 있다.

식민지화 이전의 정치조직 중 이들 다섯 무리는 자연조건도 거의 비슷하고 사회조직의 기층을 형성하고 있는 마을이나 친척조직의 구조도 비슷하지만, 정치 통합의 규모[28]나 지배 구조상의 특징은 조금씩 다르다.

더욱이 이 지방의 바로 남쪽에는 모시족과 같은 어군(語群)의 언어를 사용하는 맘프루시족, 다곰바족의 여러 왕국이 있고, 전승에 따르면 모시 왕조의 조상은 맘프루시 다곰바의 공통의 조상으로부터 갈라져 나와서 북상했다고 한다. 맘프루시족, 다곰바족은 현재의 가나 공화국(1975년 독립할 때까지는 영국령 식민지 황금해안)의 북부 지방에서 생활하고 있다. 그들은 오토볼타의 모시족과 역사 문화상으로는 하나로 연결되어 있었지만, 식민지화에 의해 영국령과 프랑스령으로 분할되었기 때문에 역사연구에서도 최근까지는 모시와 맘프루시 다곰바를 통일된 시각으로 비교해서 논의하고자 한 연구는 거의 없었다.[29] 필자의 조사 이전에는 이 두 개의 종족군을 결부시키는 핵심 고리에 해당하는 남부 모시족에 대한 현지 조사에 의거한 자료가, 전술한 프로베니우스(Frobenius, 1912~13, 1925)나 선교사 프로(Prost,

[28]. 필자가 주로 조사대상으로 한 식민지화 이전의 정치조직 5개 단위의 인구상황을 조사 당시를 기준으로 제시하면 다음과 같다(식민지화 이후, 텐코도고로 합병된 지방은 제외). 텐코도고 6만 9,000명, 라루가이 4,500명, 두루텐 5,800명, 와루가이 1만 200명, 산가 1만 900명.

[29]. Fage, 1964는 모시 맘프루시 다곰바의 역사를 통일된 시야에서 연구할 수 있는 계기를 만들었다. 그후 Colloque......, 1967에서는 오토볼타, 말리, 니제르 등을 연구해왔던 프랑스어권의 연구자와 가나 북부를 연구해왔던 영어권 연구자들의 공동 토의에 의해 많은 흥미 있는 문제가 제기되고 있다.

1953)가 남겼던 파편적 자료를 제외하면 전무하였다.

그러나 개별 자료라면 맘프루시 다곰바 사회에 대해서도 불충분하기는 하지만 모시 사회와 한정된 범위 내에서 어느 정도 비교할 수 있는 자료가 있기는 하다(Cardinall, 1925, 1931; Goody, 1954; Rattray, 1932; Tamkloe, 1931). 식민지화 이전의 정치조직 중에서 맘프루시의 최고 수장에 종속되어 있던, 같은 모오레 다곰바어군의 언어를 사용하는 탈렌시족의 친족조직, 정치조직에 대해서는 인류학자의 장기간의 현지 조사에 근거한 연구도 있다.[30] 한편, 남부 모시족의 북쪽에서는 모시의 왕들 중에서도 가장 강대했다고 여겨지는 와가두구와 야텡가의 왕이 여러 지방의 수장을 직간접으로 지배해왔다.

이처럼 모시 왕조의 기원지라고 하는 남맘프루시 다곰바에서 시작하여, 비교적 소규모이기는 하지만 각각의 성격을 달리하는 남부 모시의 정치조직에서부터 중부 모시(와가두구)와 북부 모시(야텡가)의 대규모의 정치조직에 이르는, 동일 계통의 종족이 만든 다양한 정치조직이 북부 가나부터 오토볼타에 걸쳐 확대되어갔던 것이다. 각각의 왕조에 상당히 상세하게 전해져오는 계보 전승과 일련의 정치조직에 대한 비교분석을 아울러 행한다면, 정치조직에 관한 단순한 공시적 구조 연구를 넘어 무문자사회의 정치구조의 발전을 확인시켜주는 중요한 단서를 찾을 수 있지 않을까 하는 것이 필자가 특히 남부 모시족에 초점을 맞추어 현지연구를 시작했던 때의 의도와 계획이었다.

30. Fortes, 1945, 1949. 포테스가 탈렌시족 사회에 대해 단계(單系) 혈연집단을 근거로, 국가조직을 가지지 않는 소규모의 환절(環節)사회로 간주한 것에 대한 비판은 지금은 상식이다. 필자도 맘프루시족에 대한 조사와 포테스의 저작에 대한 검토를 통해서, 탈렌시족 사회가 상당히 대규모이면서 집단화된 맘프루시족 정치조직의 일부를 이루고 있다고 보아야 한다고 생각하고 있다. 또한 이 점에 대한 상세한 포테스비판은 Stevenson, 1968 참조.

5. 계보의 병합

옛날, 감바가 왕에게 여장부 같은 외동딸이 있었다. 딸은 전쟁이 나면 종종 남자 같은 복장을 하고 말을 타고 앞장서서 싸웠다. 아버지는 이 딸을 너무 사랑한 나머지 나이가 찼는데도 결혼을 시키려고 하지 않았다. 딸은 왕의 저택 앞에 곰보(오크라. 아욱과의 일년초)를 심고 열매가 열려도 따지 않고 그대로 두었다. 왕이 의아하게 생각하여 물어보자, 딸은 "저도 이와 같습니다"라고 말했다. 왕은 그래도 딸을 결혼시키려고 하지 않았다.

어느 전쟁에서 있었던 일이다. 딸이 탄 말이 달리기 시작하더니 멈출 줄 모르고 그녀를 태운 채 그대로 감바라에서 멀리 떨어진 북쪽의 황야로 가버렸다. 날이 저물자 말은 어느 작은 집 앞에서 멈추었다. 그 집의 주인은 이 근처에서 혼자 코끼리 사냥을 하고 있는 젊은이였다. 젊은이는 북쪽 나라의 왕자로 왕위 계승싸움에서 패하여 나라를 등지고 떠돌아다니면서 이 황야에까지 왔다고 말했다. 말 위에 탄 전사가 여자라는 것을 알고 놀랐지만 그녀를 집으로 들인 후 보호하였다. 젊은이와 딸은 결혼해서 사내아이를 낳았다. 말이 둘 사이의 중매했던 것을 기념하기 위해 사내아이는 웨드라오고(Wedraogo. 목마)라고 이름 지었다.

웨드라오고는 어른이 되자 외할아버지인 감바가 왕을 찾아갔다. 딸의 행방을 알 수 없어 슬퍼하던 왕은 그 딸의 아들이 훌륭한 젊은이가 되어 찾아온 걸 알고 기뻐하며 많은 기마 병사를 붙여 보물을 주고 웨드라오고를 어머니가 있는 곳으로 보냈다. 당시 감바가에는 사람이 넘쳐난다고 해서 웨드라오고 뒤를 따라 집을 옮기는 자가 끊이지 않았다. 웨드라오고는 더욱더 북쪽으로 나아가서 이미 살고 있던 비사족이 도망가면서 버린 마을에 집을 정하고 그 곳을 '텐' (토지, 국가, 마을) '쿠두구' (오래되다)라고 이름 짓고 우두머리가 되었다. 이것이 지금의 텐코도고이다.

웨드라오고의 뒤를 이어 아들인 준그라나가 텐코도고의 수장이 되었을 때, 이 왕의 위세를 전해들은 북방의 뇨논시족 수장이 자신의 딸을 준그라나 왕에게 바치고 그 딸이 낳은 아들이 성장하면 뇨논시 국가를 통치할 수 있도록 보내달라고 간청하였다. 땅을 경작하기만 하고 싸우는 법을 몰랐던 뇨논시족은, 그 즈음 이웃 구룬시족에게서 위협을 받고 주민을 노예로 빼앗기고 있었기 때문이었다. '토지의 주인' 으로서 주술력을 지니고 있던 뇨논시족의 수장은 바람을 일으켜 준그라나 왕을 축사(畜舍)로 데리고 가서 그 곳에 숨겨뒀던 자신의 딸과 관계를 맺게 하였다.

이후 그들 사이에서 사내아이가 태어났는데, 우브리(畜舍)라고 불렀다. 뇨논시의 수장은 우브리가 어른이 되어 자신의 나라를 다스리러 올 때 분간을 할 수 있도록 주술을 써서 그를 절름발이로 만들었다. 우브리는 성장해서 강한 전사(戰士)가 되었다. 우브리는 부하 병사를 통솔해서 북쪽으로 나아가 외할아버지의 나라를 통치했다. 이것이 지금의 와가두구 왕국의 유래이다.

모시의 구연사는 이렇게 시작된다. 물론 여기에는 여러 가지 이설이 있고 이를 검토하는 것 자체도 흥미 있는 과제다. 하지만 그 이설에 대한 검토 및 맘프루시 다곰바에 전해져 오는 같은 종류의 국가기원 전설과의 비교는 뒤에 하기로 하고, 여기에서는 남부 모시의 구연사를 검토하는 도입부로서, 기원 전설의 개요를 소개하는 것에 그치고자 한다.

이 기원 전설은 식민지화 이후 몇몇 사람들에 의해 채록되었지만 그것은 모두 와가두구, 즉 중부 모시에 전해오는 것을 채록한 것이다. 이

전설에 따르면 감바가(당시 맘프루시 또는 다곰바의 수장이 살던 도읍이었다고 전해진다)에서 갈라져 나온 전사나 이주자 무리는 우선 텐코도고에 세력을 확립하고, 그 왕조에서 분리된 우브리 왕이 와가두구 왕조를 창시하게 된다. 그러나 정작 '텐코도고'에서는 웨드라오고나 준그라나를 텐코도고가 아닌 다른 지역에서 거주하였다고 하며, 왕의 거주지로서의 텐코도고가 창설되고 이름이 붙여진 것은 그로부터 한참 후인 시그리 왕 시기로 상정하고 있다. 텐코도고에서 약 25킬로미터 서북서쪽 황야에 있는 기괴한 바오밥 나무 밑에 매장되어 있다고 하는 준그라나 대왕 또한 수수께끼로 둘러싸인 존재다. 어원을 검토해보면 다르게 해석될 수 있는 가능성도 나오는데 그에 대해서는 다음 장에서 논하고자 한다.

이것만이 아니다. 이 기원 전설에서는 감바가를 출발한 웨드라오고가 북쪽으로 진출하여 처음 살 곳을 텐 쿠두구(오래된 나라)라고 이름 짓고, 그것이 후에 텐코도고가 되었다고 설명하고 있다. 와가두구 왕조가 초기에 정착했던 지역 명칭의 유래로서 지금까지 그것을 이상하게 여기는 사람도 없었다. 그런데 와가두구 왕조에서 보면 웨드라오고가 처음으로 진출한 '새로운 나라'인데 왜 '텐 쿠두구', 즉 '오래된 나라'라고 불렀을까 하는 의문이 든다. 반대로 말한다면 '오래된 나라'라는 호칭 자체가 이미 그 이름을 배반하고 있다고도 볼 수 있다.

필자가 조사를 행하기 이전에는 텐코도고에서 상세한 현지연구가 이뤄지지 않았기 때문에 여러 모시 왕국의 기원에 대해서도 전술한 전설에 기초를 둔 와가두구 중심의 해석이 오랫동안 일반화되어 있었다. 서아프리카 역사 전문가 사이에서도 보통 그 해석이 채택되고 오토볼타의 학교에서 사용하는 역사 교과서에도 그렇게 씌어져 있다. 그러나 지금까지 현지에서 새로운 자료를 채록하고 그것을 분석해서 얻어진 가설로서, 필자는 종래의 통설과는 반대로 텐코도고는 감바가보다 먼저 북방의 푸스가에서 북쪽으로 진출한 모시족의 조상이 몇 가지로 갈라져서 여러 가지 변화를 거친 후, 그 중 하나가 상당히 새롭게 현재의 토지에 정착해서 성립된 왕조라고 생각하게 되었다. 사실 본서의 목적의 하나는 이 가설에 이르기까지의 구연 전승사의 분석 과정의 개요를 좇아가면서 무문자사회의 역사가 지니고 있는 몇 가지 측면을 보고자 하는 것이다. 이 장에서는 우선 텐코도고 왕의 계보 전승의 기본적인 구조를 생각해보고자 한다.

다음의 〈표 1〉에서 제시하고 있는 것은, 남부 모시족의 텐코도고 왕조에 대해 세 명의 연구자가 각기 다른 시대에 채록했던 역대 왕 이름의 일람표이다. 〈표 1〉에 의하면, 필자보다 60년 전에 프로베니우스가 채록했던 것(프로베니우스가 현지에서 채록했던 것은 1908년이고 출판된 것은 1912년이다)은 거의 비슷한 내용을 지닌 다른 두 가지 것과 비교할 때 결여된 내용도 상당히 많고, 따라서 채록으로서는 불충분한 것으로 생각된다. 사실, 프로베니우스의 리스트(이것은 프로베니우스가 계획했던 여러 모시 왕조들의 계보를 종합한 것의 일부에 지나지 않지만)는, 프로 신부(Prost, 1953)와 필자의 채록의 결과가 발표된 이후에는 불완전한 것으로서 간주되어 전문가의 관심을 끌지 못하고 있다.[31] 또한 프로베니우스와 프로의 리스트는 다만 왕의 이름을 왕위의 계승 순으로 열거하고 있을 뿐이지만, 필자는 구비를 통해 전해지고 있는 범위 내에서 역대 왕들의 혈연

31. Izard, 1970: 218도 텐코도고 왕조사의 검토에서, 프로와 필자의 계보는 다루었으나 프로베니우스의 계보는 매우 불완전한 것으로 처음부터 제외하였다.

관계와 각 왕들이 재위 중에 살던 곳도 아울러 채록했다. 그 결과를 〈표 1〉의 리스트와 관련지어 나타낸 것이 〈표 2〉이다.

〈표 1〉과 〈표 2〉를 비교해보면, 왕의 계승 순서와 거주지 사이에 기묘한 혼란이 있다는 것을 알게 될 것이다. 역대 왕들은 거주지에 따라 지

[표1]

L. Frobenius 1908	A. Prost 1953	J. Kawada 1966
Uidi Rogo		Wedraogo[1]
Djungulana		Zungrana[2]
Ubri		Ubri(Zambarga)
Sorroba		Sorba[3]
Bondogo		Bondaogo(Lalgaye)
Mallaka		
Tjemmogo	Kiumgo	Kiumgo[4]
Rabuile		Vire[5]
	Nabugba	Nabugba[6]
	Vire	
	Dibgoanga	Dibgwalanga[7]
	Zore	Zore[8]
	Gigemkudre	Gigemkudre[9]
	Katwenyuda	Patwenyuda[10]
	Poangha	Poaga[11]
	Bendba	Bendba[12]
Bugu(?)	Bugum	Bugum[13]
	Piga	Piga[14]
	Kugri	Kugri[15]
	Abgha	Abga[16]
Sigilli	Sigri	Sigri[17]
Djigimpolle	Gigempolle	Gigumpolle[18]
	Zende	Zinde[19]
Jemde	Yemde	Yemde[20]
	Wobgho	Wobgo[21]
Bongo	Baogo	Baogo[22]
Sallugo	Saluka	Saluka[23]
Djigimde		Gigumde/Nyambre[24]
Sapellema	Sapilem	Sapilem[25]
	Nyambre	
Sannam Saare	Salama	Salama[26]
Korongo	Karogo	Karongo[27]
Kom	Kom	Kom[28]
–	Kiba	Kiba[29]
–	–	Tigre[30]

리적으로 잔발가, 웰겐, 테노아겐, 고오덴, 텐코도고 등의 다섯 무리로 크게 나눌 수 있다. 잔발가는 원래 텐코도고의 남쪽 약 60킬로미터에 있는 비투라는 마을 근처에 있었다고 전해져 오는 곳이다. 이 곳은 가장 오래된 왕조의 중심이었다고 하지만, 지금은 그 주변 20킬로미터 사방에 인가가 전혀 없는 앙상한 숲으로 잔발가가 어디에 있었는지조차 확실히는 알 수 없다. 웰겐은 텐코도고의 서남쪽 약 15킬로미터 떨어진 황야에 있는 비사족의 마을로, 키와무고의 무덤이라고 여겨지는 것이 지금도 마을 사람들이 제물을 바치는 대상이다. 테노아겐은 텐코도고에서 동남쪽으로 약 20킬로미터 떨어진 곳으로, 현재도 같은 이름의 마을이 있지만, 남부 모시의 역사 속에서는 수수께끼 같은 위치를

차지하고 있다.

[표2]

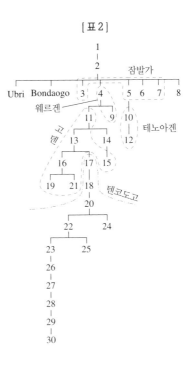

　　테노아겐의 수장은 텐코도
고 나바의 의해 임명되지만 텐코
도고 나바가 지켜야 할 금기의 하
나로, 테노아겐을 방문해서는 안
된다고 하는 것이 있다. 그리고
텐코도고 나바는 재위 33년이 되
는 해에 테노아겐의 가까이에 있
는 위도라고 하는 늪에 가서 제물
을 바치고 목욕을 해야만 하였다.
그런데 텐코도고 나바는 일단 즉
위한 뒤에는 맨발로 흙을 밟아서
는 안 되고 무루후(왕위를 상징하

는 얇은 원통형의 두건)를 사람들 앞에서 벗어서도 안 되며, 손이나 발끝
그리고 얼굴 등 극히 제한된 부분 외에는 함부로 신체를 노출해서는 안 된
다는 금기가 있다.

　　그런데 텐코도고 나바가 야외에서 목욕을 하는 행위는 의례를 통해
왕위에 군림한 자로서 몸을 멸시하고 자기를 낮추는 것을 상징적으로 나
타내는 것처럼 보인다. 평상시에는 테노아겐에 가는 것을 꺼리고, 치세가
오랫동안 안정된 연후에는 일부러 그 곳에 가서 왕으로서의 권위를 버리
고 용서를 비는 듯한 행동을 했다고 하는, 이 금기에 포함된 양극성은 텐코
도고와 테노아겐의 수장 사이의 오래된 갈등—그후 정치적 군사적으로는
매듭지어진 갈등—을 투영하고 있는 것은 아닐까?

　　과연 그후에 텐코도고의 역사 전승을 분석하고, 다시 면접과 청취를 반복적으로 조금씩 진척시키는 한편 테노아겐 지방의 전승도 채록하면서 다음과 같은 사실을 발견하였다. 식민지화 직전의 텐코도고 나바의 지배 범위까지 거의 세력을 확장했던 바오고 왕[22]의 시대에, 그때까지 비교적 독립을 유지하고 있던 것으로 보이는 테노아겐의 수장이 텐코도고의 수장 에게 굴복했던 사실이 텐코도고에서도 전해지고 있었다. 또 현재 전승되고 있는 것에만 한정시켜볼 때, 목욕 의례를 실제로 했던 것은 기굼데 왕[24] 단 한 명으로, 그것은 왕이 33년 이상 재위하는 것이 드물었기 때문일 수도 있 지만, 적어도 위에 든 바오고 왕 이전에도 이 의례가 행해져왔다는 전승은 없다. 바오고 왕 이전의 텐코도고 나바 중에서 99년간(이 숫자는 과장된 것 일 것이다) 재위했다고 전해져 오는 기굼폴레 왕[18]의 경우 그가 세 번에 걸쳐 조상의 땅 감바가에 갔다고 하는 전승은 있지만 당연히 이야기되어도 좋을 테노아겐의 목욕 의례에 대한 것은 아무것도 전해지고 있지 않다.

현재 테노아겐 지방에 있는 마을 중에 테노아겐도 포함한 일곱 마을의 주민을 보면, 어느 마을에서건 테노아겐의 수장과 같은 계보에서 나온 사람이 숫자상으로는 가장 많다. 또 여섯 마을에서는 수장도 이 계보에서 나오고 있지만, 그 외의 인구 400명 정도로 이 지방에서는 제일 큰 마을에는 텐코도고 나바와 혈연관계가 있는 사람이 감찰관이라도 되는 것처럼 수장으로서 파견되고 있다(현재 이 마을의 수장은 카롱고 왕[27]의 자손 중한 사람이다).

테노아겐의 수장과 그 주변 여섯 마을에 사는 같은 계보의 주민들은 동일하게 말라카라고 하는 손도레(모시족이며 일부의 사람들이 공유하고 있는 이름. 보통 부계에 의해 계승되지만 이름이 바뀌는 경우도 있고, 또 계보상의 관계가 없는 사람도 같은 손도레를 갖는 경우도 있다. 혼인에 의해서도 변화하지 않는다)를 갖고, 말라카라는 왕을 공통의 시조로 모시고 있다. 말라카라고 하는 왕의 이름은 〈표 1〉 텐코도고 왕의 계보에서는 프로베니우스가 채록했던 것에서만 나오지만, 현재 텐코도고의 전승에서는 파트웨뉴다[10]가 그 별명으로 되어있으며, 다들 경외심을 가지고 있다. 다만 계보상의 위치는 테노아겐 지방의 것과 다른데, 테노아겐 지방의 전승에서 말라카 왕은 현재 텐코도고 왕조의 시조로 되어 있는 키움고[4]와 아버지는 다르고 어머니는 같은 형제 관계에 있는 것으로 간주되고 있다.

이 전승에 의하면 말라카 왕은 남 라루가이 왕조의 조상이 수장으로서 거주했다고 하는 잔발가(추정)과 라루가이 사이에 현재도 하나의 마을로서 존재하는 킨짐에서 갈라져 나와 테노아겐 지방으로 향했지만 킨짐과 테노아겐 사이에 있는 황야에서 쓰러져 죽었다. 말라카의 묘는 쉽게 다가갈 수 없는 거친 땅에 있다고 말하면서, 테노아겐에서는 매년 수수의 수확 축제를 할 때 그를 그리는 의미로 그가 묻혀 있다는 황야를 향해 햅쌀로 빚은 다무(수수를 발효시켜 만든 술)와 어린 암탉의 피를 뿌린다. 테노아겐의 전승에서는 말라카는 중부 모시의 와가두구 왕조의 시조 우브리와는 같은 아버지, 다른 어머니라고 하지만 텐코도고 왕조의 시조 키움고와는 다른 아버지, 같은 어머니의 관계이다. 키움고의 아버지 이름은 전해지고 있지 않기 때문에, 부계의 혈연관계가 중시되는 모시 사회에서 이 전승이 의미하는 것은 테노아겐 왕조와 와가두구 왕조의 계승상의 관계를 강조하는 것이면서 동시에 이 두 왕조와의 관계에서 텐코도고 왕조의 계승상의 위치를 낮춰 보는 것이다. 그래서 왕조의 계승상의 위치에 대해서도 테노아겐과 텐코도고 전승 간에는 일정한 확고한 집착 같은 것이 있다고 할 수 있다. 그러나 왕조로서도 몰락하고 이야기꾼도 없는 테노아겐에서는 말라카 왕의 계보상의 위치와 현재 테노아겐의 수장 등의 일족이 말라카 대왕의 자손이라고 하는 것만 구비로 전해지고 있을 뿐, 시조 말라카와 지금의

그림 9 테노아겐 수장의 조상제사

테노아겐의 수장은 텐코도고 왕의 조상으로부터 오래 전에 갈라져 나온 분파의 자손으로서, 텐코도고 왕과의 사이에 조금은 불가사의한 의례적 관계를 가지고 있다. 지금은 작은 취락의 수장에 지나지 않지만, 수확 후 햇수수로 술을 빚어 조상에게 바치는 '바스비라'('작은 '바스가')는 텐코도고 왕의 '바스가'보다 먼저 행해지는데 이때에 바쳐지는 술의 효모인 '다비라'를 받아서 텐코도고가 '바스가'에 쓸 술을 만든다. 중앙에 하얀 두건을 쓴 노인이 현재의 테노아겐의 수장이다.

수장을 잇는 계보는 불명확한 형태로 전해지고 있다.

　　테노아겐을 지금의 텐코도고에 이어지는 왕조의 계보에서 제법 오래 전에 갈라져 나와서 오랫동안 독립을 지키다가 후에 텐코도고에 종속하게 된 왕조로 본다면, 또 하나의 왕조 고오덴이 현재의 텐코도고 왕조에 직접 선행(先行)했다고 하는 추측이 성립될 수 있을 것이다. 사실, 고오덴 왕으로서 현재 텐코도고에 거처를 정한 시그리 왕[17]의 아버지로 되어 있는 부굼 왕[13]의 기념 축제는 텐코도고 나바가 매년 집행하는 큰 축제의 하나이다.

　　수수의 수확제 후에 행해지는 부굼 야오겐(부굼의 묘)으로 불려지는 이 축제에서는 텐코도고 나바 스스로 투구를 쓰고 긴 칼을 차고 흰 천으로 복면을 하고 흰말에 올라타서 말을 타거나 걷는 수행원, 악사 등을 거느리고, 큰북을 거침없이 울리며 행렬을 만들어 텐코도고에서 서쪽으로 약 6킬로미터 떨어진 고오덴을 향하여 간다. 그리고 수소나 숫양이나 몇 마리의 어린 암탉의 목을 산 채로 잘라서, 거기서 뿜어져 나온 신선한 피를 부굼 왕의 묘(작은 돌을 놓아둔 지면)에 뿌린다.

　　그러나 고오덴의 경우도 테노아겐과 마찬가지로 현재 네 개의 마을에서 고오덴 왕들의 자손이라고 하는 사람이 수장이 되는 것에 지나지 않고, 계보상의 전승은 단편적이어서(부굼의 아버지 포아가 왕[11]의 직계 자손이라는 푸소아카 마을의 나이 많은 수장은 다른 사항에 대해서는 잘 기억하고 있는 뛰어난 전승자이지만 시조인 포아가 왕과 자신 사이에 있던 조상 세 명의 이름을 애매하게 떠올릴 뿐이었다), 그러한 측면에서 텐코도고 왕의 계보를 검토하는 것은 목표설정의 단계에서 완전히 빗나간 것으로 끝나고 말았다.

　　그런데 고오덴에서는 테노아겐과 달리 텐코도고와의 사이에서 지켜

그림 10 남자의 춤 '와루바'

의례 후에 큰북의 연주와 춤은 당연히 따른다. 이 사진은 여기저기의 축제에 와서 춤을 추고 약간의 보수를 받는 남부 모시족의 반직업적 춤꾼 '와렙 사오다' 이다. 손에는 '와가' 라는 철로 만든 징을 울리면서 전신을 심하게 흔들며 춤을 춘다.

야 하는 금기나 전쟁의 전승이 전혀 없는 것은 무슨 이유에서일까? 게다가 왕위 계승의 순위에서는 시그리 왕[17]부터 그 3세대 뒤의 직계인 바오고 왕[22]까지 고오덴의 왕과 텐코도고 왕 사이에서 왕위가 교대로 계승되는 것처럼 보인다. 거기에다 텐코도고의 전승에 의하면 시그리 왕 이후에는 왕위도 안정되고 그때까지는 오히려 보통이었던 형제간의 왕위계승이 아버지에서 장남으로의 계승으로 바뀌어 후자가 원칙이 되었다고 하는 것이다.

이 점에 대해 생각하기 전에 다시 〈표 1〉로 돌아가보자. 전술한 것과 같은 검토를 하고 나니, 종래에 부족함이 많다고 해서 관심을 갖지 않았던 프로베니우스의 리스트가 의미심장한 것으로 생각된다. 즉, 프로베니우스의 리스트에 빠져 있는 왕의 이름이라고 하는 것은 계보와 거처를 함께 정리했던 〈표 2〉에서 방계의 왕 이름과 전면적이라고 해도 좋을 정도로 대응하기 때문이다. 오랫동안 왕의 계보와 씨름한 결과, 문득 이 사실을 깨달았을 때 나는 갑자기 밝은 곳에 나온 듯한 기분을 느꼈다. 그것은 하나의 수수께끼가 풀린 데서 나온 기쁨만은 아니었다. 그림과 문자로 쓰고 시각화해서 공간에 확장해서 봤을 때의 역사 모습이, 귀로 듣고 있던 때의 시간적 계기속에서 일련의 흐름으로서 이야기되는 구비 전승사의 모습과는 너무나 틀리다는 것을 몸으로 알게 된 감명 같은 것이기도 하였다. 이야기되는 것을 귀로 듣는 역사 속에 포함된 아주 심하게 복잡하고 뒤섞인 수수께끼가, 계보를 꼼꼼하게 그림으로 그려봄으로써 풀렸던 경험은 두루텐가의 수장 계보를 분석했던 때에도 이루어졌지만 그것에 대해서는 지면상 생략하기로 한다.

프로베니우스의 리스트와 프로와 필자의 리스트 사이에 있는 큰 폭의 차이는 도대체 어디서 온 것일까? 프로베니우스의 채록에서 누락되었을 가능성도 없진 않지만 그것만 가지고는 부족함의 의미가 너무나 지나

그림 11 우리는 춤춘다, 고로 존재한다

모시족을 포함한 아프리카 사람들은 남녀노소를 불문하고 춤을 좋아한다. 큰북의 리듬이 들려오는 것만으로도 사람들은 전신을 약동시키지 않을 수 없는 듯하다. 축제나 제사 때에는 반드시 악사를 중심으로 여기저기 사람들의 원이 만들어지고, 사람들은 차례로 원 안으로 들어와 도취된 듯 춤을 춘다.

치게 크다. 1908년 프로베니우스가 현지에서 이것을 채록했던 것은 콤 왕[28](1904~1933년 재위)의 시대이고, 1953년 프로는 키바 왕[29](1933~1957년 재위)의 시대에, 필자는 현재 왕[30](1957년 즉위)의 시대에 채록했다. 그런데 프로와 필자의 채록에서 핵심 제보자는 최근 두 왕의 치세를 잘 아는 벤 나바(이야기꾼 악사의 우두머리)로서 그는 오랜 삶을 마치고 1967년 세상을 떠났다. 그는 장수를 누렸으므로 거슬러 올라가 생각해도 프로베니우스 시대의 벤 나바와 1967년 타계했던 이 벤 나바 사이에 또 다른 벤 나바가 있었다고는 생각할 수가 없다. 그런데 이 벤 나바는 근래에 보기 드물게 역사 전승에 관해 뛰어난 기억을 가진 우두머리로서 명성이 높았던 사람이다.

필자는 프로베니우스가 채록했던 콤 왕의 시대에는 의미가 없었거나 또는 몰락했던 왕조의 왕명으로서 낭송되지 못했던 것이 이 대(大) 벤 나바의 박학한 지식과 뛰어난 기억력 덕택에 텐코도고 연대기에 편입되었던 것은 아닌가 하고 추리해본다. 왕의 비호를 받고 있는 벤 나바가, 그 왕조의 계보를 가능한 한 활기차고 길게 낭송 하려고 애쓰는 것은 당연하기 때문이다. 그러나 그 낭송은 왕의 조상인 죽은 사람의 이름을 아주 기쁜 날에 왕이나 대중 앞에서 큰 소리로 부르는 신성한 행위이고, 구비에 대해 자세히 알고 있는 많은 노인들이 듣고 있기 때문에 일부러 엉터리로 하거나 왜곡하는 것은 절대 용서받지 못할 것이다.

필자의 추리를 뒷받침하는 것처럼 프로베니우스의 리스트에는 빠져 있고, 필시 선대(先代)의 대 벤 나바 시절에 합병되었던 이름에 대해서는 벤 나바 자신도 이름을 올렸을 뿐, 그 왕들의 공적은 아무것도 이야기하고 있지 않다. 고오덴에는 프로베니우스 이후에 부가된 이름이 [11], [15], [16], [19], [21]로 다섯 개가 있는 것에 대해, 테노아겐에는 파트웨뉴다[10]를 말라카와 동일 인물로 간주한다면 겨우 [12]의 하나만이 부가된 것도 테노아겐 왕조가 먼 시대에 텐코도고와 멀어졌던 방계이고, 게다가 텐코도고와의 갈등이 있었던 사실에서 유래하는 것인지도 모른다. 고오덴에 대해서 말하자면, 그것을 하나의 '지방 왕조'로 보는 것은 부당하고, 단지 대왕 부굼[13]의 방계의 자손이나 시그리 왕[17]을 통해서 텐코도고로 뻗쳐나가지 않았던 분파에 속하는 이름을 거론하고 있을 뿐인지도 모른다. 사실, 텐코도고 나바는 이미 말했듯이 직계 조상인 부굼 왕[13]의 묘에 대해서는 특별한 제사를 지내 제물을 바치고, 시그리 왕[17] 직계 자손의 왕인 [18], [20] 등에 대해서도 큰 제사 때에는 제물을 바치지만, 구승 계보의 순서에서 엠데 왕[20]의 뒤에 오는 워브고 왕[21]에게는 아무것도 하지 않는다. 묘가 있는 곳조차 정확히 알려지지 않고 있다. [15], [16], [19]에 대해서도 마찬가지이다.

한편, 계보를 낭송할 때 왕의 이름을 거명하는 순서는 반드시 왕위 계승 순서가 아니고 친족관계상 방계보다 직계가 먼저 올라가는 경우도 있다. 이는 비교적 최근의 왕으로, 친족관계나 공적에 대하여 상세한 전승이 있는 기굼데 왕[24]과 사필렘 왕[25]의 순서가, 프로의 리스트에서는 프로베니우스나 필자의 리스트의 순서와는 반대로 되어 있다는 것에서도 알 수 있다. 벤다의 설명에 따르면, 기굼데는 그 직전의 살루카 왕[23]의 숙부에 해당하고, 게다가 기굼데 뒤에 왕위에 올랐던 사필렘 왕[25]은 살루카 왕[23]의 동생이기 때문에, 살루카의 이름을 부른 뒤 바로 계속해서 사필렘을 불러버리고 숙부인 기굼데가 뒤로 돌려지는 경우가 지금도 있다고 한다. 기굼데의 긴 치세가 끝날 무렵에 국내에 기근과 재앙이 계속되자 그 원인은 왕의 육체가 노쇠했기 때문이라고 여겨져서, 기굼데는 죽음을 기다리지 않고 퇴위하였다. 이것은 텐코도고 구비 전승사 중에서 왕이 살아 있으면서 퇴위한 유일한 사례이다. 또 기굼데의 자손이 왕위를 빼앗으려고 카룽고 왕[27]과 격심한 전투를 했다는 사실도 있기 때문에, 기궁데가 텐코도고 왕조사 중에서는 별로 인기가 없는 왕이라는 것도 그의 순위가 뒤로 밀리는 하나의 이유가 될지도 모른다.

더욱이 프로베니우스의 채록이 왕 이름의 숫자로 보면 필자의 리스트보다 훨씬 적음에도 불구하고 〈표 2〉의 계통도와 비교할 때, '세대'의 숫자에서는 [9]와 [11]이 빠져 있을 뿐 필자가 작성했던 계보도와 거의 똑같다는 점을 주목해야 한다. 왕조의 계보를 과거로 거슬러 올라가 볼 때, 세대를 단위로 해서 나누는 방법이 왕의 숫자만으로 나누는 방법보다 일반적으로 안정도가 높다. 특히 동세대 형제간의 계승이 상당히 많았다고 생각되는 맘프루시나 두루텐가 왕조의 계보는 더욱 그렇다고 할 수 있다. 다만 이 점은 후술하게 될, 왕위 계승의 문제나 구술사의 정형화(定型化)의 문제, 구승의 계보에 기초한 절대연대의 추정의 문제와도 관련해서 생각하지 않으면 안 된다.

왕의 거처나 묘가 있는가 등에 대해서는 계보의 낭송 중에서는 이야기되지 않는 것이 많고, 대부분이 보충하는 의미의 청취나 관련된 지방에서의 조사에 의해 분명해진 것이기 때문에, 현재의 왕이나 노인들을 비롯한 텐코도고의 사람들도 〈표 2〉와 같은 계보나, 전술한 것과 같은 분석이나 추리의 결과를 확실히 의식하고 있는 것은 아니다. 계보의 낭송 중에서 시대의 흐름에 따라 연속적으로 불려지는 왕의 이름이 텐코도고의 역사로서 그대로 소박하게 받아들여지는 동안에는, 텐코도고가 와가두구보다 오래 전에 이 곳에서 성립되어 대대로 한 핏줄의 계보를 이어 계승되어 온 왕조로 여겨진 것도 그리 이상한 일은 아니다. 이것은 관련된 다른 왕조의 계보 전승과 비교 검토하거나, 다음 장에서 행할 정치구조를 분석한 연후에 보다 명료하게 될 것이다. 그러나 계보 전승을 비판적으로 검토해보면, 텐코도고가 왕조가 분열(남쪽으로 갈라진 라루가이 왕조의 분열 전승에 대해서는 후에 언급하겠다)이나 분쟁, 천도 등 오랜 기간에 걸친 변동을 겪은 후에, 상당히 최근인 시그리 왕[1]기 시대에 텐코도고에 정착했으며, 나아가 바오고 왕[2]기 시기부터 이 지방에서 패권을 널리 주창하고 궁정의 조직까지 확립시키게 되었다는 것을 추측할 수 있다. 그리고 지금 낭송되고 있는 계보는 종속된 왕조도 포함하고, 후에 방계 수장들의 이름도 받아들여 합성한 계보일 것이라는 것도 추측할 수 있다.

6. 절대연대의 문제

지금까지 기술해왔던 논의들을 문자기록만을 자료로 해서 입증하려고 한다면 항상 하나의 근본적인 딜레마에 놓이게 된다. 그리고 2장과 3장에서 이미 언급한 바와 같은 성질을 지니고 있는 문자기록에 기초하여 과거를 탐구하고자 한다면, 이 딜레마를 결코 벗어날 수 없을 것이다. 결국 문자기록을 역사 자료로 다룰 경우, 그 안에서 이야기되는 사항 모두를 역사적 사실로 간주하는 것은 도저히 불가능한데, 그렇다고 해서 그 사실들을 전혀 믿지 않는다고 한다면 탐색 또한 불가능하게 되기 때문이다.

　　문자기록만을 단서로 하여, 그것이 지닌 사료로서의 사실성을 증명할 수는 없는 것일까? 내용에서는 상호 관련되어 있지만, 독립적으로 전파되고 개별적으로 채록된 역사 전승이 일치를 보이는 것이 있다고 해도 그것들이 모두 틀린 것은 아니라고 말할 수 없으며, 또한 과거에 전파나 차용이 있었을 가능성을 어떻게 부정할 수 있을까? 현재의 사회조직이나 여러 가지 관습 그리고 자연 조건 등을 근거로 하여, 어떤 한정된 범위 내에서의 추측이나 사료로서의 전승을 비판하는 것은 가능하지만, 그것은 한계가 있지 않을까?

　　구승 사료에 대한 이와 같은 회의(懷疑)는, 문자 사료에 대해서도 똑같이 해당된다고 할 수 있다. 사료 자체를 역사 속에서의 '사건'으로 보고, 역사라고 하는 것은 과거의 사실들에 대한 확실한 결락을 포함하는 형태로 성립할 수밖에 없다는 것을 강조하는 프랑스의 젊은 역사가 폴 벤느의 이론(Veyne, 1971)에, 필자는 구승사를 연구하는 입장에서 공감한다. 하지만 문자기록이 사료로서 지니고 있는 딜레마는 하나의 극한상황을 통해서 역사 자료라고 하는 것의 성질을 재고하는 시점을 부여해주는 것이라 생각한다. 본서의 2 3장에서도 말했듯이 제2차 해석을 위한 소재가 되는 제1차 해석으로서만 본다면, 문자기록과 문자 자료 각각이 갖고 있는 사료로서의 성질은 연속되어 있는 것이다. 다만 문자기록에서는 제1차 해석이라고 하는 '사건'이 항상 현재에만 일어난다. 이러한 의미에서 구승 사료로 이야기되는 사항의 절대연대를 결정하는 문제는 사료로서의 문자기록이 갖는 특수성을 단적으로 보여준다고 하겠다.

여러 모시 왕조의 성립연대에 대해서도, 지금까지 여러 가지 추정이 시도되어왔다. 최근 20여 년간 이 분야의 연구가 뚜렷하게 진행되기 이전에는, 17세기에 서사하라 남쪽의 학예도시 통북투에서 펴낸 아라비아어로 된 두 권의 사서(Es-Sa' di, 1964; Kati, 1964)에서 볼 수 있는 '무시'의 왕에 대한 몇 가지의 단편적인 기재사항을 기초로 하여, 그 시기로부터 역산하는 소박한 방법으로 추정해왔다. 그러한 기록들 중 가장 오래된 시대에 속하는 사건으로서 14세기 전반에 '무시'의 왕이 당시 교역 종교(이슬람) 학예의 중심으로서 번영하던 통북투에 쳐들어 와서 마구잡이로 약탈했다는 기술(Es-Sa' di, 1964: 16-17)이 있다. 침입자는 약탈을 마치고 곧 그들의 나라로 되돌아갔다고 하는데, 이 '무시'의 왕이 어쩌면 통북투부터 약 300 킬로미터 남쪽의 야텡가에 강력한 왕조를 세웠던 북부 모시의 왕이었을 것이라는 추정으로부터, 그리고 14세기 전반에 이미 통북투에 원정할 수 있을 정도의 힘을 야텡가의 왕이 갖추고 있었다고 한다면 야텡가가 갈라져 나온 와가두구(중부 모시)나 텐코도고(남부 모시) 왕조의 성립은 더욱 오래된 것으로서 11세기 정도까지 거슬러 올라가는 것이 틀림없다고 여겨졌던 것이다(Marc, 1909; 136-138; Tauxier, 1917: 667-668).

그러나 이 추론에는 몇 가지 문제가 있다. 그 외에는 이것에 가까운

그림 12 통북투의 이슬람 대사원

사하라 사막과 나이저 강의 접점에 위치하여 사하라를 넘나드는 교역의 중심으로 번창한 통북투는, 이슬람의 중심으로도 서아프리카에서 커다란 영향력을 가지고 있다. 14세기 최전성기를 누리던 말리 제국의 만사 무사 대왕이 메카 순례에서 돌아오는 길에 아라비아에서 데리고 온 시인이자 건축가 아부 이사크 아스 사힐리에 의해, 햇볕에 말린 벽돌로 지은 새로운 양식의 이슬람 사원이 이 지방에 세워지게 되었다고 한다. 14세기 이후 개 보수를 거듭하여 현재까지 존속하고 있다는 이 대사원도 그 중에 하나이다.

그림 13 통북투 마을의 모습

뒤쪽에 보이는, 프랑스의 식민지화 이후 세워진 구운 벽돌로 만든 아치를 지닌 건물과 비교해보라. 바로 앞에 있는 햇볕에 말린 벽돌로 지은 집들의 문이나 창의 상부는 나무판을 걸쳐놓았을 뿐 아치라고는 할 수 없다. 이와 같이 아치가 없었던 것은, 차바퀴나 도르래가 없었던 것과 함께 사하라 이남의 아프리카 문화와 북아프리카 문화 사이에서 차이를 보이는 중요한 요소 중 하나이다. 이 도시부의 뒤쪽에는 사하라사막이 펼쳐져 있다.

발음의 명칭을 갖는 부족이 이 지역에 알려져 있지 않으므로, '무시' 를 '모시' 와 동일하게 상정하는 것을 거의 인정한다고 하더라도 모시에 관한 부분은 두 사서에서 모두 짧게 언급되어 있다. 그 중에서도 15세기 말부터 16세기(즉 두 권의 사서가 성립하기 직전)에 일어난 사건에 관한 기술은 두 권의 사서에 공통적으로 비교적 구체성을 띠고 기록되어 있기는 하지만, 통북투에 침입한 것(14세기 초)이나 또한 통북투와 가까운 벤카라는 마을에 침입한 것(15세기 초)에 대한 기술은 구체성이 결여되어 있고, 게다가 두 권의 사서 중『타리프 에스 수단』에서만 이야기되고 있다.

　　『타리프 에스 수단』은 통북투의 학자 아스 사하디에 의해 17세기 전반에 편찬되었던 것으로 여겨지고 있기 때문에, 이『타리프』가 기록하였던 시대에 두 가지 사건이 있었던 것은 틀림없으며 그로부터 2, 300년은 족히 지나서 이 사서가 씌어졌다는 것이 된다. 그 다음 시대의 사건으로 기록된 송가이 제국과 모시족 간에 이루어진 군사상의 교역이 사실이었다고 한다면, 14, 15세기에 실제로 있었을지도 모르는 이 마을의 약탈을 두고 침입자가 누구인지 불명확하거나 애매한 상태에서, 후에 사건의 유추를 통해 모시족의 침입으로 기재되었을 가능성이 큰 것이다. 게다가 최근 20년 정도의 사이에 급속히 진행된 북부 모시, 중부 모시, 남방 맘프루시 다곰바 등의 여러 왕조 문자기록에 대한 연구를 통해, 이 유연(類緣) 관계를 지닌 일련의 여러 왕조가 성립한 시기를 대략 15세기 말로 간주하게 되었다(Fage, 1964; Levtzion, 1965; Izard, 1970). 더욱이 이러한 사서들의 기록과 관계가 깊다고 생각되는 북부 모시의 야텡가 왕조의 전승 중에는, 전술한 바와 같이 두 권의 사서에서 15세기보다 더 오래된 시대에 있었다고 본 내용에 대응하는 듯한 전승이 있는데, 그것을 완전히 인정하지 않는 것은 아니지만 그 기록 자체는 모시족의 지리적 위치를 전혀 확실하게 보여주지 못한다고 본다(Izard, 1970; 57).

  이와 같이 연구가 진전되면서 두 권의 사서에 나타나는 '무시'의 과거와 관련된 내용에 대해 현재까지 대략 세 가지의 해석이 이루어지고 있다. 첫째, 나중의 시대에 이루어진 유추에 의해 '무시'라는 호칭이 붙여진 것으로 보고, 오래된 시대의 내용과 모시족을 관련짓지 않는다(Levtzion, 1965: 11). 둘째, 오래된 기록에 나타나는 모시족은, 당시 가장 번성기에 있던 북방의 송가이족에게 압박을 받아 일단 가나 북부까지 남하하고, 그뒤 모시 맘프루시 다곰바의 구승사에서 이야기되고 있는 것과 같은 여러 왕조로 분할되었다(Fage, 1964). 셋째, 오래된 부분에서 언급되고 있는 '무시'는 후에 왕국을 세운 모시의 먼 조상이기는 하지만, 직접적으로 연속된 부족은 아니고 통북투를 비롯한 나이저 강의 대만곡부 지방에 강한 군사력을 갖고 유동성이 높은 생활을 하고 있던 원(原)모시족의 일부가 나이저 강 대만곡부 동부 지방으로부터 현재의 가나 북부로 들어갔으며, 더 북상해서 15세기 이후의 모시족을 형성했다(Izard, 1970: Ch.2).

  이와 같이 절대연대에 관해 생각해볼 때, 문자 사료를 역으로 비판하는 근거가 되고 있는 구승 사료(주로 왕조의 계보 전승)에 근거를 둔 절대연대는 어떻게 추정할 수 있을까? 캐나다의 아프리카사 연구가 에첸버그는 추계학(推計學)의 '정상확률이론'(normal probability theory)을 와가두구 왕조의 성립 연대를 추정하는 데 적용하고자 하였다(Echenberg, 1966). 그의 계산방법에는 약간의 수식이 쓰이기도 하는데, 그 골자는 왕조의 계보 전승에서 이야기되는 각 왕의 재위 연수의 산술 평균으로, 계보 전승에 인용되고 있는 왕(재위 연수에 이야기되지 않는 왕도 포함해서)의 수를 곱해서 표본 추출의 추정 오차를 첨부한 것이다. 그는 와가두구 왕조의 몇 가지의 계보 전승 중에서 프로베니우스의 것을 채택해서, 프로베니우스의 채록(1908년) 이후에 재위했던 두 왕의 재위 연수도 산술 평균의 계산에 포함해서 계산하고 있다. 그 결과 와가두구 왕조의 창시 연도는 서기 1439 125.1년으로 추정되고 그 정확도는 95퍼센트라고 한다.

그러나 이 방법이 비록 정밀했다고는 하지만, 다음의 세 조건을 만족하지 않는 한 유효한 결과를 얻을 수 없다. 즉, ① 계보 전승에 인용되고 있는 왕의 수가 사실과 별로 차이나지 않을 것, ② 이야기되는 재위 연수가 사실과 별로 차이나지 않든가, 적어도 이야기되는 연수와 실제 연수 사이에 몇 가지 상관관계가 있을 것, ③ 재위 연수가 이야기되지 않는 오래된 시대의 왕에 대해서는 재위 조건(왕위의 계승 규칙, 전투나 병으로 인해 비정상적으로 단축되었을지도 모르는 수명 등)이 재위 연수가 '이야기되고' 있는 왕의 재위 조건과 같을 것 등의 조건이다.

그런데 프로베니우스의 연대기는 이 세 가지의 전제조건 중 어느 하나라도 충족시킨다고 보기 힘들다는 것이다. 에첸버그는 표본 추출의 오차를 문제 삼고 있지만, 그가 근거로 했던 프로베니우스의 계보에는 한 왕의 재위 연수가 2년(키바 왕)부터 60년(얀데포 왕)까지 다양하게 있고, 그 중간이 되는 30년(둔부리 왕)이라고 하는 숫자도 올라가 있다. 그리고 몇 가지 와가두구 왕조의 계보 전승 중에서, 예를 들면 티엔드레베오고[32]의 것에서 앞의 세 가지의 숫자는 각기 19(17), 70(10), 63(33)이라고 한다 (괄호 안의 숫자는 프로베니우스가 제시하고 있는 숫자와의 차이).

이와 같이 자료 자체가 지니고 있는 숫자 이전의 의미를 검토하지 않고서 표본 산출의 오차를 문제 삼

32. 현재 와가두구의 최고지도자 모르호 나바(위대한 왕)의 측근 중의 한 사람인 라라레 나바(티엔드레베오고)가 말하는 연대기를 와가두구에 재임하고 있는 사법관 파쟈르가 기록 편집한 Tiendrebeogo & Pageard(1963)에서는, 시조 준그라나 왕 이래 모든 왕의 재위 연수가 상세하게 나타나 있고 왕조의 성립이 12세기라고 되어 있는데, 이는 종래에 소박하게 받아들여져왔던 『타리프』의 기술에 근거한 추정으로부터 역으로 재위 연수를 끼워 맞추어 만들어낸 결과가 아닌가 생각된다. 이 연대기는 지금까지 채록된 다양한 와가두구의 연대기 중 성립 연대를 가장 오래 전까지 거슬러 올라간 것으로, 그에 부합시키려는 듯 왕위의 계승도 대부분 아버지로부터 아들로 되어 있고, 게다가 각 왕에게 상당히 긴 재위 연수를 부여하고 있다.

는다는 것은 아무런 의미가 없을 것이다. 서아프리카의 상아 해안, 오토볼타 등에서 폭넓게 계보 전승을 연구했던 프랑스의 페르송(Person, 1962)이 일반적으로 타당한 방법이라고 제안하고 있는 것은, 각각의 사회에서 인구학적으로 계산되는 평균수명에 근거한 추계이다. 그러나 이 방법도 전란이 많고 위생조건도 나빴던 시대에는 생물학적 수명 자체가 현저하게 불안정했을 가능성을 고려하고(우선, 평균수명 산출의 기초가 될 만한 정확한 인구통계가 없는 대부분의 서아프리카사회에서 인구학적인 평균수명은 현재에도 산정하기 어렵다), 또 왕위 수장의 지위의 계승 규칙(직계 계승, 방계 계승 등. 계승 규칙에 대해서는 10장에서 검토한다)에 의해 생물학적 수명과 재위 연수의 관계가 변하는 것을 고려해보면 평균수명을 추계의 주요한 기초로 삼는 것에 의문이 생긴다.

이에 대해 아칸의 여러 부족이나 모시 맘프루시 다곰바 부족의 역사에 대해 조사했던 이스라엘의 레브치온(Levtzion, 1965)은, 왕조의 계보 전승에 대해 왕위의 계승 규칙에 몇 가지 형태를 구별하고, 동시에 재위 연수를 개개의 왕이 아닌 세대를 단위로 해서, 최근 비교적 상세하게 재위 연수가 알려져 있는 예를 추계의 기초로 하고 있다. 특히 방계 계승이 일반적이었던 맘프루시 다곰바 사회에서는, 세대를 추계의 단위로 하게 되면 각 재위자의 문자기록 안에서의 탈락이나 재위 연수의 오차나 전사(戰死) 등에 의한 수명의 불균형이 상당히 상쇄되기 때문에, 이 방법은 앞의 두 방법보다 타당성이 높다고 할 수 있다. 레브치온은 기초 자료가 되는 계보 전승을 관련되는 것들끼리 대응시키면서 폭넓게 비교 검토하고 있을 뿐만 아니라 그때까지 발굴되지 않았던 지방의 아라비아어 육필 초본도 가능한 한 참조하고 있으므로 구승 사료 자체가 지닌 절대연대에 관한 약점이 상당히 보완되고 있다.

하지만 세대만을 단위로 한 절대연대의 추정을 직계 계승의 사례에 적용하는 경우에 그 결과는 매우 불안정한 것이 된다. 모시 사회에서는 상당히 많은 왕조에서 적어도 어느 기간은 아버지부터 아들로 왕위 계승이 이루어져왔다고 알려져 있기 때문에, 방계 계승이 보다 일반적이었던 맘프루시 다곰바 왕조 계보에 주로 적용되어 검토되었던 레브치온의 방법도 모시의 여러 왕조를 대상으로 하는 경우에는 재고되어야 한다. 현지 조사에 근거하여 북부 모시의 역사를 오랫동안 연구해온 프랑스의 이자르 (Izard, 1970: Ch.2)의 방법은 앞서 말했던 몇 가지 방법의 결함을 보완하면서 종합한 것이라고 할 수 있다. 그것은 계보 전승의 다른 버전(version)이나 관련 전승을 상세히 비교 검토한 후에 얻어진 기초 자료에, 앞서 설명한 에첸버그의 계산법에 가까운 것을 적용하고, 다시 그것을 세대를 단위로 하는 추계로 보완하고 정정하는 것이다. 이자르의 연구는 이와 같은 방법으로 얻어진 결과를 나이저 강 대만곡부 지방의 역사적 맥락 안에 위치시켜 검토하기 때문에 역사 연구로서의 가치는 무척 크다고 하겠다.

혹인 아프리카사회에서 문자기록을 주된 자료로 하여 왕조의 역사를 복원했던 모범적인 예로, 벨기에의 반시나에 의한 동아프리카의 르완다 왕국의 연구(Vansina, 1962c)가 있는데, 이 연구에서는 세 명의 왕에 관련된 전승 중에 일식(日蝕)에 대한 언급이 있으므로, 일식이 있던 해를 참고하여 거의 600년에 걸친 역사를 복원할 수 있었다. 모시 사회에 대해서도 일식을 비롯하여 천체의 특수한 상태에 관한 전승을 주의 깊고 폭넓게 다루는 것은 (여태까지는 그러한 종류의 전승이 채록되어 있지 않지만) 절대연대의 추정에 큰 의미를 갖게 될 것이다.

그렇지만 추정방법이 아무리 정밀화되더라도 자료 자체에 대한 비판적 검토가 충분히 행해지지 않는다면, 본서의 처음에서 언급한 문제나

에첸버그의 방법에 대한 비판점 등이 근본적으로는 남게 될 것이다. 그리고 그것은 문자기록을 비롯한 과거에 관한 (또는 과거의 동시대의) 모든 '해석' 의 기록에 대해, 정도의 차이는 있을지언정 결국 끼워 맞추는 것이 될 것이다. 하지만 절대연대의 문제를 정점으로 하여 역사 자료의 신빙성에 대해서 끝없는 불모(不毛)의 회의로 떨어져가는 길을 선택하지 않는한, 구승사의 유형, 왕위의 계승 규칙, 사회 정치 조직과 역사 전승의 질과의 관계, 전승자의 위치 등의 검토를 통해 구승 사료 자체의 질을 분석해볼필요가 있다. 그런 연후에 새롭게 역사에서 절대연대의 의미를 생각해보고자 한다.

7. 역사의 출발점

역사의 출발점은, 어느 사회 또는 어느 개인에게 의미가 있는 시간만을 골라낸 결과 정해지는 것으로, 자연적인 소산이 아님은 말할 나위도 없다. 작은 범위의 인간집단이 각각 자신들만이 '사람'이라고 믿고 있던 시대[33]로부터, 점차로 동류라는 공감을 함께 나누는 범위가 확대되어, 약 100년 정도 이전부터는 공간적으로나 시간적으로나 '인류'라는 윤곽이 어렴풋하게나마 명확해졌다.[34] 이와 같이 '인류'에게까지 확대된 범위를 역사인식 안에 포함시키고 있는 사람의 수는 인류의 총수에서 보면 극소수에 지나지 않겠지만, 어떤 일부의 사람들에게 역사의 출발점은 더 거슬러 올라가 인류와 지구의 탄생 이전에까지 이르고 있다.[35] 이른바 역사의 출발점이란 그 자체가 역사의 산물이다. 따라서 현재에서 의미가 부여된 과거로 거슬러 올라간다 하더라도 실제로 그 가치는 상대적일 수밖에 없는 것이다. 이것은 역사의 출발점을 길게 잡고자 하는 방향과는 역으로 더듬어 나아가보면, 다시 말해 아주 최근까지 인류사회 안에 다분히 존재했고 지금도 존재하고 있는, 실제 역사에 대한 아주 짧은 인식들을 생각해보면, 한층 명료해진다.

33. 아이누, 에스키모, 아프리카의 반투, 호텐토트 등은 스스로 집단을 가리키는 호칭은 동시에 '사람'의 의미를 지니고 있다. 또한 타민족은 정상적인 인간 이하로 간주되어 중국에서도 중화인민공화국이 되어 사람 인(人) 부수로 고쳐지기 전까지는 변경에 있던 몇몇 민족 명칭에는 '개 구(狗)' 변이 붙어 있었다(石田, 1959: 197).

34. 그러나 인류의 과거를 거슬러 올라간 범위는 선사인류학의 진보에도 불구하고 (오히려 진보 때문에) 현재에도 반드시 명확하지는 않다. 인류의 기원에 관한 비교적 근래까지의 몇 가지 문제점을 정리한 Evernden et al., 1965에도 이 점이 잘 나타나 있다.

35. 인류와 다른 생물의 차이는 두개골의 용량, 언어능력, 습득한 것을 생물학적 유전에 의하지 않고 전달하고 축적하는 등 인간 측에서 흔히 제시하는 기준으로 보더라도, 현재 알고 있는 수준에서는 다른 생물과의 차이가 절대적이라고도 상대적이라고도 할 수 있기도 하기에, 적어도 인류와 다른 생물과의 연속성만은 누구도 부정할 수 없을 것이다. 최근 수백 년 전까지는 상당수의 인간집단이 자신들 이외의 것들을 '사람'이라고 인정하지 않고, 죽이거나 먹거나 '사람' 자신들을 위해서 쓰여야 하는 것으로 당연시했던 것을 생각한다면, 자연의 역사 안에서 '동류의식'의 한 범위로서 인류(그것은 특정 시야로부터 이루어진 가분류에 지나지 않는다)도 절대적인 것일 수는 없다는 것이 분명하다.

예를 들면, 현재 수단 공화국 남부에 해당하는 나일 강 상류지역에 거주하는 누에르 족에게 '역사'는, 현존하는 친족조직에 근거하여 현재로부터 항상 일정한 깊이—넉넉하게 어림잡아도 10세대나 12세대라고 한다—를 거슬러 올라간 것으로 인식되고 있고, 그것을 넘어서면 역사는 곧바로 신화 시대로 들어선다. 인간이 그 아래에서 처음 출현했다고 여기고 있는 나무가 1920년대까지 실제로 서 있었다고 한다(Evans-Pritchard, 1940: 108). 나이지리아 북부의 티브족에게는 14세대 내지 17세대를 거슬러 올라가는 계보가 시간상의 참조체계라기보다 혈연집단이 나누어지는 과정의 모형이고, 이것보다 선행하는 신화 시대는 계보와는 연결되지 않는 시간을 초월한 것이라고 한다(Bohannan, 1953: 260-261). 이러한 형태의 역사 인식에 공통되고 있는 것은 의미가 부여된 시간의 시작과 지금이 항상 일정한 거리를 두고 연결되어 있다는 것이다.[36]

앞서 살펴본, 모시족의 문자기록의 경우는 어떠할까? 여러 갈래로 나누어진 끝에 성립한 지방 왕조를 포함한 모든 모시 왕조의 수장은 말을 타고 황야를 달려나간 딸(옌넨가)과 사냥꾼 사이

36. 마찬가지로 오스트레일리아 원주민에게도 그들의 신화화된 영웅 시대는 현재 사람들이 살아 있는 시간과 연결되어 있고 사람들은 주기적으로 '축제'에 의해 양자간의 거리를 허물고 영웅 시대를 스스로 살아간다고 한다(Elkin, 1954: 198-199). '깊은' 역사를 가진 '문명 사회에서도 형태를 바꾼 '신화적' 세계는 물리적인 시간의 흐름을 뛰어넘어 현재 살아 있는 사람들의 마음에 끊임없이 작용하고(작용한다기보다 사람들에 의해 갈망되고) 있고, 형태를 바꾼 '축제'가 일상의 질서를 파괴하는 곳에서 성립하는 상징 세계와 집단적으로 교류하고 있다.

에서 태어난 사내아이(웨도라오고)의 부계 자손이라는 인식을 가지고 있다. 그리고 야텡가(북부 모시), 와가두구(중부 모시), 텐코도고(남부 모시) 등 주요 왕조의 계보 전승에서, 웨도라오고에서 현재 왕까지 이르는 역사의 흐름은 적어도 왕의 계보에서는 진위와 관계없이 연속된 것으로 전해지고 있다. 한편 모시족의 역사 전승에서는 옌넨가가 감바가 왕의 딸이었다는 것이 반드시 이야기되지만, 감바가 왕에 대한 전승에서는 더 거

그림 14 주술의 도구[呪具]를 전신에 두른 토지의 주인

와가두구의 토지 주인 중 한 사람인 판자니 텐소바가, 조상 전래의 주술의 도구를 몸에 지니고 있는 모습이다. 비와 풍요를 기원하고 지역에 있는 돌 '텐 쿠구리'에게 신에게 제물을 바친다.

슬러 올라간 역사가 전혀 언급되지 않는다. 말하자면 딸과 사냥꾼의 이야기가 모시족의 지배자에게 역사의 출발점인 것이다.

그런데 지배자 측의 전승에서는 선주민 뇨논시족의 수장이 딸을 웨도라오고의 아들 준그라나 대왕에게 보내 그 사이에 태어난 사내아이(우브리)를 통치자로 추대하는 것으로 되어 있지만, 뇨논시족의 역사의 출발점은 그와 같은 식으로 이야기되고 있지 않다. 지배자 측의 전승에서 우브리를 추대했다고 전하고 있는 길룬구 지방(중부 모시)에 살고 있는 뇨논시족의 전승에 따르면, 그들의 선조인 두 남녀는 우브리와 그 자녀들이 이미 이 지방에 살게 되었을 무렵에 하늘에서 밧줄을 타고 지상으로 내려왔다. 우브리 왕은 부하를 보내어 밧줄을 끊게 하고 두 사람을 데리고 오게 한다. 그리고 그들의 충성심과 맞바꾸는 형식으로 그들과 그 자손에게 필요한 것을 주겠다고 약속한다(Pageard, 1965: 18).

여기에서는 지배자 측에 의한 역사의 해석과 피지배자 측의 해석이 확연하게 어긋나 있다. 다만 뇨논시 전승의 경우에는 하늘에서 선조가 내려왔다고 하는, 실제로는 있을 수 없는 사건에 의해 시작되는 역사의 출발점과 현재 살아 있는 수장과의 계보를 추적하는 것은 불가능하다. 이 피지배자들에게 역사는 신화적 세계와 현재 살아 있는 사람들의 세계가 직접 맞닿은, 앞서 서술한 누에르족이나 주4)에 인용한 오스트레일리아 원주민의 역사와 비교되는 구조를 가지고 있다. 이에 대해 지배자 측의 역사에서는, 웨도라오고부터 현재의 왕까지 이르는 시간이 왕의 계보나 각 왕과 관련된 사건에 의해서 의미가 주어지고 '채워진다.' 이 '채워진다'라는 의미를 생각하기 전에, 먼저 역사의 출발점의 형태에 대하여 검토해보자.

민족 역사의 시작이 한 쌍의 남녀(종종 근친자)로 귀착되는 예는 세계적으로 많고, 그들이 하늘에서 내려왔다고 하는 이야기도 드물지 않다. 뇨논시족 및 그들과 관계가 깊은 이웃 부족들로 제한하더라도 같은 형태의 전승은 여러 곳에서 이야기되고 있다. 앞에서 기술한 길룬구에 가까운 코아상가라는 지방의 뇨논시 사이에서 이야기되는 같은 형태의 전승에서는, 선조가 내려온 밧줄의 끝단을 한 명의 사냥꾼이 가지고 있다고 되어 있다(Pageard,1923: 26). 나아가 북쪽의 카야라는 지방의 뇨논시 전승에서는, 사냥꾼은 등장하지 않지만 밧줄이 목면으로 만들어져 있다는 것이 부가되어 있다(Cheron, 1924: 638).

북부 모시 사회의 선주민이며, 뇨논시족과 계보를 같이하는 쿠룸바족의 선조는 기우(祈雨) 주술사인데, 그는 철로 된 밧줄을 타고 개 한 마리를 데리고 하늘에서 내려왔다고 한다(Riaule, 1941: 10). 북부 모시 사회에서 개는 인간에게 곡물 재배를 가르쳤다고 여겨지는 동물이다(Tauxier, 1917: 507). 역시 뇨논시족과 문화적으로 연고관계가 있는 도곤족 사이에서는 대장장이인 선조가 하늘에서 최초의 곡물과 불을 훔쳐왔다고 전해지고 있다(Griaule, 1938: 50).

모시족의 남방에서, 모시족의 지배자와 계보를 함께 하는 맘프루시 수장에게 종속되어 있던 탈렌시 사회의 선주민인 탈리스 족의 토지 왕인 선조는 흙 속에서 튀어나왔다고 하기도 하고 하늘에서 내려왔다고도 일컬어지고 있는데, 탈리스 족은 하늘과 땅이 같은 가치를 지닌 것이라고 생각하고 있다(Fortes, 1945: 22-23). 다만 처음에 이야기한 길룬구 이외에는, 뇨논시의 전승에 모시 사회의 지배자인 선조 우브리 왕은 등장하지 않는다. 이러한 기원 전승에 등장하는 하늘에서 내려오기, 목면, 철, 사냥꾼, 개 등은 모시족에게만 한정되어 있지 않고 아프리카 여러 민족의 문화 영웅(인간에게 유용한 지식과 물건들을 가져왔다고 여겨지는 전설상의 인물)의 전설에 종종 나오는 것으로,[37] 뇨논시의 기원을 보여주는 전승도 문화영웅에 관련된 전설과 겹치는 요소를 다분히 가지고 있다고 생각된다. 그리고 길룬구 지방의 경우는 모시 사회의 지배자(선주민에 대해 나콤시라고 불린다)의 유래가 도입된 것 같다.

이러한 전승에 반영된 과거의 해석은 사회 정치구조와의 관계를 통해서 볼 때 비로소 이해의 실마리를 부여받게 된다. 선주민과 소수의 신입자인 나콤시는 오랫동안 통혼을 반복하여 혈연관계상 완전히 뒤섞여 '모시족'을 구성하고 있지만 각각의 계보는 부계를 좇아가고 있어서 사회적으로는 명확히 구별되어 있다.[38] 하지만 모시 사회의 많은 부분(특히 북부와 중부)을 차지하고 있던 선주민 뇨논시족이 일방적으로 나콤시의 통치를 받은 것은 아니다. 그들의 수장은 '토지의 주인'으로서 대지의 풍

요와 비에 관련된 의례를 관장하고 있었고, 우브리의 자손이라 일컬어지는 나콤시 일족이 군사 정치상 지배자는 되었지만 토지의 사용과 수익(경작, 매장 등)을 허가하는 권한을 뇨논시의 수장이 가진 경우에는 토지의 주인이 새롭게 임명된 나콤시의 수장에게 의례상의 인증을 부여하는 경우도 있다.[39] 뇨논시의 기원 전승이 많은 초현실적인 요소를 포함하고 있고, 동시에 인간생활의 기본이 되는 일에 관련된 지혜나 물질을 지상으로 끌어낸 문화 영웅의 전설들과 중복되고 있는 것에 반해, 앞서 기술한 새로운 지배자 나콤시의 기원 전승은 극히 현실적인 것으로, 주로 전투와 지배에 대해 이야기하고 있다. 이미 서술한 대로 모시의 지배자의 전승

은 감바가 수장의 딸로부터 시작되고 있다. 그러면 감바가에서는 그 이전의 역사의 출발점이 어떻게 이야기되고 있는 것일까?

감바가를 비롯한 맘프루시족 사이에서 필자가 조사한 결과와, 20세기 전반에 채록된 전승(Tamakloe, 1931 :3-15; Syme, 1932)에 의하면, 모시족이 분열되기 전의 맘프루시족(후에 분열된 다곰바족의 전승과도 공통)의 역사의 출발점은 대략 다음과 같이 이야기되고 있다.

옛날 말레라는 나라에서 나흘 정도의 거리에 있는 하우사라는 나라와 가까운 황야의 동굴에, 토하지에(붉은 사냥꾼)라는 이름의 이상한 남자가 혼자서 살고 있었다. 가뭄이 계속되던 어느 날, 토하지에는 황야를 떠나 말레로 가서 한 노파에게 마실 물을 달라고 하였다. 노파가 말하기를, "이 나라 사람들이 물을 긷던 늪에 지금 무서운 뿔이 하나 달린 야생 소가 있어, 물 길러 오는 모든 사람을 찔러 죽여버린다. 그래서 사람들은 마실 물이 없어 매우 고생하고 있다"고 했다. 그 말을 듣고 토하지에는 활과 화살, 표주박을 가지고 늪으로 갔다. 표주박으로 물을 뜨려고 하자 과연 뿔하나 달린 야생 소가 토하지에를 노리고 돌진해왔다. 토하지에는 활과 화살로 야생 소를 죽이고 그 꼬리를 잘라낸 후 표주박에 물을 담아 노파에게 돌아갔다. 이것을 들은 말레의 왕은 토하지에를 초대하여 대접하고 많은 선물을 주었다.

토하지에는 다시 황야로 돌아가 혼자서 생활하였다. 한참 후에 말레는 가까운 부족으로부터 공격을 당해 고전하게 되었다. 말레의 왕은 붉은 사냥꾼을 생각해내고 토하지에에게 도움을 요청했다. 토하지에는 매우 무서운 얼굴을 하고 있었기 때문에(그 전승에 의하면 그는 애꾸눈이었다), 적은 그의 모습을 보는 것만으로도 물러갔다. 왕은 감사의 표시로 딸을 주겠다며 토하지에에게 딸 가운데 한 명을 고르게 했다. 놀랍게도 토하지에는 기어가지 않으면 걸을 수도 없는 절름발이 딸을 아내로 선택했다.

그는 아내를 업고 황야의 거처로 돌아왔다. 이윽고 사내아이(쿠포고눔보)가 태어나 장성한 사내가 되었다. 쿠포고눔보는 한쪽 팔과 다리가 없고, 한쪽 눈에서는 멈추지 않고 피가 흘러나와 매우 무서운 형상을 하고 있었다. 이때 말레의 왕은 또 이웃 부족에게 공격을 당했다. 토하지에는 이미 죽었기 때문에 왕은 딸의 아들인 쿠포고눔보에게 도움을 요청했다. 쿠포고눔보의 무서운 모습이 나타나자 말레의 적은 후퇴했다.

그후 쿠포고눔보는 말레를 떠나 혼자서 서쪽으로 여행을 떠났다. 구루마의 나라까지 와서, 냇가 근처의 수풀에 몸을 숨기고 있자 토지의 주인의 딸이 냇가로 물을 길으러 왔다. 쿠포고눔보는 처녀의 아버지가 토지의 주인이라는 것을 듣고 자신을 처녀의 아버지가 있는 곳으로 데려가게 하였다. 마을 사람들은 무서운 얼굴의 이방인을 보고 놀랐지만, 쿠포고눔보가 주술을 써서 한순간에 수수를 나게 하고 열매를 맺게 해서 그것을 빚어 술을 만들어 보였으므로 토지의 주인은 딸을 쿠포고눔보에게 아내로 주기로 하였다.

토지의 주인이 여는 축제의 날이 다가왔을 때 쿠포고눔보는 아내에게 술을 마시게 하여 토지의 주인이 가지고 있던 주술 걸린 물건의 비밀을 알아내고 토지의 주인을 죽여버린다. 쿠포고눔보는 토지의 주인이라는 표시인 두건과 옷을 몸에 걸치고 자신이 새로운 토지의 주인이 되었음을 선포했다.

구루마의 왕 한 명이 쿠포고눔보에게 싸움을 걸었다가 패해서, 자신의 딸을 쿠포고눔보에게 주었다. 이 두 사람 사이에서 태어난 것이 이후의 구베와 왕으로, 구베와 왕의 아들 중 하나는 감바가에 가서 맘프루시 왕국을 만들고, 다른 아들의 자손은 더욱 남쪽으로 내려가 다곰바 왕국을 이루었다.…

실제의 전승은 이외에도 여기에서는 생략한 많은 삽화와 세부적인 서술로 이루어져 있다. 모시와 맘프루시 다곰바의 여러 가지 전승을 종합하여 생각하면, 위의 전승 끝 부분에 나오는 구베와 왕이 모시 맘프루시 다곰바의 공통된 마지막 선조로, 말을 타고 도망쳐 사냥꾼과 연을 맺은 딸의 아버지가 이 구베와 왕이라고 생각된다. 구베와 왕은 감바가에 거처를 정하지 않고, 그의 아들 중 한 명이 감바가에 정치 지배의 중심을 둔 것이 감바가의 전승에도 있다. 그리고 구베와 왕의 묘라고 일컬어지는 것이 감바가와 텐코도고의 거의 중간인 푸스가라는 곳에 있어서 구베와 왕의 죽음에 대해서도 푸스가에는 여러 가지 전승이 있으므로, 말을 타고 도망친 딸의 아버지는 아마 감바가가 아니고 푸스가의 수장이었다고 생각된다. 하지만 18세기 전반부터 빈번해진 하우사의 여러 국가(나이지리아 북부)와 아칸의 여러 부족(중남부 가나)의 장거리 교역 중계시장으로서 감바가가 번영한 이래 '감바가'라는 마을의 이름이 모시족 사이에서 잘 알려지게 되어, 사냥꾼과 결혼한 처녀의 출생지도 이러한 전승들을 근거로 '감바가'로 되었을 것이다.[40]

그런데 모시족에게는 역사의 출발점이 된 처녀의 도망과 얽힌 이야기도, 이처럼 시점을 바꾸고 게다가 그 근본을 추적해 보면, 아직 전승상의 몇 세대인가를 더 거슬러 올라갈 수 있다는 것을

40. 맘프루시의 전승에 의하면, 그들의 최고 수장의 선조는 푸스가로부터 맘프루구라는 토지로 옮긴 뒤, 감바가를 왕의 거처로 하여 정착했다. 그러나 남북을 연결하는 교역의 요지로서 감바가가 번영하고, 이슬람화된 만데계, 하우사계의 상인이 다수 이주해 와 이슬람의 종교적 인도자(이맘)와 함께 실권을 잡게 되어 맘프루시의 왕은 감바가를 교역도시로서 이슬람교도들에게 맡기고, 북동쪽으로 8킬로미터 정도 떨어진 곳에 위치한 나렐구로 거처를 옮겼다. 맘프루시의 왕은 새로운 거처에서 감바가에 힘을 미치면서, 상업의 번영으로 인한 이익을 계속해서 얻었던 것 같다. 그러나 대외적으로는 감바가가 맘프루시의 사실상의 중심지로 인식되었다는 사실은 모시의 전승이나 19세기의 탐험가의 기록을 보더라도 명확하게 나타난다(Von Francois, 1888: 150, 160).

알 수 있다. 다만 맘프루시 다곰바의 전승에서는 처녀와 사냥꾼의 아들인 웨도라오고까지는 서술되고 있지만, 앞서 기술한 우브리왕의 선주민 지배 이후의 일은 전혀 언급되어 있지 않다. 맘프루시측의 전승에서는, 도망친 딸의 아버지와 그의 손자사이의 농담관계(relation de plaisanterie ; joking relation)가 주로 이야기되고 있다. 그리고 장래 모시족의 수장이 되는 소년이 황야에서 왔다는 것을 듣고, 그렇다면 당신은 황야(모네)의 왕(나바)이라고 농담을 한 것이 모고(모시의 왕)라는 호칭의 시원이 되었다고 얘기되고 있다. (감바가에서 필자가 채록한 것에 의함) 조부와 손자의 친밀한 관계, 조부가 손자의 이름을 지어주는 것 등의 요소를 포함하는 전승은, 다곰바족 사이에서도 채록되고 있다(Fisch, 1913 : 136).

　　역사의 출발점을 확정하는 망원경을 통해서 보면 길게 뻗은 저 끝의 먼 곳에 있는 과거의 형세는 극명하게 나타나겠지만, 옆을 향한 시야의 폭은 의외로 좁아질 것이다. 이것은 서양을 시점의 중심으로 한 역사(그것은 종래, 동양사의 일부분과 함께, '세계사' 라고 여겨져 왔다)의 시야에 대해서도 말할 수 있는 것으로, 그러한 역사의 시계(視界)에는, 예를 들면 흑인 아프리카의 역사와 같은 것은 정말 조금밖에 들어오지 않았던 것이다. 인간이 과거를 인식하는 눈은 대상이 인식상의 주체와 근접하는 만큼 '역사적' 으로 움직이지만, 대상이 주체로부터 수평방향으로 멀어져 감에 따라, '역사' 의 문제는 지리상의 간극, 즉 문화의 공간적 '차이' 라는 문제로 바뀌어진 것 같다.

8. 반복되는 주제

다음과 같이 역사를 바라보는 시야의 좌표축을 평행이동해보기로 하자. 그렇게 해놓고 보면 더욱 먼 곳으로 물러나게 되는 출발점과의 관계에서, 모시 역사의 시점을 포착하는 것은 어떤 의미가 있는 것일까? 앞에서 맘프루시 다곰바의 기원 전승과 모시의 기원 전승을 일련의 전승군으로 검토해보았을 때 눈에 띄는 것은 몇 가지 조합된 주제가 뒤틀림을 동반하면서 반복된다는 것이다. 그 연쇄 구조를 도식화하여 보면 〈표 3〉과 같이 나타낼 수 있을 것이다.

　　그런데 맘프루시 다곰바의 기원 전승은 '붉은 사냥꾼' 이 있던 지방을 하우사족의 나라라고 하고 있다. 하지만 하우사족의 전승(Smith, 1964 : 340)은, 거기에 동형(同型) 주제들의 조합이 덧붙여져서 역사의 출발점을 더욱 거슬러 올라가게 하고 있다(단, 하우사족의 전승에는 모시 맘프루시 다곰바는 이야기되고 있지 않다). 하우사의 기원 전승의 줄거리는 다음과 같다.

　　바야짓다라는 사내가 바그다드에서 서쪽으로 달아나, 당시 차드 호 주변 지방에서 번성하고 있던 보루느(카넴보루느) 나라로 오게 되었다. 보루느의 왕은 딸을 바야짓다에게 아내로 주었다. 하지만 바야짓다는 왕을 두려워하여 임신한 아내를 남겨두고 더욱 서쪽으로 도망쳐, 카노(하우사족의 한 도시) 근처에서 만난 대장장이에게 주문하여 단도를 만들었다. 바야짓다가 어느 마을에 갔더니 그 마을의 주민은 물 긷는 곳에 있는 이무기 때문에 물을 길을 수 없어 난처해하고 있었다. 바야짓다는 그 단도로 이무기를 죽이고 물을 쓸 수 있게 했다. 그 나라의 여왕은 감사의 표시로 바야

[표3]

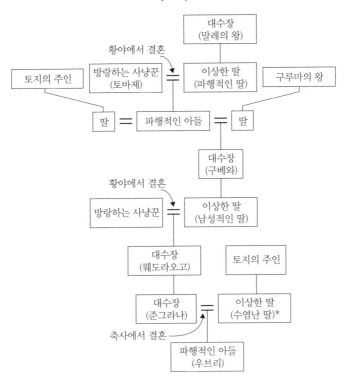

*모시족의 전승에서는 우브리왕의 어머니가
수염난 여자로 간주하고 있다.

짓다와 결혼하고 그와 동시에 첩도 주었다. 여왕과의 사이에서 아들이 태어나고 그 아들이 낳은 여섯 명의 자손과, 부르마에 남겨두고 온 아내에게서 태어난 아들의 자손이 일곱 개의 하우사 제국을 만들었다. 첩에게서 태어난 아들의 자손은 주쿤, 누페 등 하우사족이 아닌 일곱 나라를 세웠다.

　동형의 주제의 반복은 역으로 후세에 나뉜 왕국과 수장권의 기원을 보여주는 전승에도 조금씩 변형되거나 생략된 형태로 나타난다. 왕위 계

그림 15 맘프루시 왕 앞에서 춤을 추는 토지의 주인

맘프루시 왕이 행하는 최대의 연중 의례인 단바(마호메드의 탄생제)에서, 왕 앞에서 창을 들고 춤을 추는 감바가의 텐다나(토지의 주인).

승 다툼에 패해 고향에서 쫓겨난 맘프루시족의 어느 왕자(모스올)에게서 수장의 유래를 찾고 있는 탈렌시족의 전승에서도, 모스올은 방랑 끝에 다다른 곳에 있는 토지의 주인 딸을 아내로 맞아들였고, 이후에 이 타관 사람의 자손이 대대로 탈렌시 사회의 지배자가 되었다고 한다(Fortes, 1945: 21-27; Rattray, 1932, II: 339-334). 전술한 대(大)수장 구베와의 아들 중 한 명이 나눔바 왕조를 창시한 것도 같은 방식이었으며, 다른 한 아들은 카라가라는 지방에 가서 처음부터 그 지위를 찬탈할 속셈으로 토지의 주인인 여자와 결혼했고, 그녀를 죽이는 대신에 연상인 그녀가 죽는 것을 기다린다(Tamakloe, 1931: 14-15). 모시 맘프루시 다곰바와 같은 구르어군에 속하는 난칸시족의 한 지방에서도, 방랑하던 사냥꾼이 야생 소를 쓰러뜨리며 그 뿔이 땅을 파헤친 곳이 늪이 되고 그 지방의 처녀와 결혼하여 수장이 된다는 전승이 수장의 기원으로서 이야기되고 있다(Cardinall, 1925: 13).

　　페르세우스 스사노오형의 요소(물과 관계있는 괴수를 퇴치하고 처녀를 구해, 아내로 맞아들인다)도 개재되어 있는 이 일련의 전승들의 주제는, 주변의 전승을 함께 고려하여 검토하면, 어느 면에서 오이디푸스 전승과 놀랄 정도로 서로 비슷하다는 것을 알 수 있다. 즉, 육친에게 추방당하거나 육친과의 다툼으로 고향을 떠난 방랑자(왕자)가 다다른 타국에서 주민의 어려움을 해결하고 그 지역의 여성과 결혼한다는 기본적인 골격의 진행은, 오이디푸스 전승과 공통된 면이 있다. 하지만 오이디푸스 전승의 다른 주제—아버지를 죽이고 어머니를 아내로 맞아들여 그 근친상간이 새로운 재앙을 부른다—는 여기에서는 전혀 이야기되지 않는다. 다만 이 일련의 전승군에서 반복적으로 제시되고 있는 것은, 그 지역의 처녀와 결혼한 타관 사람인 남자와 처녀의 부친(종종 그 지역의 왕) 사이에 생겨나는 애증 양극의 관계이다. 어느 경우에는 타관 사람인 남자가 장래의 장인을 구하고(붉은 사냥꾼), 장인이 청하여 아들을 보내기도 하지만(준그라나), 어느 경우에는 장인을 모살하고 만다(쿠포고눔보).

또한 이 전승군에는 많은 다른 전승과 비교할 때 사냥꾼,[41] 다른 무리들 사이의 결혼[42] 등 '이야기' 적 요소로서의 의미를 문제시해야 할 면도 포함되어 있다. 다만 상호 관련되면서 전승군 전체의 골자를 이루고 있는 세 가지 요소는, 모시 맘프루시 다곰바의 사회 정치조직의 비교 검토를 거치는 과정에서 과거의 어느 시대에도 당연히 실제로 일어날 수 있었을 법한 일이라는 것을 알 수 있다. 세 가지 요소는, ①육친(특히 형제)사이의 갈등, ②고향을 떠난(쫓겨난)자의 방랑, ③이 방랑자가 다다른 지방에서 만나게 되는 선주민과의 관계에 있어서의 융화 또는 대립이다.

육친간의 갈등은 〈표 3〉에 표시한 일련의 전승군 중에서도 구베와(아버지는 같고 어머니는 다른 형제들과의 갈등이 전승 안에서 이야기되고 있다), 옌넨가(아버지와의 갈등), 리아레(형제와의 왕위를 둘러싼 다툼) 등 세 곳에 나타나고 있고, 어느 쪽도 그 결과로서 주인공이 고향을 떠나고 있다. 옌넨가의 형이라 여겨지는 코아라가 고향에서 쫓겨나 남부 모시족의 갈래인 얀시족의 상가라는 지방의 수장이 된 것도, 사냥에서 얻은 박쥐고기의 배분을 둘러싼 아우와의 다툼(장유의 순서에 근거한 포획물의 분배방식에 대한 관습을 깨뜨리려고 한 것이 원인이 된 다툼) 때문이었다. 사냥에서 잡거나 희생물로 바쳐진 동물의 분배를 둘러싼 형제간의 다툼에서 수장권의 분열과 새로운 수장권의 창설의 기원을 구하는 예는, 가까운 혈족들의 전승에도 나타난다(Rattray, 1932, II: 366). 게다가 왕위나 수장위

41. 사냥꾼은 숲에 의해 표상되는 인간에게 복을 가져다주는 정령과 인간의 매개자로서, 아프리카의 문화 영웅 전승에 빈번히 등장한다(Tegnaeus, 1950 ; 34).

42. 수장인 아버지의 보호를 떠난 딸(옌넨가)이 황야에서 야수와 정을 통해 임신한다고 하는 주제가 모시의 기원 전승에 섞여 있는 일이 있다. 옌넨가는 그 아이를 사산한 후 사냥꾼과 결혼하여 웨도라오고를 낳는다(Skinner, 1964: 205-206). 다곰바족에서도 수장인 아버지를 떠난 딸이 황야에서 하이에나와 정을 통한다는 전승이 있다(Fisch, 1913: 157).

의 계승 다툼이 형제의 갈등과 새로운 왕조와 수장권의 창설로 결말지어지는 예는, 맘프루시로부터 직접 나뉜 것들 중에서만 보더라도 전술한 탈렌시 외에 남남족, 카세나족, 난칸시족 등 몇 개의 지방 수장의 기원 전승에도 있고(Cardinall, 1925: 11-13), 또 구베와의 차남 토하고가 장남의 사후에 아우들과 왕위 다툼에 패하여 푸스가를 떠나고 감바가에 왕조를 세웠다는 전승(Tamakloe, 1931: 11-12)에도 나타난다. 모시 왕국들의 역사 전승에서는 왕조의 갈래와 새로운 지방 왕조의 성립 중 다수가 왕위의 계승을 둘러싼 형제(또는 넓은 의미로의 방계 친족) 사이의 다툼과 결부되어 나타나고 있다. 예를 들면, 북부 모시의 야텡가 왕조가 중부 모시의 와가두구 왕조로부터 나뉘어져 성립된 유래도, 남부 모시의 텐코도고 왕조의 선조가 라루가이 왕조의 선조와 나뉜 경위도, 왕권의 상징을 쟁탈하는 방계 친족 간의 갈등에서 연유하고 있다. 그리고 이러한 전승이 약간이라도 과거의 사실을 반영하고 있을 것이라는 점은, 10장에서 설명하게 될 왕위 계승과 정치조직의 관계에 대한 비교 검토에서도 추정될 수 있을 것이다.

이와 같이, 아버지의 나라를 떠난 (또는 쫓겨난) 자가 다른 곳에 정착하려고 할 때, 그는 그 나라에서 아내를 맞아들이면서 이미 힘을 가지고 있던 아내의 아버지와 애정이든 증오든 격정적인 관계를 맺지 않으면 안 된다. 오이디푸스 콤플렉스에 나타나는 아버지 또는 어머니와의 관계 대신 이들 전승군 중의 친족관계에서 특히 중요한 의미를 가지게 되는 주제는, 형제 및 아내의 아버지와 갖게 되는 애증 갈등이다.

9. 문자기록의 정형화

모시 맘프루시 다곰바족에서 역사의 출발점을 나타내는 전승을 각각의 사회에서의 단일 전승으로서가 아니라 일련의 전승군으로서 사회 정치조직과의 관련에서 보면, 피지배자인 선주민의 전승에서는 대체로 역사의 출발점이 문화 영웅의 전승과 겹쳐 현재의 사회조직과 접목되고 있는 것에 반해, 지배자의 전승에서는 복수의 역사의 출발점이 먼 곳으로 갈수록 간격을 좁히면서 겹쳐지고 있는 것을 알 수 있다. 그것은 공간에 배치된 현실의 정치조직을 시간 차원으로 투영한 것이라고 할 수 있다.

모시 맘프루시 다곰바의 사회는 모두 정도의 차이는 있더라도 사회 계층의 분화가 명료하고 종종 국가라고 불려온 것과 같은 집권적인 정치적 지배조직을 가지고 있다. 현재에 근접할수록 보다 세밀하게 갈래가 나뉘면서 이들 사회의 지배층은 보다 넓은 공간에 퍼져 있는데, 각 갈래는 계보 관계로 묶여져 있다. 각 갈래 조직의 구조와 기능은 언뜻 보면 같은 유형의 집권적 정치조직과 대립하는 것으로 보이기 쉽다. 그리고 기본적인 구조와 기능에서는, 혈연 관계의 그물코가 최대 정치조직의 단위를 이루는 것같이 보이는 비집권적 정치조직과 실제로 많이 닮아 있다. 이 대응에 대해서는 다음에 다시 검토하겠다(11장). 하지만 이러한 대응은 중부 모시(와가두구)의 정치조직이라는 작은 한 부분을 역사의 맥락에서 떨어져 나간 단위로서 구조 기능론적으로 고찰하는 것이 아니라, 상호간에 역사 전승으로 결부된 일련의 정치조직을 비교하여 파악함으로써 가능해진다는 사실을 알아둘 필요가 있다.

모시 맘프루시 다곰바족에서는 부계를 따라가는 단계(單系)의 혈연 관계가 중요시되고 있지만, 일반적으로 부계의 단계에서 나옴이 중시되는 사회에서는 계보상의 지파들이 그 계보를 추적하기 쉬울 뿐 아니라 과거로 거슬러 올라가는 경우 계보는 단일 선조에게로 수렴되는 경향을 띠고 있다.[43] 모시 맘프루시 다곰바의 지배자들의 출계도 원칙적으로는 부계를 따라 거슬러 올라가서[44] 여러 왕조의 계보 전체가 커다란 가지를 거꾸로 덮어씌운 듯한 형태로 넓어지고 있지만, 이

[43] 같은 단계 출계라 할지라도 모계에 따라 수장의 지위가 계승되는 사회에서는 계보에 관한 전승이 있던 형태 그대로 전해지기는 어렵고, 어머니 쪽의 백(숙)부와 여동생의 아들이라는 이원관계로 환원되어 고정되기 쉽다는 것이 이브 페르송(Person, 1962: 469)에 의해 지적되었다. 이는 11장에서 언급할 모계사회의 perpetual kinship(Cunnison, 1956)에 근거한 '얕은' 역사의식의 문제와도 관련된 일이다.

[44] 그러나 모시의 지배자는 기원 전승에서는 웨드라오고의 어머니를 통해서 맘프루시의 수장과 계보적 연관성을 추구하고 있다.

제까지 살펴본 복수 역사의 출발점을 포함하는 전승 전체는, 이른바 그 갈래의 관계를 과거를 향해 거슬러 올라가는 형태로 그 해석의 기본형이 이루어져 있다고 할 수 있다. 그리고 각각의 최종 단위 갈래들의 분기점에서 현재에 이르기까지 상당한 현실성을 부여받은 인명과 업적이 그 시간의 지속을 꾸미고 '채우고' 있는 것이다.

하지만 이 갈래의 모형은, 잘 살펴보면 두 가지 원근법에 의해 형성되어 있다. 요컨대 문자기록의 갈래 모형에서는 역사상의 '시간'이 현재와의 관계에서 일정한 간격으로 나무가 심어진 반듯한 가로수를 보도록 표시되어 있지는 않다. 최종 단위의 갈래 이전에는 몇 개의 중요한 결절이 각각의 사이에서 나타나는 실제 차이를 무시하고 서로 겹쳐져 있다. 하지만 그 부분이 원근법에 의해 작게 표시되지 않고 오히려 극단적으로 확대되어 이후의 시대에 대한 보다 그럴 듯한 전승에서는 보여지지 않을 것 같은 추한 것까지도 확실하게 모습이 보이고 있다.

이 전승은 말을 타고 도망친 처녀(옌넨가)와 사냥꾼의 결혼을 역사의 출발점으로 삼고 있는데, 텐코도고보다 남부의 여러 지방에서 행한 필

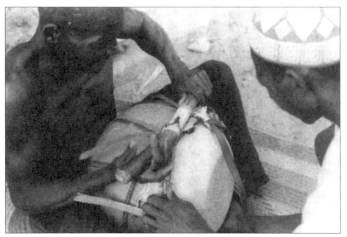

그림 16 큰북 만들기

모시족의 큰북에는 커다란 공 모양 표주박의 일부에 가죽을 대고 양손으로 두드리는 '벤도레', 모래시계형으로 도려낸 나무통의 양면에 가죽을 대고 이 면의 사이에 걸쳐놓은 조율선을 옆쪽에서 조이거나 풀거나 하여 음의 높이를 바꿔가면서 구부려 만든 나무막대로 두드리는 '룬가', 원통형으로 속을 파낸 나무의 양면에 가죽을 대고 구부려 만든 나무막대로 두드리는 '간가오고' 세 종류가 있다. 이 중에서 왕궁의 전속 악사로서 가장 지위가 높은 것은, '벤도레'(악사도 그 연주하는 악기와 같은 이름으로 불린다. 복수형은 '벤다')이고, 중요한 의례에서 큰북의 음 또는 말로서 왕의 계보 전승을 낭송하는 공적인 자격을 인정받고 있는 것도 이 '벤다'의 우두머리다. '벤도레'는 악사 자신이 표주박을 선택하고 가죽을 무두질하여 만든다.

그림 17 다곰바의 궁정 악사들

남쪽에 인접한 맘프루시나 다곰바 사회의 룬가는 모시의 것보다 훨씬 크고 조율선의 숫자도 많으며 세밀하고 정밀하게 만들어져 있다. 그 악사는 왕의 의례에서도 가장 높은 지위를 부여받고 있다.

자가 조사한 바로는 맘프루시의 원줄기에서 처음 갈라진 후에 나타나는 제2의 갈래는 잔발가이다. 이어서 킨짐으로 나뉘어 그후에 북방의 테노아겐으로 뻗어가는 분파와 현재 아루가이 왕조로 이어지는 동쪽의 분파로 나뉘고, 고오덴 등의 갈래를 거쳐 텐코도고로 이어지고 있다. 하지만 실제로 텐코도고에서 이야기되고 있는 계보 전승에서 시그리 왕[17]의 고오덴으로부터 갈려나간 이후의 이른바 최종 갈래는, 많은 왕의 이름과 그 업적으로 '채워져' 있다. 그러나 그 이전의 갈래에 대해서는, 가장 새로운 고오덴에 조금 많은 왕의 이름이 인용되고 있는 것 외에는 현저한 생략이 이루어지고 있다고 생각할 수밖에 없다. 하물며 방계의 라루가이 왕조에 대해서는, 분기점에 해당하는 본다오고의 이름만 언급되어 있는 것 외에는 어떤 것도 이야기되지 않는다. 이 뚜렷한 생략은 라루가이에서 채록한 잔발가와 킨짐의 전승과 대비시켜보면 한층 명확해진다.

하지만 가장 먼 과거에 해당하는 부분까지 확대한 그림 위에서는 여덟 명 왕의 이름이 준그라나 대왕의 '아이'로서 같이 언급되어 있다(〈표 2〉). 5장의 첫 부분에서 인용한 기원 전승에서 볼 수 있듯이, 중부 모시의 와가두구 왕조의 계보 전승에서도 옌넨가에서 우브리 왕에 이르는 3대에 대해서는 상세한 이야기가 있다. 하지만 만일 필자의 추정대로 우브리왕이 킨짐 이후에 갈라져 북쪽으로 향했다고 한다면, 우브리 왕 이전에 대해서는 텐코도고의 계보 전승 이상으로 생략이 아주 많게 된다. 즉, 실제로 분명히 이루어졌을 계승 관계를 생략하고서 부분이 확대된 형태로 이 부분에 대한 자세한 서술이 윤색된 것임에 틀림없다. 그것은 겹겹의 먼 봉우리를 망원경으로 볼 때, 봉우리와 봉우리의 실제 차이가 소멸하고 하나의 상이 부분적으로 확대되는 것에 비유될 수 있을 것이다. 그리고 텐코도고의 경우와 마찬가지로 와가두구의 계보 전승에서도 많은 이름이 최종 갈래의 시조인 우브리 왕의 '아이'로 등장하여, 그 중 네 명의 형제가 우브리 이후에 순서대로 왕위를 이은 것으로 되어 있다.

현존하는 사회의 유래와 선조의 계보적 분기점에 대하여 구연하는 사람이 특히 자세히 이야기하는 것은, 정치사상의 표현이라는 측면을 가진 구연자의 성격에서 보더라도 당연한 것이라고 말할 수도 있다. 역사상 지속된 시간을 사람의 이름과 업적으로 채우고 있지 않은 소(小)수장과 일반민의 역사 전승에서도 현재의 거주지에 정착하게 된 유래와 중요한 계통으로부터 나온 선조의 갈래에 대해서는 확실하게 이야기되고 있는 것이 많다.

10. 수장위首長位의 계승

구술 사료 중 특히 역사의 흐름이 인명과 업적에 의해 '채워져' 있는 왕조의 계보 전승을 분석하는 데 수장위의 계승 문제를 무시할 수는 없다. 이제 극단적인 한 예를 보자.

중부 모시의 와가두구 왕조에서 나뉘어 독립한 후 와가두구 왕조와 분쟁을 반복해온 부스마 왕조의 계보 전승은 1924년 프랑스인 셰론(Cheron)에 의해 채록되었다(Cheron, 1924: 662-683). 이 전승에서 이야기되고 있는 역대의 부스마 왕의 계보를 도식화하면, 〈표 4-a〉와 같이 된다(간단하게 표시하기 위해 왕의 이름은 생략하고 계승의 순위만을 숫자로 나타내고 있다). 1963년에 필자가 부스마 왕의 궁정을 방문했을 때, 궁정의 악사가 낭송하고 필자가 기록한 계보는 셰론의 것과 왕의 이름은 거의 같다. 하지만 오래된 시대의 계승순위에는 약간의 차이가 있고, 또 왕의 친족 관계에 대해서는 거의 언급하고 있지 않다. 그런데 부스마 왕의 일족으로 이 지방의 행정 연락을 담당하고 있는 웨도라오고는 필자를 자신의 집으로 데리고 가서, 그가 선조에게서 전해 듣기도 하고 옛일을 잘 아는 노인에게 물어보기도 하여 정리한 계보라고 하면서 허름한 종이 몇 장에 씌어진 것을 보여주었다. 그 계보 관계를 도식화 한 것이 〈표 4-b〉다.

〈표 4-b〉의 숫자는 〈표 4-a〉와 대응하는 왕을 나타낸 것으로, 왕의 이름과 계승 순위에서 [6]과 [7]의 계승 순위가 역으로 되어 있는 것 외에는 그 자료와 셰론이 채록한 것이 동일하다. 다만 왕과 왕의 친족 관계에 대해서는 두 가지 자료 사이에 현격한 차이가 있다. 셰론은 15세기까지 거슬러 올라가 왕의 재위 연수를 이야기하고 있지만, 이 재위 연수와 왕의 친족

[표4]

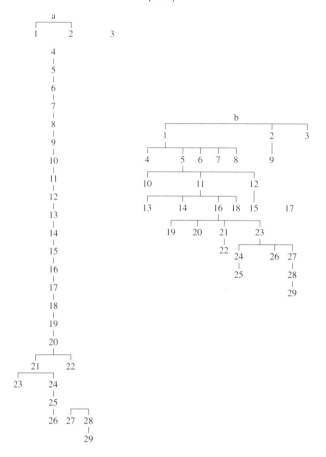

관계는 확실히 모순된 면이 있다. 예를 들어 세론의 연대기에 의하면 제12대의 쿠커 왕부터 제15대의 덴구레 왕까지 겨우 24년 사이에 네 번의 왕위가 아버지에게서 아들로 물려진 것이 되지만, 이것은 있을 수 없는 일이다. 그렇다고 이 자료만으로는 웨도라오고가 보여준 계보가 과거의 사실을 보다 충실히 나타내고 있다고 단정할 수도 없다.[45] 필자는 부스마 왕의 계보를 다른 면에서 검토할 단서가 될 만한 사항을 같

45. 이 점에 대해서는 Kawada(1969)에서 논하고 있다.

이 조사하지 않았다. 이것은 단순히 수장위 계승의 차이에 의해서 구승 계보의 형태, 특히 그 시간의 깊이가 어떻게 달라지는가를 보여주는 하나의 예로 제시한 것에 지나지 않는다.

　　이 사례뿐만 아니라 모시족의 다른 지방 수장의 경우도 비교적 새로운 시대 특히 식민지화 이전에 재위했던 왕의 계승은 아버지에서 아들로의 직계 계승보다는 형제간과 백(숙)부 조카 등의 방계 계승이 많다. 직계 계승을 많이 하고 있는 세론의 부스마 왕의 계보에서도 식민지화 직전의 다섯 왕을 보면, 4번의 계승 중 3번은 방계 계승이 이루어지고 있다.

　　이런 예들을 하나하나 모두 도식화할 수는 없다. 하지만 필자가 채록한 다른 지방 수장의 계보에서도 식민지화에 선행하는 비교적 후대의, 업적과 계보상의 위치가 보다 상세히 알려져 있는 수장의 계승은 방계 계승이라 여겨지고, 보다 오래된 시대의, 이름과 계승 순위만이 알려져 있는 수장의 계승은 일괄적으로 직계 계승이라 간주되고 있는 예가 많다. 아버지에서 아들로의 계승 쪽이 왕조의 역사가 길고, 따라서 왕조의 기원도 더욱 오래된 것이 된다고 하는 점도 간과되어서는 안 될 것이다.

　　와가두구 왕조의 계보도 프로베니우스가 1908년에 채록한 것에는 방계 계승을 많이 포함하고 있는 것에 비해, 현재 왕의 측근 중 한 명으로 역사에 관심을 가지고 있는 티엔드레베오고가 프랑스인 역사 연구가와 협력하여 발표한 연대기(Tiendrebeogo, 1963)에는 직계 계승이 많을 뿐만 아니라 한 명 한 명의 왕에게 상당히 긴 재위 연수를 주었고, 시조인 웨도라오고의 재위를 12세기 초엽으로 잡고 있다. 하지만 이것은 『타리프』에 기초한 소박한 연대결정(6장 참조)에 맞춰 와가두구 왕조사를 오래된 것으로 꾸미려고 한 작위의 결과일 가능성이 크다.

　　텐코도고 왕조에 대하여 살펴보면(5장의 〈표 2〉), 현재의 텐코도고에 거처를 정한 시그리 왕[1기 이후에는 그때까지 이루어졌던 형제간의 왕위 계승 대신에 부자간의 계승이 행해지게 된 것으로 전승되고 있다. 〈표2〉처럼 문자기록의 계보에서 이야기되고 있는 계승 순위 및 왕과 왕의 친족 관계를 그림으로 그려보면, 그 이후에도 한참 동안은 직계 계승보다는 비직계 계승이 많이 행해졌다는 것이 되지만, 이것은 5장에서 서술했듯이 방계의 지방 수장의 이름을 이후부터 텐코도고 왕의 계보에 포함시킨 결과라고 생각된다. 하지만 그와 같은 해석에서도 살루카 왕[23]의 사후에 아버지의 아우인 기굼데[24]로 수장위가 옮겨가고 그후 다시 살루카 왕의 아우가 잇고 있다. 왕위 계승에서 탈락한 기굼데의 자손이 살루카의 직계 자손인 카롱고와 왕위를 다투다가 일단은 텐코도고를 빼앗지만, 카롱고는 마침 침입한 프랑스군의 원조를 받는 것에 성공하여 왕위를 다시 되찾았다. 그리고 식민지화 이후 현재까지 4명의 왕이 아버지로부터 아들로 왕위를 이어왔다.

이 예를 비롯하여 모시족의 여러 왕조 계보 전승에서 이야기되고 있는 수장위의 계승을 둘러싼 방계 친족 사이의 다툼은, 예전에는 실력에 의한 수장위의 방계 계승이 오히려 일반적이었으며 부자간의 직계 계승은 수장의 지배가 안정되어 있는 경우 등 제한된 상황에서만 일어났던 것은 아닐까 하는 추측을 낳는다. 텐코도고에서 옛일을 잘 아는 노인이 시그리 왕 이전에 형제간의 계승이 원칙이었던 이유로 이야기하는 것은, 일찍이 전란의 시대에는 왕은 즉위했던 때부터 이미 전쟁 지도자로서의 충분한 힘을 갖추고 있어야만 했다는 점이다.[46] 수많은 전쟁의 전승, 전사로서의 왕의 성격을 강조

46. 동아프리카 부간다 왕국의 왕조 계보 전승을 분석한 사우드월드(Southwold)는 군사 지도자로서의 수장에 대한 요청을 방계 계승의 주요한 이유로 생각하는 해석을 피하고, 부간다에서는 여러 가지 상황으로부터 독립적으로 'full brother as such'가 적법한 왕위 계승자였다라고 말하고 있으나(Southwold, 1968: 145), 모시 맘프루시 다곰바의 경우, 이러한 견해는 맞지 않는다. 그러나 종종 반란과 방계간의 싸움을 동반하는 형제간의 계승 쪽이 부자계승보다 자연스러웠을 것이라고 보는 점에서, 필자는 사우드월드와 동일한 의견을 가지고 있다.

그림 18 다곰바의 최고 수장 야나

모시 맘프루시 다곰바의 수장은 모두가 만데계 하우사계의 이슬람교도로부터 튼튼한 비호를 받으며, 수장 자신도 명목적이기는 하지만 이슬람교도가 되는 경우가 많다. 다곰바의 최고 수장 야나는 이슬람교도가 되지는 않고, 라마단을 끝내는 이슬람의 축제 때 궁정의 밖으로 나가서 이슬람 승려의 축복을 받지만 예배에는 참여하지 않는다. 바오밥 나무 그늘에서 승려들이 기원을 끝내고 오는 것을 기다리며 측근과 담소를 나누고 있는 야나(중앙, 검은 옷을 입고 앉아 있다).

하는 의례의 여러 요소,[47] 특히 남부 라루가이 왕조의 역사에 현저하게 나타나는 것과 같은 전란과 그에 수반되는 수도의 이동과 왕조의 분열 등은 이러한 이유들을 방증하는 것으로 여겨진다.

이미 5장에서 서술한 것처럼, 모시의 경우 그 건국 전승에서부터 전사의 집단에 의한 군사 지배를 이야기하고 있다. 텐코도

47. 텐코도고 나바가 의례를 행하기 위해 궁정을 떠날 때, 왕은 투구를 쓰고 칼을 차고 화려한 마구를 채운 애마에 올라타, 활 화살 창 곤봉을 든 기마와 도보의 수행 병사들을 데리고 큰북 소리도 씩씩하게 열을 지어 행진한다. 이는 전사로서의 왕의 위력을 주민들에게 과시하기 위한 것이며, 일찍이 왕의 선조가 전사의 집단을 이끌고 사바나 지역으로 나아갔을 때의 모습을 상상하게 한다. 수행 병사들은 가끔씩 멈추어 왕을 둘러싸고 무기를 들고 있는 팔을 치켜 올리며 '워브고! 워브고!'('워브고'는 원래 '코끼리'를 의미했으나, 비유적으로 '강력함'을 나타낸다)라고 외친다. 왕이 말을 타고 수행 병사들을 데리고 나갔다가 궁정으로 돌아올 때는 반드시 사람들이 둘러싸 울타리를 만들어 주민들이 지켜보는 가운데 기마병들이 한 명씩 100미터 정도 전력 질주하여 궁정 안으로 들어간다. 이때 맨 마지막에 달리는 왕도 부하들에게 뒤지지 않는 기마 실력을 주민들에게 보여주지 않으면 안 된다.

고의 전승도, 이 지역의 선주민으로서 침입자 모시와 싸워 그 중 일부는 정복당한 비사족의 전승(12장 참조)도, 수장위 계승을 둘러싼 방계 친족 간의 다툼과 왕조의 분열을 반복한 텐코도고 라루가이 우루가이의 역사도, 지배자의 군사적 성격을 묘사하고 있다. 중부 모시의 건국 전승에서는 선주민이 인근 부족의 약탈로부터 자신들을 지키기 위해 전사 집단의 수장을 지배자로서 청해 맞이한 것으로 되어 있지만, 그와 마찬가지로 선주민이 지배자를 구한 것에서 건국의 유래를 설명하고 있는 동아프리카의 아루루족의 경우에는 수장이 군사 지배자가 아니라 비의 주술사라는 성격을 갖고 있다(Southall, 1956: 197, 239).

전쟁 지휘자로서의 수장은 즉위할 때부터 이미 경험과 능력을 갖추고 있을 것을 요구받는다. 하지만 이와는 달리 아루루의 수장이나 왕의 생명력이 국토의 풍요와 주민의 안녕을 상징하고 있다는 동아프리카의 실룩쿠와 르완다 왕의 경우에는, 왕은 무엇보다도 먼저 활기찬 생명력이 넘쳐나지 않으면 안 되고, 또 부자간의 직계 계승에 의해 그 성스러운 힘이 가장 높은 밀도로 이어질 수 있다고 생각되었다(Evans-Pritcharad, 1948: 9-10,

그림 19 맘프루시의 최고 수장과 궁정 신하들

의례를 위해 성장(盛裝)한 최고 수장 '나이리'(중앙 안쪽, 커다란 두건을 쓰고 있다)와 그 오른쪽에 가장 주요한 신하로서, 왕의 후계자를 선정하는 사람 중의 하나인 타라나(높게 각이 진 두건을 쓰고 있다). 타라나가 어깨에서 가슴에 걸쳐 아주 많이 붙이고 있는 삼각형의 물건은 쿠란의 성구를 쓴 종이를 허리춤에 꿰매놓은 부적 '세브레'(본서 19장참조).

30-35; Maquet, 1961b: 125).

이에 비해 군사 지도자로서의 실력이 모든 것을 말해주는 정치조직 안에서는 유약한 선왕의 아들을 노련한 숙부가 실력으로 물리치고 왕위에 오르는 일이 종종 일어날 수 있었을 것이다. 다만 수장의 권위가 안정되어 있는 경우나 수장권을 뒷받침해주면서 수장 사후에 그 후계자를 정하는 기관이나 상위의 권위가 충분히 강력한 경우, 비로소 아버지에서 아들로의 계승이나 방계 분파 사이에서의 질서 있는 계승의 순환이 보증될 수 있을 것이다. 와가두구 왕조와 텐코도고 왕조의 식민지화 이전 시기나 식민지화 이후의 부자 계승(왕권의 안정 또는 식민지 행정부라는 상위 권위의 존재), 맘프루시 왕조의 방계 간 순환 계승(실력으로 안정된 보좌기관의 존재, 특히 영국에 의한 식민지화 이후의 방계 간 순환 계승의 안정), 얀시족 둘텐가 왕조의 식민지화 이전의 방계 간 순환 계승(얀시족의 상위 수장의 존재) 등의 예에서 입증되고 있다. 맘프루시에서는 일찍이 왕위를 다투는 방계 친족(대부분은 형제) 사이에 무력으로 승패를 정하는 의례가 있었고, 중부 모시의 와가두구 왕조(Skinner, 1964: 40)와 인접하는 굴만체의 왕조(밋셀 칼토리의 개인 의견에 따랐다)에서도 왕위에 오르지 못한 방계 친족이 새로운 왕의 즉위를 방해하는 의례가 있다. 하지만 이것은 실룩쿠에서 아들(즉, 직계 친족)이 언제라도 생명력이 쇠퇴한 부왕에게 전쟁을 걸어 아버지를 쓰러뜨리는 것이 공인되고, 이때 부왕은 누구에게도 도움을 요청해서는 안 된다고 되어 있다(Evans-Pritcharad, 1948: 33-35)는 것에서도 볼 수 있듯이, '성스러운 왕' 의 계승에서 직계 친족 간의 다툼이라는 것은 확실히 의미가 다르다고 보아야만 할 것이다. 영국의 인류학자 구디는, 수장위의 계승에 대해서 아프리카를 주로 하고 그 외에 유럽 아시아의 일부도 포함한 광범위한 사례를 들어 그 형식의 분류를 시도하고 있다(Goody, 1966: 1-56). 구디는 부계의 계승체계를 직계 수직(부자)형과 방계 수평(형제)형으로 분류하고, 방계 수평형을 네 가지로 세분하고 있다. 즉, ①방계의 포함, ②방계의 배제, ③방계를 배제한 순환, ④모든 방계를 포함한 순환이다. 모시에 대해서 구디는 약간 문제가 있는 토시에의 자료(Tauxier, 1912: 461)에 의거하여, 와가두구 왕조의 계승을 변형된 장자 계승을 수반하는 수직형이라 하고, 맘프루시 다곰바의 수장위 계승을 수평형 중에 방계 배제형으로 분류하고 있다(Goody, 1966: 34-35).

맘프루시 다곰바의 수장위 계승은 수장의 방계가 어느 제한된 수의 '자크 노레'(단어 그 자체로는 '집의 입구'라는 의미이며, 최고 수장의 혈연집단 중 몇몇 특정 갈래를 가리킨다)로 나뉘고, 그 안에서 수장위가 순환하는 것이다. 필자가 조사한 최근의 맘프루시 최고 수장 20인의 계승 순위를 도식화하면 〈표 5〉와 같다. 구디가 이것을 방계 배제라고 한 것은, 각각의 가문 안에서 끊임없이 파생한 방계자를 '아버지가 수장이었던 자만이 수장의 계승권을 가진다'고 하는 규칙으로 잘라내버렸기 때문일 것이다. 하지만 실제로는 이 규칙은 하나의 원칙이었을 뿐 시대를 거슬러 올라가면 예외도 많았던 것 같다.

필자가 구디의 형식 분류의 틀에 대해 특별히 이의를 제기하는 것은 아니다. 다만 역사적 변화를 무시한 '유형'으로서, 수장위의 계승을 모시(와가두구)형, 맘프루시 다곰바형 등으로 분류해버린 것에는 의문을 갖지 않을 수 없다. 수장위의 계승은 한 사회와 종족에 고유 불변하는 것이 아니라 정치조직 특히 수장의 후계자를 선정하는 기관의 존재방식과 그 당시의 사회상태에 의해 변화하는 이른바 상황적인 것이다. 모시 맘프루시뿐만 아니라 수장위가 특정의 부계 혈연집단 안에서만 계승되는 경우

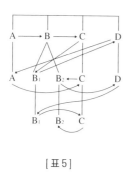

[표 5]

항상 남자가 한 명일 수는 없으므로 세대의 추이는 끊임없이 방계 친족을 낳는 계기를 내포하고 있는 셈이지만, 동시에 유일성에 의해 가치를 갖게 되는 수장위는 세대를 통해 계승되지 않으면 안 된다. 이러한 구조 안에서 수장위의 계승은 여럿으로의 분열과 단일한 것으로의 집중이라고 하는 상호 모순된 힘의 갈등으로 유지되는 위태로운 균형에 의해 지탱되고 있다고 할 수 있다.

다른 부족을 병합하는 일도 없고, 소규모적인 지배밖에 확립되지 않았던 남부 모시의 라루가이 와루가이 왕조의 구술사 전 과정, 시그리 왕이 패권을 확립하기까지의 텐코도고의 역사가 보여주고 있는 것과 같은 방계 친족 간의 다툼과 왕조의 분열 및 정치 중심 이동의 반복은 특수한 조건이 갖추어지지 않는 한 오히려 당연한 것은 아니었을까. 이러한 분열과 이동은, 평탄하고 균질적인 사바나라는 자연조건, 만들기에도 쉽고 무너져 없어지는 것도 빠른 햇빛에 말린 벽돌 건축물, 비(非)누적적인 경제구조(16장 참조)에 의해 조장된 것임에 틀림없다.

식민지화 이후와 최초 시기의 전설적인 부분을 제외하면, 남부 모시족과 얀시족의 여러 왕조에서 수장위가 계속적으로 아버지에서 아들로 직계 계승으로 행해졌던 것은 최대 3대 동안의 계승이었고, 선주민을 유기적으로 통합하여 비교적 안정된 정치조직을 발달시켰던 중부 모시의 와가두구 왕조에서조차도 최근의 연구(Izard, 1970, I: Table 5)에 근거한 계보에 의하면 겨우 6대에 지나지 않는다. 잠비아의 벰바족에서는 소수의 왕족에 의한 지배로부터 왕족의 분파들 상호간의 항쟁을 거쳐 다시 소수 왕족에 의한 지배로 돌아오는 순환이 왕위계승의 역사에서 인정된다고 한다 (Gluckman, 1954: 22-23). 동아프리카를 중심으로 아프리카 여러 사회의 수장위 계승의 사례를 널리 검토한 리처드도 흑인 아프리카 왕조에서 수장위의 계승은 3~4대 계속된 후에는 유지되기 어렵다고 서술하고 있다 (Richards, 1961: 136).

직계 계승 또는 방계 분파 간의 순환 계승이 질서 있게 유지될 수 있는 것은, ①수장의 권위가 현저히 크거나, ②출계에 따라 계승 그 자체로부터는 제외된 자가 구성하는 계승자를 결정하는 기관이 강력하거나, ③상위의 권위가 강력하거나 하는 조건이 갖추어진 경우에만 가능할 것이다. 특히 모시 맘프루시 다곰바의 사례 검토를 통해 본 것처럼, 방계 분파 간의 순환 계승은 제2나 제3의 조건 중에서 어느 쪽인가가 없이는 성립하지 않는다고 생각된다. 순환 계승이 제2의 조건에 의해 안정된 예로서는 맘프루시가 있고, 제3 조건의 예로서는 얀시족의 둘텐가가 있다. 전자는 영국의 식민지 지배 이후 식민지 행정부라는 새로운 '상위의 권위'(더구나 강제력을 동반한)의 출현에 의해 순환 계승이 보다 규칙적으로 이루어지게 된 것이며, 둘텐가에서는 프랑스의 식민지화 이전에는 얀시의 상위 수장의 권위를 바탕으로 순환 계승이 행해지다가 식민지화 이후에 아버지에서 아들로의 직계 계승으로 바뀌어 안정되었다.

일반적으로 식민지 지배가 수장위를 온존시킨 경우에 그 계승도 안정시켰다고 할 수 있지만, 프랑스의 지배를 받는 대부분의 모시 왕조에서는 과거 전란시대에 수장에게 요구되었던 군사 지휘자로서의 역할이 필요 없게 되었으므로 직계 계승이라는 형태로 안정되었다. 하지만 정치조직과 계승의례에 대해 주의 깊게 비교 검토해보면, 이러한 특수한 상황 아래에서 성립된 계승 규칙을 어느 종족과 왕조의 고유한 '유형'이자 '전통적

인' 것으로 간주하고 구술사를 해석하는 것이 얼마나 부당한 것인가를 알
게 될 것이다.

11. 역사 전승과 사회 정치조직

이상과 같은 검토는 역사 전승의 질이 그 전승을 보유하고 있는 사회의 사회 정치조직과 깊은 관계를 가지고 있다는 것을 시사한다. 오히려 역사 전승은 한 사회 정치조직 안에서 만들어져서 끊임없이 재창조되고 있다고 해야 할지도 모르겠다. 일반적으로 집권적인 정치조직이 발달한 사회에서는 역사의 기억은 수장의 계보 이야기를 중심으로 '깊게', 더 나아가 역사의 흐름이 인명과 업적으로 역사의 출발점에서 현재까지 '채워져' 있다고 할 수 있다. 분명히 역사 전승에 의해 왕의 권위를 정당화하고, 그것을 보유하려고 하는 사람들은 그것을 위해서라도 '역사' 로서 이야기해야 할 것을 가지고 있을 것이다.[48]

48. 동아프리카의 알루 왕국의 정치조직과 역사 전승을 연구한 사우스홀도 이 점을 강조하며, "역사적인 정보를 전달할 이유를 가진 사회와 그 이유를 갖지 않은 사회 사이에는 확실한 차이가 있다"고 주장하고 있다(Southall, 1954 ; 139).

하지만 역사 전승의 질과 형식은 정치조직이 집권적인가 아닌가라고 하는 단순한 이분법과 반드시 대응하지는 않는다. 확실히 모시 맘프루시 다곰바족의 여러 왕조 중 성립이 오래되었다고 생각되는 왕조에서는 30인 이상의 왕 이름을 들어 계보를 정리해보고 나니 14~15세대를 헤아리는 일이 많은 것에 반해, 같은 서아프리카의 부족에서도 집권적 정치조직을 가지고 있지 않은 키시족과 센포족에서는 전승이 5~6세대를 넘어서 과거로 거슬러 올라가는 일은 좀처럼 없고(Person, 1962: 468), 다곰바족에게 일부 정복된 코콤바족에서도 계보의식이 거슬러 올라가는 것은 6세대 정도라고 한다(Middleton & Tait, 1958: 28). 7장에서 인용한, 비집권 분파조직의 전형이라 여겨지고 있는 누에르족에서도, 과거의 사건은 항상 현존하는 혈연 조직을 참조체계로 이야기되므로 이와 같은 방식으로 '구조화된 시간'은 항상 일정하게 얕은 심도를 유지한 채 현재와 함께 이동하고 있는 것이다(Evans-Pritchard, 1940: 106-108). 마찬가지로 사회구성원의 역사의식과 사회구조가 직접적으로 연결된다고 하는 것이, 모시 맘프루시 다곰바족과 가까이에 거주하는 비집권적 사회에 대해서도 몇 명의 연구자에 의해 강조되고 있다(Fortes, 1945: xi-xii, Tait, 1955: 208).

한편 누에르족과 같이 비집권적인 분파사회의 전형이라 여겨지고 있는 북나이지리아의 티브족에서는, 약 80만의 사람들이 14~17세대를 거슬러 올라가서 단 한 사람의 공통 선조인 '티브'와 연결되는 계보의식을 가지고 있고, 그것은 부계의 단계 혈연집단을 틀로 하는 티브족의 정치조직 중에서 분쟁을 조정하는 '헌장'의 역할을 하고 있다(Bohannan, 1952: 301). 그것은 오히려 사회적 정치적 참조의 체계라고 불러야 하는 것으로 구체적으로 과거로 거슬러 올라가는 시간은 1 2세대로 단절되고, 그리고 나서는 '까마득한 옛날'이 되어 버린다고 한다(Bohannan, 1953: 261).

하지만 비집권적 정치조직을 가진 사회의 역사의식은 항상 얕을까? 얕지 않을 때만 사회헌장으로서의 기능을 가지고 있다고 제한을 둘 수는 없다. 동아프리카의 북소말리족은 계층화되어 있지 않은 평등한 부계 혈연집단에 근거한 사회를 구성하고 있고, 20~30세대를 거슬러 올라가는 깊은 계보 전승을 가지고 있다. 그러나 그 계보의식은 북소말리족의 사회 정치행동을 규제하는 기능을 거의 가지고 있지 않다. 사회를 구성하는 여러 혈연집단의 실제적인 정치적 결합관계는 상황에 따라 바뀌는 것이지만, 계보 전승 그 자체는 그것과는 독립적으로 변하는 일없이 어린 시절부터 가르침을 받는 것이다(Lewis, 1962: 40). 다만 같은 비집권적 정치조직을 가진 사회라 할지라도 전술한 티브족에서는 단계 혈연집단 상호간의 협동 대립이 상보적으로 기능하고 있어서 매우 공고한 전체 구조를 이루고 있는데 반해, 북소말리 사회를 구성하는 여러 집단의 결속은 대단히 불안정하고 4~8세대를 거슬러 올라가 확인하게 되는 공통의 부계 선조를 가진 100명에서 1,000명 정도의 '피의 보복' 집단이 가장 안정된 사회집단의 단위를 이루고 있다(Lewis, 1962: 38). 전술했던 20~30세대에 걸친 깊은 역사 전승은, 아라비아로 이어져 마호메트에까지 계보를 찾으려 하기 때문에 북소말리족 내부의 '사회헌장' 으로서의 기능을 가지기보다는 북소말리족 전체의 자기인식의 전승으로서 종족 내의 사회 정치 관계로부터는 독립적으로 학습되어 기억되고 있다고 보아야 할지도 모른다. 따라서 북소말리족의 사회 내부에서 직접적으로 중요한 의미를 담고 있는 것은 오히려 4~8세대의 일천한 역사의식일 것이다. 역사 전승과 사회 정치조직의 관계를 생각하는 데 있어서도 단순히 정치조직 유형과 대응하여 볼 것이 아니라 역사 전승이 실제로 보존되어 의미를 가지게 되는 구조의 수준을 검토해야 한다고 생각된다.

그렇다면 집권화된 정치조직 중에서 지배자의 역사의식을 직접 나누어 가지고 있지 않은 피지배자의 역사의식은 어떤 것일까? 중부 모시족의 피지배민 뇨논시족의 역사 전승은 현존하는 사회관계에 기초하는 일천한 역사의식과 신화적 부분이 결합한 것으로서, 지배자측의 역사 전승과는 현저하게 다르다는 것을 7장에서 서술한 바 있다. 중부 모시 사회의 뇨논시 마을에서 필자가 조사한 바로도(Kawada, 1967), 지배자인 나콤시의 지방 수장과 그 측근자는 와가두구의 최고 수장에서 분리되어 당대에 이르기까지 역대 30인의 왕 이름과 각각의 친족관계를 기억하고 있지만, 피지배민인 뇨논시의 일반민들의 계보의식이 3대 이전까지 거슬러 올라간 예는 드물었다. 남부 모시족에서도 사정은 같았다. 원래는 왕족과 함께 이

지방으로 이주해온 사람의 자손으로 텐코도고 왕의 중신 중 한 사람인 장로 캄 나바는 비상한 기억력을 가지고 있다. 그는 텐코도고 왕조의 역사와 관습에 대해서는 풍부한 지식을 가지고 있지만 자기 자신의 계보에 대해서는 할아버지의 이름조차 몰랐다. 일반 모시족의 사회조직에서 기초를 이루고 있는 것은 부계 혈연관계에 의해 결합되어 있다는 의식과 일정한 음식의 금기를 공유하며 상당 정도의 숫자가 한 지역에 모여 사는 외혼집단(부우두)[49]이다. 하지만 어느 개인이 어떤 부우두에 속하는지는 명료하게 의식되고 있어도 같은 부우두에 속하는 사람끼리의 계보 관계를 명확하게 추적하는 것은 불가능하다.

49. 이 외혼집단(부우두)의 성격과 기능에 대해서는 별도로 논하였다(Kawada, 1967: 44-58).

이처럼 깊은 역사의식을 가진 왕조에게 지배당하고 있는 피지배층은 그들이 속하는 사회 전체가 지배자의 계보에 의해 대표되는 깊은 역사를 가진 것을 의심하지 않지만, 일반민 개개의 역사의식은 오히려 비집권적 정치조직을 가진 사회성원의 역사의식보다도 일천하다. 전술한 티브족을 전형적인 예로 들 수 있는 비집권적 분파사회에서 일어나는 분파 사이의 분쟁은 각 분파의 대표자에 의해 논의되고 그때 계보 전승이 '사회헌장' 으로서의 의미를 가지게 되지만, 모시족과 같은 집권화된 정치조직을 가진 사회에서 발생하는 피지배민 사이의 분쟁은 수장에게 호소하는 형태를 취하고 수장은 그것을 재판한다. 따라서 피지배민의 계보 전승이 '사회헌장' 으로서의 의미를 가질 필요는 없는 것이다. 이러한 사회에서 피지배민 각각의 계보 전승이 수평으로 이어진 작은 삼각형은, 티브족의 경우처럼 전체가 차례로 통합되어 하나의 정점에 모이는 것이 아니라 지배자의 커다란 삼각형의 저변을 따라 옆으로 이어진 채 상부가 완전히 잘려진 듯이 보인다. 또한 하나의 왕조가 패권을 확립한 후에는 그 이전에 유력했던 다른 왕조나 지방 수장의 역사의식이 소멸하거나 새로운 왕조의 역사 전승에 병합되거나 하는 경향이 나타난다는 것은, 5장에서 본 그대로이다.

　　정복에 의해 형성된 집권적 정치조직을 가지고 있는 사회에서, 지배자의 깊은 역사에 대하여 피지배자가 얕은 역사를 가지는 예는 중앙아프리카의 루아프라에서도 찾아볼 수 있다. 로디지아와 자이레의 경계에 위치한 루아프라강 계곡에는 자이레 남부에서 이동해온 룬다족이 선주민 브위릴레족과 시라족을 정복하고 '국가'라고 불러도 될 만한 정치조직을 형성하였다. 룬다의 왕족은 거의 9세대 정도의 계보 전승을 가지고 있고, 이 사회를 연구한 커니슨에 의하면, 이것은 과거의 사실과 일치한다고 한다(Cunnison, 1957: 29). 이에 대해 룬다의 정복 이전부터 이 지역에 정착해 있었음이 틀림없는 브위릴레족과 시라족에서는 겨우 3~4세대 전까지만 자신들의 선조를 추적할 수 있을 뿐이다. 이들 사회의 기본적인 구성단위인 모계 혈연집단은 '영속하는 친족 관계'라고 부름직한 고정된 계보의식 안에 머물러 있고(Cunnison, 1956: 29-48), 이것이 계보 전승의 탈락이나 단축을 한층 더 심하게 하는 것이다.

　　Y와 그의 외삼촌인 X의 관계(〈표 6〉)는 X, Y의 자손에 의해 각각 계승되고, Y의 자손에게 X의 자손은 변함없이 외삼촌이라고 여겨진다. 이 관계에 Z가 들어왔다고 해도 삼자의 관계(형제, 외삼촌과 조카)는 각각의 자손 사이에서도 지켜진다. 이 경우 모계 계승이라는 조건이 계보의식의 깊이 문제를 특수한 것으로 하고 있다고 할 수 있을지도 모르겠다. 프랑스의 페르송이 구술 연대기 연구에서 지적하고 있듯이(Person, 1962: 469), 서아프리카 아칸족 등 왕의 어머니에게 중요한 지위가 주어

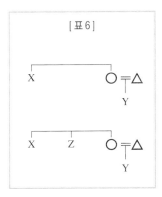

[표 6]

그림 20 역사 전승을 이야기하는 마을의 장로

남부 모시 라루가이 지방의 얄고라는 마을의 촌장. 라루가이 나바의 후계자를 임명하는 사람 중 한 명이다. 정확한 나이는 모르지만, 프랑스군의 최초의 침입(1896년) 이전부터 살았던 사람 중 얼마 남지 않은 생존자의 한 사람이다. 주거 앞의 커다란 차양지붕 '잔데' 아래에서.

져 있는 사회를 제외하면 일반적으로 모계 계승에서는 문자기록에 의한 계승이 실제로 있었던 것보다도 짧아지는 경향이 있다. 즉, 계승은 여성을 통해 이루어지지만 지위를 계승하는 것은 남성이기 때문에 세대를 헤아리는 요점이 되는 여성의 이름은 잊혀지고 계승이 세대를 뛰어넘거나 X와 Y의 관계로 고정되어버릴 가능성이 크다.

한편 비교적 최근에 지배체제가 확립되고 지배자가 자신들의 오래된 계보에서 우월의 근거를 구하는 것에 별로 관심이 없는 경우에는, 지배자의 계보 전승 쪽이 피지배자의 그것보다 확연히 짧은 경우도 있다. 잠비아의 루바레족의 예가 그것으로(White, 1906), 일반민의 계보는 9세대부터 20세대에 미치는 깊이를 가지는데, 지배자의 계보는 거의 9세대를 넘지 않는다고 한다.

여기에서 문제시해야 할 것은, 역사 전승의 보유자가 지니고 있는 사회 정치조직에서의 위치이다. 모시족에서 주요한 수장의 역사 전승 보유는, 한아름이나 될 것 같은 커다란 공 모양의 표주박에 소가죽을 씌운 큰 북을 치면서 낭송하는 벤다가 거의 독점하고 있다. 벤다는 내혼의 규제는 없지만 특수한 부계 혈연집단의 형태를 지니고 있고, 벤다의 장은 벤 나바라는 칭호로 불리며 이 혈연집단 안에서만 부계를 좇아 계승되고 그 지방을 지배하는 정치 수장에 의해 임명되었다. 벤다는 정치 수장에게 종속되어 있기는 하지만, 낭송에 관해서는 한 명의 수장에게 전속되어 있는 것이 아니라 그 정치 수장의 중신이나 그들의 지배 하에 있는 지방 수장을 위해서도 구술사와 찬사를 낭송한다. 텐코도고의 경우 벤다는 왕궁에서 약 6킬로미터 서남쪽에 있는 작은 마을과 왕궁의 주위에 모여서 살고 있고, 평상시에는 일반민처럼 농경을 하고 있다.

일군의 악사들은 궁정에 봉사하는 직책 중에서 가장 낮은 위치를 차지하고 있지만,[50] 벤다는 악사 중에서는 최고의 격식을 부여받고 있다.

50. 텐코도고 왕의 궁정에는 왕을 보좌하는 중신 두 명과 군사, 의례, 말 관리, 시장 관리 등 다양한 직무를 담당하는 신하 밑에 세 명의 익살꾼이 시중을 들고, 그 밑에 표주박으로 만든 큰북을 맨손으로 두드리는 벤다를 최상위로 하는 악사가 위치하고 있다. 벤다 밑에는 원통형의 나무 몸통의 큰북을 구부러진 도구로 두드리는 악사(간가드. 단수형은 간가오고), 북과 같은 모양의 나무통으로 음을 조절하는 끈을 겨드랑이 밑으로 당기거나 풀거나 하면서 마찬가지로 굽은 도구로 두드리는 악기를 연주하는 룬세(단수형은 룬가)가 있는데, 이들 하위의 악사는 모두 모시족에서는 왕의 계보 전승을 낭송할 수 있는 정식 자격을 인정받지 못하고 있다. 그러나 맘프루시족, 다곰바족에서는 악사의 최고 위치에 있으며, 의례의 장에서 왕의 계보를 낭송하는 것은 룬세(모시의 것보다 훨씬 큰 큰북을 가지고 있다)의 우두머리이다(그림 16 17 참조).

벤다는 궁정의 다른 신하들 앞에서 자신을 낮추어 장난기 있는 언행을 하고, 왕이 궁정 신하와 지방 수장에게 둘러싸여 수수로 빚은 술을 하사하면서 담소를 나눌 때 등에도 눈에 띄지 않는 자리에 앉아 끊임없이 좌중에 신경을 쓰면서 왕이 무언가 신하에게 감명을 주는 듯한 이야기를 하거나, 기회를 얻은 광대가 농담으로 좌중이 즐겁게 하거나, 왕이 헛기침을 하고 신하가 왕의 건강을 기원하여 일제히 손가락으로 소리를 내거나 할 때, 즉각 큰북으로 장단을 맞추어 그 자리의 분위기를 북돋우는 것을 잊지 않는다. 이러한 모임의 자리에서도 중신이 벤다의 허드렛일을 하는 소년에게 동전을 주면, 벤다는 재빨리 그 중신을 칭찬하는 타악기 연주를 한 부분 행한다. 다른 신하는 왕에게 봉사하는 대가로 직접적인 형태로는 보수를 받지 않지만, 벤다는 항상 금전(옛날에는 조개)으로 보수를 받는다. 축제 등에서 왕의 계보를 정식으로 낭송할 수 있게 되기 위해서는 역사 전승에 충분한 지식과 훈련을 병행해야 하기 때문에, 벤다의 장 벤 나바의 후계자는 그가 죽었을 때 바로 임명되지 않고 후임 후보자가 충분히 적격이라고 인정될 때까지 정식 벤 나바로 임명되지 않는다.

모시족의 경우에 왕조의 역사 전승 보유자에게 요구되는 전승과 낭송 양식의 습득 수준은, 일반적으로 왕조의 격식이 높고 궁정 의례가 엄격하게 지켜지고 있는 곳일수록 높다. 남부 모시족 얀시족의 크고 작은 여러 수장의 계보 낭송을 비교해보더라도, 텐코도고의 양식이 가장 잘 정형화되어 있고 통일성이 높다. 즉, 텐코도고의 계보 전승은 각기 다른 벤다가 다른 기회에 낭송한 것이라도 거의 일치하고 있다. 그러나 왕조로서의 성립도 비교적 새롭고 궁정으로서의 체제를 갖춘 것도 제1차 대전 무렵부터라고 생각되는 와루가이 수장에게 종속되어 있는 벤다가 낭송하는 와루가이 계보 전승 등에 이르면 수장의 계보 순위에 대해서조차 혼란이 심하여 낭송 때마다 다를 수 있기 때문에, 조금 오래된 시대에 대해서는 계보를 도식화하여 나타내는 것조차 불가능하다.

말할 것도 없이 전승의 내용이 자세하고 일정하다고 해서 그 전승의 신빙성이 좀더 높다는 의미는 아니다. 다만 텐코도고의 계보 전승과 같이 낭송의 양식이 확립되어 있고 틀림없이 왕조의 과거를 꾸며내기 위한 작위적인 부분이 다분히 첨가되어 있는 역사 전승의 경우, 작위 자체를 왕조의 과거를 이해하는 열쇠로 삼을 수도 있다. 또 와루가이의 계보 이야기와 같은 혼란도 사회 정치조직에 대한 주의 깊은 분석을 병행함으로써 오히려 그 혼란이 역사의 징후로서 의미를 지니게 된다. 프랑스 식민지 행정부가 와루가이의 수장을 식민지 행정 하에서 지방 수장으로 임명하기까지는, 동일한 출계를 가진 몇 개 마을의 수장이 분립 항쟁을 반복하는, 한 명의 수장에 의한 지배는 확립되지 않았다는 사실을 이 지방의 사회 정치조직의 검토를 통하여 추측할 수 있다.

모시족과 같이 이야기꾼 악사로서의 전승 보유자가 왕에게 종속하면서도 왕족과는 별도로 지위가 낮은 특수집단을 형성하고 있는 경우에는, 5장에서 본 것처럼 어느 왕조가 멸망하면 그 왕조의 역사 전승이 변형되어 다른 왕조의 전승 중에 삽입되는 정도에 그치는 수도 있다. 다만 낭송사가 종속되어 있는 수장에게 맞추는 형태로 전승의 내용이 다시 만들어져서 낭송의 양식화에 수반된 변형 또는 과장이 발생할 가능성은 크다.

한편, 5장에서 보았던 테노아겐과 남부 모시 여러 왕조의 공통된 선조가 일찍이 지배하고 있었다고 생각되는 킨짐처럼, 멸망한 왕조의 후예가 그 지방의 마을 수장으로 남아 있는 경우에도 낭송사를 거느릴 수 없는 경우에는 원래의 전승은 대부분 단편적으로밖에 남지 않는다.

　　왕의 역사 전승이 모시족을 비롯한 서아프리카에서 많이 발견할 수 있는 것처럼 특정의 낭송사에 의해 보유되고 있지 않은 예로서는 잠비아의 뱀바족을 들 수 있다(Richards, 1960: 183-186). 여기서는 왕조의 역사 전승이 바카비로라는 한 무리의 중신에 의해 보유되고 있다. 왕족이기는 하지만 바카비로는 출계상 왕위에 오를 가능성이 없는 사람으로, 왕위의 후계자를 정하고 새 왕에게 왕권의 상징을 수여하고 제왕 교육을 실시하고 왕을 보좌한다. 그들은 일반민들은 이해하기 힘든 특수한 언어로 역사 전승을 끊임없이 이야기한다고 한다. 이와 같은 경우 양식화된 낭송과 같은 강한 전달력은 생기기 힘들겠지만, 수장에 종속된 특정의 낭송사가 초래할지도 모르는 변형이 생기기는 어려울 것이다.

12. 이데올로기 표현으로서의 역사 전승

역사 전승이 어느 한 사회 정치조직 안에서 형성되고 다시 만들어진다고 한다면, 역사 전승은 분명 그것을 만들고 보유하는 사람들의 이데올로기를 표현하고 있는 것이다. 모시의 여러 왕조에서도 왕조의 역사는, 다른 많은 아프리카의 왕조와 마찬가지로 조상 제사와 결부되어 해마다 바치고 있는 수확제나 특정의 위대한 선조를 기념하는 축제 때 관중에게 밀도 있게 전달된다. 특히 주작물을 수확한 후에 지내는 조상 제사인 '바스가'를 행할 때, 텐코도고의 부굼 대왕 기념제, 쿨구 탕가라고 하는 왕조를 수호하는 성소에 산 제물을 바치는 축제 등에서는, 지방 수장을 비롯한 수백 명의 신하가 모여 왕의 의례에 참석한 후 제물로 바쳐진 떡과 산 제물이 된 소나 양의 고기, 수수로 빚은 술 등으로 풍성한 대접을 받는다. 그리고 나서 벤다가 큰북의 소리로 하는 표현보다는 한 박자 늦게, 소리 높여 '말'로 왕의 계보를 낭송하는 것을 듣는다. 문자도 매스커뮤니케이션의 수단도 없는 이 사회에서는, 이러한 축제의 기회에 왕의 '선심'[51]과 왕조의 위대함이 신하들을 향해 밀도 있게 표현되고, 이러한 기회를 통해 평소에는 궁정과 소원했던 자도 왕에 대한 외경과 충성을 새롭게 되살리거

[51] 그 자신이 중부 모시족 지방 수장의 아들인 사회학자 카보레는 '수장의 위치는 인색함과는 거리가 멀다' 또는 '수장의 아들은 주는 것밖에 모른다'는 등의 모시족 속담을 언급하고 있다(Kabore, 1962: 614). 수장이 자기 지위의 우월성을 지키기 위해 보여주는 '선심'은 인간사회에서는 상당히 보편적으로 볼 수 있는 것이다. 채집 수렵민의 사회에서 나타나는 수장의 이러한 성격은 Levi-Strauss(1944)도 논하고 있다.

나 강화하게 되는 것이다. 그리고 이러한 '축제'적 표현의 절정을 이루는 것이 벤다에 의한 왕의 계보 낭송이다. 이러한 상황에서 궁정에 종속하는 벤다가 낭송하는 역사 전승이 왕조의 이데올로기의 표현의 성격을 강하게 띠는 것은 당연하다.

그림 21 의례를 위해 화려하게 분장한 텐코도고 왕

주작물의 수확 후 일련의 축제가 끝나면, 텐코도고 왕은 텐코도고 왕조를 수호하는 토지의 돌 '텐 쿠구리'인, 황야의 바위산 '쿨구 탕가'에 직접 가서 목우(牧牛)의 생피를 바치는 의례를 행한다. 텐코도고 왕이 의례를 위하여 저택의 밖으로 나갈 때에는, 항상 이러한 투구를 쓰고 화려하게 마구를 단 말을 타고 무장한 기마나 걷는 부하들에게 보호받으며 간다.

역사 전승 중에서도 특히 이데올로기의 표현이 강하게 나타나는 부분은, 집권적 정치조직을 가진 사회의 경우 현 왕조에 의한 지배의 유래를 이야기하는 대목일 것이다. 중부 모시의 와가두구 왕조의 지배 유래가 어떻게 서술되고 있는지는 이미 보았지만(5장), 지배자측의 전승은 선주민들이 간청하여 그들을 보호하기 위해 지배를 시작했다고 이야기하고 있는데 이는 선주민측의 전승과는 일치하지 않는다(7장 참조). 이것과 대조적인 것은 텐코도고의 전승이다. 텐코도고 왕조의 시조 키움고 왕[4]은 남방의 킨짐 왕조의 왕자였지만, 형제인 본다오고와 왕권을 상징하는 단도를 놓고 다툰 끝에 본다오고는 칼의 몸체를 키움고는 칼집을 가지고 헤어졌다. 이 단도의 쟁탈에 대해서는 본다오고의 자손이 창립하여 현재까지 이어지고 있는 라루가이 왕조에도 동일한 전승이 있지만, 본다오고와 키움고의 계보적 위치에 대해서는 라루가이와 텐코도고의 전승이 일치하지 않는다. 또한 키움고는 테노아겐 지방의 전승에서 테노아겐 왕조의 시조인 말카 왕과 이부동모(異父同母)의 형제로 나오기도 하지만, 여기에서 그들의 계보상의 위치를 검토하지는 않겠다.

　　텐코도고 왕조는 그후 테노아겐, 고오덴 등의 수장과 대립 항쟁하게 되는데, 중부 모시의 와가두구 왕조와 비교하면 훨씬 소규모이며 제한된 지배밖에 미치지 못했다. 텐코도고 왕조의 전승에는, 와가두구의 지배자측 전승에 있는 것과 같은 선주민으로부터의 간청은 이야기되고 있지 않다. 다만 키움고 왕의 묘는 텐코도고에서 남서쪽으로 약 10킬로미터 떨어져 있는 선주민 비사족의 토지인 웰겐에 있는데, 텐코도고 왕이 거기에 산 제물을 바치지 않지만 그 지방의 비사족 주민에게는 제물을 바치는 제사의 대상이다. 웰겐의 비사족 전승에 의하면, 그들은 모시족 수장 키움고의 지배를 환영하고 모시어(語)를 좋은 말로 여겨, 키움고 이래 모시어를

그림 22 텐코도고 왕의 조상의 기념 의례

현재의 텐코도고 왕조 바로 직전에 고오덴 왕조를 창시한 부굼 왕을 기념하여, 매년 '바스가' 후 21일째 되는 날 의례가 행하여진다. 텐코도고 왕이 직접 말을 타고 수많은 신하를 거느리고 텐코도고에서 약 6킬로미터 서쪽의 고오덴 지방(정확히는 그 북쪽의 고오도레 마을)에 가서, 부굼 왕의 무덤과 부굼 왕이 처음 거처를 정했다고 하는 장소를 나타내는 돌(사진)에 소 양 닭 등 제물의 피나 새로운 곡물로 빚은 술을 따른다. 양산 밑에 투구를 쓰고 흰 두건을 얼굴에 두르고 앉아 있는 사람이 텐코도고 왕.

사용하게 되었다고 한다. 텐코도고 왕의 궁정에서 다퐁 나바에 이은 중요한 구성원으로는 텐코도고 왕의 후계자 선정자 중 하나인 사만데 나바가 있다. 웰겐의 비사족과 계보를 같이하는 로안가의 비사족 수장 일족 출신자가 그 역할을 대대로 맡고 있다.

한편 지배자의 전승은, 바오고 왕[22]이 선주민 비사족의 일부를 전쟁을 통해 정복한 일을 이야기하고 있다. 하지만 바오고 왕의 정복에 저항하여 독립을 지킨 가랑고 지방의 비사족 전승에 의하면, 바오고 왕이 비사족 마을을 유린하면서 가랑고에 이르렀을 때, 가랑고의 젊은 전사가 병을 무릅쓰면서 대열의 앞에 서서 바오고 왕을 물리쳤고, 비사족 주민은 기쁜 나머지 바오고 왕의 사체를 묻은 땅 위에서 춤을 추었다고 한다(Soeur Jean Bernard, 1966: 46). 하지만 바오고 왕의 묘라고 여겨지고 있는 것은 비사족의 이 전승이 실현되지 않았던 소망을 표현한 것일 가능성이 크다. 스마그라는 마을의 비사족은, 비사족 전사에게 쫓겨 우왕좌왕하는 모시족을 흉내낸 축제를 지금도 하고 있다고 한다(Soeur Jean Bernard, 1966: 47). 바오고 왕에게 정복된 일부의 비사족도 그후 모시의 텐코도고 왕 지배 하에서 지방 수장으로 계속 존속하면서 어느 정도의 자립성을 가지고 있었다.

모시족이 텐코도고를 지배하는 과정에서 선주민 비사족은 상당한 자립성을 지킨 채 부분적으로 통합되었고, 중부 모시와 맘프루시에서는 선주민의 수장이 대지 의례의 제관 역할을 부여받아 전체 정치조직 안에 흡수된 것에 비하여, 다곰바족의 지배의 기원을 설명하는 전승에는 새로이 진입해온 자들이 선주민인 '토지의 주인'에게 행한 가차 없는 살육을 이야기하고 있다(Ramakloe, 1931: 3).

위에서 살펴본 것과 같이 대조적인 면을 가진 모시 맘프루시 다곰바의 선주민 지배 유래에 대한 전승도, 전체적으로 보면 실제로도 당연히 있을 수 있는 현실성에 약간의 윤색을 가한 설명이라는 점에서 공통점을 가지고 있다. 그 밖에도 모시 맘프루시 다곰바 전체의 전승 및 현재의 관행으로 볼 때 부계 출계에 기초한 사회적 의미에서 분류하기도 하지만, 소수의 새로운 지배자와 선주민의 통혼이 반복되면서 장기간에 걸친 통혼에 의해 지배자와 피지배자가 혈연으로 완전히 섞여서 연결되게 되었다고 할 수 있다.

이와 같은 모시 맘프루시 다곰바 전승의 성격은, 실제로는 있을 수 없는 듯한 요소를 섞어 지배자와 피지배자에 대해 원래 다른 본성과 역할을 가진 단절된 종족인 것처럼 이야기하고 있는 동아프리카의 르완다 왕국의 기원 전승을 대비시켜보면 한층 명료해진다. 현재는 공화제가 된 르완다가 식민지 지배를 받기 전에 존재하고 있던 르완다 왕국은, 소수의 지배자 투치족, 주민의 대다수를 차지하는 피지배민인 후투족, 게다가 그 아래에 최하층민으로 묶여있는 투와족으로 구성되어 있다.

지배자 투치족이 전하고 있는 기원 전승에 의하면, 투치족의 선조는 하늘에서 내려왔다. 일찍이 하늘에 한 명의 석녀가 있었다. 그녀는 이마나(신)에게 아이를 달라고 빌었다. 신은 기적을 통해 두 명의 남자아이와 한 명의 여자아이를 주고, 이 비밀을 누설해서는 안 된다고 했다. 하지만 석녀가 그 사실을 언니에게 고백했기 때문에 신은 화를 내어 세 명의 아이를 하계(下界)인 르완다로 내려 보냈다. 두 명의 남자 아이 키구와와 무투치 중 키구와는 자신의 여동생인 니람푼두와 정을 통하여 그 사이에 태어난 딸이 후에 무투치의 아내가 되었다. 이 키구와와 무투치가 투치족의 선조이다. 그러다가 결국 신은 화를 풀고, 투치족을 구원하게 되었다 (Hertefelt, 1964: 221).

하늘에서 유래한 투치족과 하계의 후투족이나 투와족은 본래 다른 본성을 가지고, 각각의 직분도 신에 의해 정해졌다고 하는 이와 같은 주제는 여러 가지 전승 안에서 이야기되고 있다. 그 중 하나에 의하면, 신은 세상이 시작될 무렵, 투치족과 후투족, 투와족 한 명씩을 불러 시험을 부과하여 어느 종족에게 다른 두 종족을 지배할 권한을 주어야 하는지를 알아보려고 하였다. 신은 세 명에게 우유가 든 항아리를 한 개씩 건네주고, 이튿날 아침까지 그것을 가지고 있게 하였다. 식탐가인 투와는 아침까지 참지 못하고 항아리의 우유를 마셔버렸고, 후투는 잠에 취해 우유를 엎질렀다. 다만 투치만이 다음날 아침 우유가 그대로 든 항아리를 신 앞에 바쳤다. 그 이후 투치족은 후투족과 투와족에게 명령을 내릴 수 있는 지위에 오르게 된 것이다. 또한 투치는 인간 세상에 생활을 영위하는 데 기본적이고 빠뜨릴 수 없는 것을 존재하게 한 문화 영웅이라고 여겨지고 있기도 하다. 어느 전승에서는, 하늘에서 르완다에 내려온 키구와, 무투치, 니람푼두 세 명의 남녀가 아무런 생활 물자를 가지고 있지 않은 것을 가엾게 여긴 신이 그들에게 불(火)과 식물의 종자, 대장장이 일을 할 수 있는 도구, 가축을 베풀어주었다. 이 지방에 이미 살고 있던 후투족과 투와족은 이것을 보고 놀라, 그 은혜의 몫을 나누어달라고 세 명의 투치족 선조에게 청원하였다. 투치족 선조는, 후투족이 농사일을 도와준다는 조건으로 이것을 허락하였다. 후투족의 투치족에 대한 종속은 이렇게 시작되었던 것이다(Hertefelt, 1964: 222).

　　다른 많은 이본(異本)이 있는 르완다의 기원 전승 중에서 투치족이 하늘에서 내려온 것을 이야기하는 것은 지배자 투치족이 보유하고 있는 전승이다. 한편 투치족의 지배 이전까지 거슬러 올라간다고 생각되는 후투족의 오래된 문화에는 대지를 풍요롭게 하거나 비를 내려주거나 하는 문화 영웅인 수장의 모습이 깊이 새겨져 있는데, 오래된 시대의 후투족 수장은 이러한 신앙과 상징에 둘러싸여 있었다고 한다(Hertefelt, 1964: 224).
여기에서도 점차 하나의 '신화'에 병합되어갔다고 생각되는 여러 가지 전
승의 부분들이, 원래는 각기 다른 사회계층의 이데올로기를 표현하고 있
었을 것이라는 사실을 알 수 있다.

비현실적 요소까지 포함한 '역사' 전승이 그것을 낳고 간직하고 있
는 사회가 현재의 제도를 설명하거나 정당화하는 하나의 표현이라는 점을
특히 강조한 것은, 신화를 '사회헌장'이라고 본 말리노프스키
(Malinowski, 1926: 33-38) 류의 흐름을 이어가는 영국의 몇몇 사회인류학
자들이다. 그러한 관점에서 볼 때 사회의 기원을 이야기하는 전승은 "현존
하는 정치상 의례상의 여러 관계가 형식화된 표명 이상의 그 무엇도 아니
고"(Fortes, 1945: 23), "현존하는 상황의 설명으로서 인간에 의해 발명된
것"(Tait, 1955: 208)이다. 분명히 흑인 아프리카처럼 주민의 역사 전승을
주요 수단으로 하여 역사문제를 생각해야만 하는 곳에서는, 역사에 대한
관심을 포기하지 않는 한 '역사' 전승이 갖는 확실한 이데올로기의 표현
이라는 측면과 그 안에 표명되어 있을지도 모르는 역사적 '진실'의 관계
를 생각하는 것이 매우 중요하다.

이와 같은 문제의식에 입각하여 탄자니아 동부에 살고 있는 가굴족
의 역사 전승에 대해 다른 사회인류학적 견해를 참고하며 검토한 바이델
만은, 문자기록이 역사에 대해 부여하고 있는 설명은 주민의 가치관을 표
현한다는 의미는 가지고 있으나 역사 연구 자료로서의 가치는 극히 제한
된 것이라고 결론짓지 않을 수 없었는데(Beidelman, 1968: 368), 이것은 모
계 씨족이 사회 결합의 최대 단위인 가굴의 사회구조 측면에서도 생각하
지 않으면 안 될 것이다. 나이지리아 북부의 누페 왕국을 장기간에 걸쳐
조사한 나델은, 분류를 좋아하는 학자답게 '역사'를 먼저 '객관적 역사'

와 '이데올로기적 역사'로 나누고, 누페 왕국의 경우 '객관적 역사'는 19세기 초반 누페의 이슬람 학자인 궁정사가와 유럽인 탐험가의 기록이 남겨져 있는 시대부터 시작된다고 하고 있다(Nadel, 1942: 72, 76). 여기서 '객관적 역사'는 관찰자가 관련과 계기(繼起)에 대해 어떤 객관적이고 보편적인 기준에 따라 서술하고 확립한 일련의 사상(事象)이며, '이데올로기적 역사'는 (관찰의 대상이 되고 있는) 사회 내부에 존재하고 있는 것으로 과거의 사건과 발전에 관한 기존의 전승에 따라 사상(事象)을 서술하고 정리한 것이다(Nadel, 1942: 72). 하지만 나는, 역사 서술의 주체가 그 대상이 되는 사회의 내부에 있는지 외부에 있는지의 차이가 객관적 역사와 이데올로기적 역사를 나누는 기본적인 기준이 되고 있을 뿐만 아니라 보편적 기준이라든가 기존의 전승이라는 것을 처음부터 정해진 것으로 상정하고 있다는 점 등에 대해 의문을 품지 않을 수 없다. 이러한 점에 대해서는, 이하의 장에서 여러 가지 각도로 다시 이야기해갈 것이므로 여기에서는 '사회 내부에서', '기존의 전승에 따라서' 서술되고 있는 구술사에 포함되어 있는 문제에 대해서만 생각하고자 한다.

만일 다소간이나마 역사를 서술한다고 하는 관점을 가진 전승이, 단순히 기존의 상황을 반영한 것이거나 설명한 것일 뿐이라면 그러한 전승이 어떻게 '사회헌장'으로서 기존의 상황을 역으로 규제하는 힘을 가질 수 있는 것일까? 역사 전승이 이데올로기의 표현으로서 전승 보유자에 의해 끊임없이 자유롭게 다시 만들어질 수 있다는 측면과, 동시에 그것이 자의적으로 바뀔 수 없는 어떤 구속성을 반드시 가진다는 또 다른 측면은 왕의 계보 전승의 형식과 전달에서도 이미 나타나고 있다. 모시족의 왕조에 대한 역사 전승에서도, 5장에서 본 것과 같이 벤다에 의한 변형이 있을 수 있다. 하지만 벤다는 어린 시절부터 부계 친족의 선배 아래에서 일정한 양식에 따른 계보 전승의 낭송과 큰북 소리로 기호화된 역사 전승을 습득하지 않으면 안 된다. 왕의 계보를 낭송하는 것은 특정집단 내부에서 보유 전달된다고 하는 의미에서 폐쇄성을 지니고 있지만, 그 내용은 여러 가지 기회에 공개되므로 낭송의 명확한 잘못과 고의적으로 다시 만든 부분은 부족의 원로들이 금방 알아내고 고쳐준다. 이미 서술한 것과 같이, 벤다의 장 벤 나바의 후계자는 왕의 계보 낭송을 하는 데 충분한 자격을 가지고 있다고 궁정으로부터 인정받지 못하면 정식으로 임명되지 않는다. 이러한 의미에서 모시 왕의 계보 전승이 세대를 넘어 이어져가는 것은, 하나의 굵은 사슬 주위에 더욱 작은 고리로 된 사슬이 휘감긴 듯한 형태의 계승이라고 할 수 있다.

역사 전승의 내용과 형식 자체가 계승과 보유의 과정에서 보여주고 있는 이러한 구속성 외에도, 그렇게 전해진 전승이 '사회헌장'으로서 가질 수 있는 사회적 구속성을 고려하지 않으면 안 된다. 모시 사회의 경우 벤다가 낭송하는 왕조의 역사 전승은, 한 왕조가 지배하는 범위를 단위로 하면 지배자가 피지배자를 향해 지배자의 유래와 지배의 정당성을 이야기하는 일방적인 홍보활동이며, 그러한 의미에서 구속성을 갖는 것에 주요한 사회적 기능이 있다고 할 수 있다. 이에 비해 전술했던 티브 사회와 같은 평등한 혈연집단간의 분쟁을 조정하는 헌장으로서의 계보에 관한 역사 전승은, 평등한 양 분파에 대해 구속력을 가진 것이어야만 한다. 티브 사회에서 각 분파에 따라 역사 전승에 차이점이 있으면 사소한 점까지 길게 논의되는 것도 바로 이 때문이다.

앞에서 인용한 영국의 인류학자들이 주장하듯이, 어느 사회 또는 어느 사회 내부 집단이 가진 이데올로기를 표현하는 성격을 가진 역사 전승은 단순히 기존의 사회관계에 대한 설명만이 아니라 현실의 사회관계와도 상호 규정성을 가진다. 그리고 역사 전승 자체도 지속력과 현실의 사회관계에 의해 변화되기 쉬운 요소의 역동적인 결합 안에 성립하고 있다고 생각된다. 현실의 사회관계와 전승 중에서 어느 쪽이 변화하기 쉬운가 하는 것도 양자가 상호 작용하는 관계에 있다고 한다면 기계적으로 재단할 수 있는 것은 아니다. 앞으로 상세한 자료에 근거하여 더욱 검토해야 할 사회관계와 역사 전승의 상호관계도, 과거에 논의 대상이 되었던 친족체계에서 갖는 '태도의 체계'와 '명칭의 체계' 관계(Levi-Strauss, 1945)와 많은 점에서 공통점이 있을 것으로 생각된다.

13. 역사 전승의 '객관성'

그렇다면 역사 전승의 '객관성'이란 무엇일까? 나델은 구술사도 포함된 누페 왕국의 역사를 고찰하면서 관찰자가 객관적이고 보편적인 기준을 가질 수 있다는 것을 전제로 하여, 이데올로기적 역사와 객관적 역사를 따로 구별하고 있다. 그러나 나는 연구를 통해 그러한 객관성이나 보편성을 모색해야만 한다고 보지만, 그것이 연구의 전제는 아니라고 생각한다.

나델은 이 점에 대해 '우리 관찰자'라는 표현을 사용하여(Nadel, 1942: 72), '우리들', 즉 영국의 인류학자와 관찰자를 동격으로 하여 문장을 써내려가고 있으나, 이 대수롭지 않은 표현에도 여실히 드러나고 있듯이 영국의 관찰자가 가지고 있다고 스스로 주장하는 객관적이고 보편적인 기준도 시점을 달리하면 나델이 말하는 '사회의 내부에 존재하는 이데올로기적 역사'의 일부를 이루고 있다. 이 경우 나델이 의미하는 객관성이나 보편성은 결국 나델 자신이 속해 있는 '사회의 내부'의 관점에 지나지 않는 것이다.

15세기의 포르투갈인을 비롯한 유럽의 탐험 항해자가 '역사가 없는 암흑의' 아프리카를 '발견'한 이래,[52] 유럽 세계의 세력 확대와 함께 '관찰되고' '객관적으로 서술된' 아프리카 무문자사회의 역사는 유럽 세계를 중심으로 넓어진 역사의 주변부를 구성해왔다고 할 수 있다.

52. 지리 역사상의 인식에서 근대서양 중심주의와 그것을 일본인까지 그대로 흉내내는 것에 대한 비판은 일찍이 이즈카(飯塚浩二)가 반복해오고 있다. 특히 飯塚(1963) 제1부 참조.

아시아나 아메리카 대륙의 여러 문명을 서양 문명과 공통의 장에서 다루는 점에서는 단순한 서양사보다는 포괄적이라 할 수 있는 토인비의 역사 연구에서도, 토인비의 가치관에 의해 '미개'라는 '종'과는 '정말로 다른

종'으로서 구별되는 '문명'이라는 '종'이 연구대상이 되어 있기 때문에, '문명'을 둘러싸고 있었고 지금도 둘러싸고 있는 인류의 광대한 미개 부분은 시야에 들어오지 않았고, 고작 '문명'의 저변으로서 극히 드물게 참조자료로 이용될 뿐이었다. 토인비는 그의 역사 연구에서 '미개사회'를 제외한 이유로, "미개사회는 수는 많으나 비교적 단명이다"(Toynbee, 1935, I: 148)라고 했는데, 나는 토인비가 그것을 일반론으로 주장한 근거가 무엇일까에 대해 의문을 품지 않을 수 없다. 또한 '원주민'을 지방의 동식물상 일부로 보는 것을 경계하는(Toynbee, 1935, I: 152) 점에서는, '근대서양의 관찰자' 치고는 그가 비교적 깨어 있는 생각을 가지고 있다고 하겠지만, 그도 '이미 알고 있는' 미개사회(Toynbee, 1935, I: 148)라는 등의 말을 무심코 사용하고 있다. 서양의 학자가 '이미 알고 있는' 등의 용어를 사용하는 무감각함은, 같은 '대영국인' 나델이 '우리 관찰자'의 기준을 객관적으로 보편적이라고 생각하는 무신경과 상통하는 것이고, 또 그것은 콜럼버스가 아메리카를 '발견'했다고 아무렇지도 않게 말하는 대부분의 서양인이나, 그런 역사관을 서양의 학문과 함께 아무런 의심 없이 그대로 받아들인 자칭 지식인이라는 많은 일본인의 사고방식과도 일맥 상통하는 것이다.

그렇게 말한다고 해서, 내가 아프리카 무문자사회에까지 널리 퍼뜨려진 서양 중심 특히 근대 이후의 서양을 중심으로 하는 척도로 서양 자신의 과거마저도 재해석한 역사인식이 세부사항에 이르기까지 전부 잘못되어 있다고 단정하는 것은 아니다. 그러한 단정은 근대 서양 중심의 아프리카사에 대한 인식이 객관적이고 보편적이라고 하는 것과 마찬가지로, 전제가 아닌 하나의 문제―아마도 그렇게 단정하는 식으로 귀결될 수는 없는 문제―로밖에 존재할 수 없을 것이다. 토인비나 나델처럼 근대 서양 세계를 그것과 달랐던 여러 문명과 대비시켜서 검토하는 작업을 주로 해온 사람들에게조차 스며들어 있는 이 서양 중심주의는, 15세기에 시작된 대항해시대 이후 유럽 세계가 다른 지역에 세력을 확대해가면서 그들 지역에 대하여 거의 항상 '보는 자'의 위치를 취하여온 것에서 유래하는 것이다. 단지 '보이고' 있을 뿐, 그러한 부분에 대해 반박하는 자기주장을 펼 수 있는 수단조차 가질 수 없었던 하나하나의 사회들이 침묵하며 껴안고 살아왔던 지식보다는, 이러한 세력의 확장과 기술의 우월함, 그리고 식민지 지배 중에 획득하여 축적된 많은 사회에 대한 방대한 지식이 참조의 체계를 구성하는 데 있어서 보다 풍부하고 넓은 범위에 걸쳐져 있는 것은 틀림없는 사실이다. 그리고 근대 서양 세계가 행한, 전에 없던 대규모의 침략과 수탈을 가능하게 한 무기를 비롯한 기술의 우월함이 서양 세계로 하여금 자신들의 지적 기준이 보편적이라고 인정하게 하는 근거를 부여하고 하였다. 그러나 근대 서양에 중점을 둔 자칭 '세계' 사가 여러 가지 악랄한 짓들을 하면서 입신출세한 유력자의 자서전은 아닐까 하는 점을 집요하게 의심해볼 필요가 있다는 것 또한 분명한 일이다.

내가 이런 당연한 것조차 몸으로 익히며 알기까지에는 몇 번에 걸친 아프리카에서의 생활이나, 이 문제가 극한 상태로 나타나는 파리 대학의 아프리카사 세미나의 체험이 필요하였다. 고국의 역사를 배우기 위해서 구(舊)종주국인 프랑스까지 와서 프랑스어로 된 책을 읽고, 프랑스인 교수에게서 배우지 않으면 안 되는 아프리카의 학생들은 아프리카사에 대해 선조로부터 물려받은 고향의 생활감각으로는 도저히 긍정할 수 없는 해석을 프랑스인 권위자로부터 '배우게' 되더라도, 그를 반박할 수단조차 잘 몰랐고 서투르게 반박을 시도해보지만 금세 교묘한 프랑스어로 제시되는 갖가지의 압도적인 '객관적'인 자료로 인해 꼼짝도 못하게 되고, 결국

불복감을 삼키면서 침묵할 수밖에 없다. 이러한 장면에 공교롭게 동석하게 되든지, 또는 그들이 풀 곳 없는 분노와 불만—그래도 그들은 프랑스에서 '면허증'(졸업증서)을 반드시 받아서 귀국해야만 하는 딱한 처지에 놓여 있다—을 내게 털어놓는 바람에, 나마저도 불에 달군 인두로 지져지는 듯한 아픔을 가슴으로 느낀 적이 몇 번이었던가. 하지만 이러한 경험을 했던 학생도 아프리카의 고국에 돌아가면, 그를 기다리고 있는 '요직'에 근무하면서 어느새 그 생활 안에 매몰되어, 초지일관하여 조국의 역사에 대해 계속 연구하는 일은 슬프게도 지극히 드물다.

지금 내가 본서의 주제와는 동떨어진 것처럼 보이는 것에 너무나 많은 지면을 할애하고 있는지 모르겠다. 그러나 이와 같은 학문 이전의 상황(지금 서술한 것은 그 극히 일부에 지나지 않는다)이 아프리카의 무문자 사회에 대한 역사 연구의 본질과 깊은 관계를 갖고 있다는 것은 아무리 강조해도 지나치지 않을 것이다.

문자가 없고 역사도 없는 암흑대륙이라는 낙인이 찍힌 채 단지 '관찰당하는 자'로서밖에 살 수 없었던 흑인 아프리카의 사람들이, 자신들도 세계의 중심에 확실히 주체적으로 존재하고 있다는 것을 주장한 네그리튀드(negritude. 1930~50년대에 파리에 살던 프랑스어권 아프리카와 카리브해 출신의 작가들이 프랑스의 식민통치와 동화정책에 저항하여 일으킨 문화운동) 사상운동의 발단은 1930년대로 거슬러 올라간다. 그러나 주창자인 상고르의 사상이 점차 역사성을 무시한 문화의 인종결정론 쪽으로 향하는 한편, 아프리카의 역사가들이 발표한 역사 연구는, 비록 어느 정도 전투적인 치장을 하고는 있지만 자세히 보면 결국 기존의 역사적 가치관의 틀 안에서 기존의 권위에 의지하면서 유럽 문화에 대한 아프리카 문화의 위치를 상대적으로 끌어올리려는 것에 지나지 않는다고 느껴지는 것이 많왔다. 고대 이집트 문명이 서아시아의 고문화의 영향에 의해서가 아니라 흑인 아프리카의 문화를 기반으로 하여 성립하였다는 논의(Diop, 1955) 나, 중미의 수수께끼 고대문화인 올메카 문화를 만든 주체가 아프리카로 부터 대서양을 넘어 건너갔던 흑인이라는 설(Mveng, 1967), 흑인 아프리 카사회는 무문자사회라고 유럽인들은 말하지만 유럽에도 학교교육이 보급되기 전에는 문맹이 많지 않았던가라고 유럽 문화를 상대적인 끌어내리는(Ki-Zerbo, 1969) 등, 그 어느 것도 성실하고 면밀한 기초 연구의 축적에서 오는 성과라기보다는 경향성이 강한 성급한 주장의 성격을 지니고 있는 만큼 이것들 역시 기존의 가치의 권위에 의존하려는 기본 자세의 연약함이 두드러지는 것들이다.

한편 데이비드슨(Davidson, 1959)으로 대표되는 유럽인의 아프리카 편애에 의한 '아프리카의 재발견' ─아프리카에서도 과거에 수많은 훌륭한 대제국이 있었다. 따라서 아프리카인이 그 정도로 심하게 유럽인에게 뒤쳐져 있다고만은 할 수 없다는 종류의 논의─이 있었다. 아프리카의 인텔리가 즐겨 이것을 언급하기도 했지만, 그것도 결국은 유럽인의 척도로 그들에게 '재발견' 되고 있는 것에 지나지 않는다. 대제국 따위야 없으면 없는 것으로 족하지 않은가? 인간에 의한 인간 착취 조직을 발달시킨 적이 없는 역사가 있다고 한다면, 그 편이 훨씬 자랑할 만한 역사가 아닐까? 피카소 등 20세기 초반에 활약했던 일부의 서구 예술가에게 아프리카 조각이 많은 영향을 주었다는 등의, 사람들이 귀에 못이 박히도록 들었던 이야기도 아프리카의 예술가가 자신들의 예술을 평가하는 지주로서 활용한다면, 그것도 모양을 달리한 유럽 중심주의에 다름 아니다. '백인에게 발견된 놀랄 만한 아프리카 흑인 예술' 이라는 강박관념에서 자기를 해방시키지 않는 한 새로운 아프리카 예술의 창조는 있을 수 없는(川田, 1966)

것처럼, '재발견된 암흑 아프리카의 눈부신 과거' 라는 주술적 단어가 아프리카 역사의 탐구를 오히려 왜곡시키는 역할을 하고 있는 것은 아닐까?

이와 같은 글을 써내려간다는 것은 곧 내 자신의 발밑을 파헤쳐 무너뜨리는 것이 되기도 한다. 내 자신은 아프리카 사람들 특히 모시족 사람들에게 하나의 나그네에 지나지 않기 때문이다. 무엇보다도 먼저 '무문자 사회' 에 대하여 길게 문자를 열거하는 것 자체가 바로 내가 속해 있는 문화의 존립 의미를 근본적으로 묻는 것이 아닌가? 모시족의 사례를 중심으로 아프리카 무문자사회의 역사를 검토하는 사람인 동시에 외부자인 내가, 유럽 연구자들의 연구 성과를 가능한 한 참고하고는 있지만 그것들이 그대로 객관적이고 보편적인 역사 자료가 될 수 없다는 것은 앞장까지의 검토를 통해서도 분명하다. 나는 외부자로서 모시족의 여러 왕조나 서로 다른 계층 및 모시족과 유연(類緣) 관계를 가진 여러 부족을 대상으로 그 사람들에게도 충분히 대상화되지 않고 잠재하고 있는 역사를 서로 비교하며 상호 관련시켜, 나의 가설적 해석을 다시 모시족 사람들에게 되돌려 그들로 하여금 생각하게 해보는 작업을 아주 오랫동안 계속하면서 그들의 역사를 현재화(顯在化)하는 촉매의 역할을 할 수 있다면 좋을 텐데 하는 생각을 하고 있다. 이런 과정을 통해 현재화된 모시족의 일부의 역사는 다른 아프리카사회의 역사와 비교될 가능성을 지니게 될 것이며, 나아가 더욱 큰 단위의 역사가 될 수 있을 것이다. 그러나 이런 작업을 통해서 명확해진 역사를 '객관적' 역사라고 부를 수 있을까?

내가 모시족의 역사를 현재화하는 촉매 역할을 하려고 하더라도, 그들과는 다른 문화에 속하는 외부자라는 입장에서 벗어날 수 없다. 나는 아프리카 역사와 사회에 대해서, 이제까지 유럽의 학자가 행하여왔으나 모시족의 사람들은 모르는 연구의 일부를 배워서 알고 있다. 그러나 다른 한편 모시족 사회 안에서 나는 이질적인 존재이기 때문에 그야말로 촉매로서의 역할을 수행하는 것이 가능하지 않을까? 또한 나의 이질성도 그리고 그들의 역사를 찾고자 하는 시점도, 결코 고정되어 불변하는 것이 아니라 모시족 사회에서의 생활 경험이나 그들의 역사를 배우는 작업을 통해서 변화해왔으며 앞으로도 변화하여 갈 것이 틀림없다(그러한 의미에서 나는, 화학에서 말하는 그 자신은 변하지 않는 촉매는 아니다). 동시에 나의 작업이라는 것이 나의 시점만을 강조하여 일방적으로 틀을 적용시켜서 역사를 재구성하는 것은 아니며, 모시족 사람들과 해석을 공유하고 소통하여 모시족 사람들의 역사의식에도 사소한 것이기는 하지만 변화가 일어나는 것은 당연한 것이고 실제로도 일어나고 있다.

이러한 상호작용에 의해 현재화되어가면서 직접 역사를 살아온 사람들에게도 그리고 외부에서 온 촉매에게도, 대상화된 역사는 분명히 그 이전보다는 높은 차원의 실재성을 가지고 있다고 할 수 있을 것이다. 이러한 역사인식의 과정에서 보여주는 주체와 객체의 상호 변환의 관계는 특히 무문자사회에서 확실한 형태를 취하는 것이라 생각된다. 이미 살펴본 바와 같이, 구술사는 현재를 살아가고 있는 사람들 안에서 그 사람들의 해석을 거친 형태로 응집되어 존재하고 있다. 그러한 역사의 응집을 품고 살아가는 사람들의 구비(口碑)와 촉매인 나의 관계는, 문자사회에서 사학자가 가지게 되는 문헌 자료에 대한 관계, 즉 과거의 역사 중 어느 한 시점에서의 부분적인 응집이 기록자의 해석을 통해서 확정되는 관계와 비교된다.

그러나 구술사의 응집을 담당하고 있으면서 상호간에 직접 관련이 없거나 대립하고 있는 여러 사람과 접촉한 이후에 다시 내가 얻은 지식과 그것에 관한 나의 해석을 새삼 그들 앞에 제시하여 검토하게끔 했을 때, 이번에는 내가 이야기한 것이 그 사람들에게 역사 인식의 객체가 되는 것이다. 그러므로 현대의 문자사회에서 일어날 수 있는 이러한 역사 인식의 과정은, 내가 대상으로 접하는 역사 전승들이 서로 의미 있는 차이를 보이고 더욱이 직접 역사 전승을 담당하고 있는 사람들과 내가 이 과정에서 함께 변화하는 이상, 단순한 기계적인 상호 작용일 수는 없다. 또한 나는 이런 작업 중에 배운 것을, 예를 들면 본고에서 하고 있는 것처럼, 내가 원래 속해 있는 사회를 향해 제기하고 있기 때문에 더더욱 그러하다.

이와 같이 상호 작용하는 작업이 하나의 새로운 종합을 만들어낸다고 하더라도, 그 종합은 최종적이고 절대적인 객관성을 획득하는 것이 아니라 보다 고차원적인 상호 작업에 의해 또다시 변화할 수 있는 가능성을 가진 잠정적 종합일 것이다.[53] 하지만 이러한 작업을 통하여 현재화된 것이 항상 단일의 역사라고 한정할 수는 없다. 오히려 내가 접하는 사람들이 다양하고, 그 다양한 사람들이 서로 관련이 없거나 또는 대립하거나 하면 할수록 상호 작업에 의한 종합은 낮은 단계에 머물 수밖에 없는 것이다. 또한 역사의 의미를 표현하는 것들 중 어떠한 장에서 이 작업이 이루어지는가에 따라서도 현재화의 문제는 상이한 양태를 띠게 될 것이다. 즉, 문자기록과 같이 역사를 짊어지고 있는 사람들이 언어를 이용하여 자신들의 의식들을 표명하는 장에서는, 나의 가설적인 해석이 모시족 사람들에 의해 확실하게 긍정되거나 또는 부정되는 것이 많다. 왜냐하면 역사의 의미를 나타내는 것으로서의 사회조직과 그 외에 주민에 의해 특별히 의식되지 않는 제도 습속이 문제시되는 경우에는, 내가 행한 분석의 결과를 모시족 사람들이 이해하기 어렵고 또 그들이 그들의 의식 안에서 그것에 대해 옳고 그름을 판단하는 것도 상당히 어렵다고 생각되기 때문이

53. 이러한 사고방식을 형성하는 데 있어, 나는 근래의 의미론과 인식론 분야에서 연속적으로 노작을 발표하고 있는 폴란드의 철학자 아담 샤프의 역사인식론(Schaff, 1971)에서 깨달은 점이 많았다. 또한 샤프와는 출발점이 다르나, 폴 리쾨르의 '고차(高次)적 주관성'(une subjectivite de haut rang)이라는 사고방식(Ricoeur, 1955: 24)에 대해 문화인류학의 자료와 시야를 통해 검토해보는 것도 나의 과제로 생각하고 있다.

다. 이미 5장, 8장, 9장에 서술한 것은 잠정적 종합이 완전하지 않다 하더라도 상당한 정도까지 단일화된 상을 맺는 예들인데, 지금부터는 문자기록과 제도라는 두 개의 장에서 오히려 종합하기 곤란한 예들을 검토해보고자 한다.

14. 역사 전승의 비교

모시족 여러 왕조의 대선조에 준그라나라는 왕이 있고, 그의 묘라고 불리는 것이 바오밥 거목으로 나타난다는 것을 2장, 5장에서 서술하였다. 중부 모시의 와가두구 왕조의 전승을 중심으로 지금까지 행해져온 유럽인이나 오토볼타인의 다소 무비판적으로 정리된 연구에서도, 그리고 현재 오토볼타의 공화국 학교에서 가르치고 있는 역사에서도, 준그라나 대왕은 모시족 공통의 대선조로서의 위치를 부여받고 있다. 그러나 남부 모시족의 여러 전승을 채록하는 사이에 나에게는 이 대왕이 수수께끼에 둘러싸인 인물로 다가왔다. 내가 텐코도고 남부의 라루가이 와루가이 수장이 있는 곳을 처음으로 찾아갔을 때, 신하가 수장의 앞에 엎드려 손바닥으로 이마를 두드린다든지 모래를 집어서 머리에 뿌린다든지 하면서 "준그라나, 준그라나"라고 말하는 것을 듣고 깜짝 놀랐다. '준그라나'라는 말은 역사에 나오는 특정한 왕의 이름도 아니고 라루가이나 와루가이 수장의 고유한 이름도 아니라, '대수장'이라는 의미로 수장들에게 경의를 표할 때 찬미의 말로서 사용된다고 한다. 그 지역 사람들은 이 말을 "텐코도고 왕은 준그라나(대수장)이다"라는 식으로 사용하고 있으나, 준그라나라고 하는 말이 어원적으로 어떠한 의미를 가지고 있는지는 아무도 알지 못했다. 그런데 지리적으로 라루가이와 와루가이의 사이에 끼어 있고 수장의 계보 관계는 떨어져 있는 둘텐가나에서나 라루가이 북쪽에 인접해 있으며 수장끼리의 계통상 연계도 깊은 텐코도고에서는 이 말이 보통명사로서 사용되지 않고 '대수장'이라는 의미도 알려지지 않았던 것이다.

한편 왕의 계보 이야기 중에서 준그라나 왕의 이름이 대선조의 고유명사로서 말해지고 있는 것은 중부 모시의 와가두구의 역사 전승이고, 남쪽으로부터 왔다고 알려져 있는 모시족의 초창기 선조들이 정착했던 지역과 보다 가까운 라루가이나 와루가이의 계보 전승에서는 특정 선조의 이름으로 이야기되지 않는다. 또한 남부 모시족 중에서 중부에 위치한 와가두구와 지리적으로 가장 가깝고 역사상으로도 교섭이 깊었던 텐코도고 왕의 계보 전승에는 준그라나의 이름은 들어가 있으나, 와가두구의 전승에서처럼 텐코도고의 왕으로서가 아니라 텐코도고 서북서쪽으로 모시족의 거주지로부터 떨어진 비사족들의 촌락에 둘러싸인 황야에 매장되어 있는 대수장으로서 언급되고 있다. 그리고 텐코도고 왕의 계보 전승에 준그라나라는 이름이 등장하기는 하지만, 그의 업적에 대해서는 아무것도 이야기되지 않는다. 준그라나가 대선조의 이름으로서 가장 확실하게 거명되는 와가두구의 전승에도 5장에 서술된 바와 같이, 모시 왕조의 창시자들 중에 준그라나의 아버지라고 여겨지는 웨도라오고와 준그라나의 아들 우브리에 대해서는 모든 이본(異本)들이 무용담으로 가득 찬 업적을 이야기하고 있지만, 그것에 비하여 준그라나는 대단히 하찮은 존재이다.

　5장의 첫 부분에 소개한 구비가 준그라나에 대하여 가장 자세하게 이야기하고 있으나, 여기서도 준그라나는 왕조의 창설을 위해 적극적으로 무언가를 이룩한 사람으로서가 아니라, 극히 수동적이고 비인격적인 종족의 시조 정도로만 묘사되고 있다. 한편 와가두구 왕조의 전승에서 이 왕조의 실질적인 창시자로 이야기되고 있는 우브리 왕은, 텐코도고를 포함한 남부 모시의 모든 전승에서 선조의 발원지인 감바가에 가까운 잠발가 지방을 지배했던 수장으로서 이야기되고 있다.

　이와 같은 전승의 혼란을 정리하는 하나의 실마리를 얻게 된 것은 맘프루시족의 오래된 도읍지로서 모시족의 발원지인 감바가를 방문했을

그림 23 맘프루시의 최고 수장의 '존고'

'존고'는 모시족 수장의 주거에서는 그다지 중요하지 않다. 그러나 맘프루시 사회에서는 수장의 저택 입구에 반드시 커다란 '존고'가 세워져 있으며, 수장의 의례적 알현 장소로서 중요한 의미를 지니고 있다. 사진은 나렐그에 있는 맘프루시의 최고 수장 '나이리'의 존고 지붕을 새로 깔고 있는 모습.

때의 일이었다. 이 지방의 수장에 대한 칭호에 '존고라나' 라는 것이 있다는 이야기를 그 지방 사람들로부터 들었다. 이 수장은 지방 수장으로서 특별한 의미가 있는 위치를 차지하고 있는 것도 아니고 또한 칭호로서 이 말의 유래에 대해서도 잘 알려져 있지 않았다. 그러나 나는 이것이 하우사어 기원의 '존고' 라는 말에 맘프루시어에서 소유를 나타내는 접미어 '라나' 가 붙어져 만들어진 것이 아닐까 생각했다. '존고' 는 하우사어로는 원래 '대상(隊商)을 위한 야간 숙영지' (Robinson, 1899, I: 270)를 의미하고, 현재는 이런 하우사 상인이 정착했던 한 구역을 나타내는 데에도 쓰이고 있다(Levtzion, 1968: 23). 그러나 맘프루시어로 '존고' 는 이주자가 만든 새로운 취락을 가리키기도 하며, 수장이 신하나 내방자의 예를 받거나 의례를 집행할 때 사용하는 햇볕에 말린 연와로 만든 큰 원형의 건물을 가리키기도 한다. 따라서 맘프루시어로 '준그라나' 라고 하면, '새로운 취락을 지배하는 것' 또는 '접견이나 의례를 위한 큰 건물을 가지는 것' 이라는 의미가 되어 곧 '수장' 과 동의어로도 여겨지는 것이다. 단지 현대의 맘프루시어로는 '존고라나' 라는 합성어는 평소에 사용되지 않으며, 따라서 '수장' 또는 '권세 있는 자' 의 의미를 나타내는 것도 아니다. 모시어의 '준그라나' 의 발음에서 '주' 소리를 내는 모음의 폭은 그다지 좁지 않으며 '조' 에 오히려 가깝다. 그리고 확실히 비음화한다.

수십 년에 걸쳐 서아프리카 각지를 전전하면서 오토볼타에도 오랫동안 살았던 프랑스인 선교사이자 언어학자인 앙드레 프로는 일찍이 '준그라나' 라는 말이 남부 모시 둘텐가 지방에서 '가족의 이름' 으로서 사용되고 있다고 하면서, 그 어원을 모시어의 '주그' (頭) 와 맘프루시어로 소유를 나타내는 접미어 '라나' 의 합성어일 것이라고 하였는데(Prost, 1953: 1337), 머리의 의미를 지닌 '주그' 의 '주' 소리를 내는 모음은 좁은 '우' 고,

게다가 비음화하지 않는다. 오토볼타에서 오랜 기간 연구를 하고 있는 나의 프랑스인 친구이자 언어학자인 수잔 플라티엘(Suzanne Platiel)이나 모시족의 언어학자 쟝 밥티스트 분쿤구(Jean-Baptiste Bunkungu)는 나의 어원 해석 방법이 타당성이 크다고 말하고 있다. 또한 프로의 보고에는 채록지가 둘텐가로 되어 있으나, 둘텐가의 주민은 정확히는 모시족이 아니라 얀시족으로 '준그라나'는 그들의 역사에 전혀 관여하고 있지 않다. 게다가 '준그라나'라는 말이 수장에 대한 칭호로 쓰이고 있는 곳은 앞서 서술한 바와 같이 모시족의 라루가이와 와루가이이다. 둘텐가에서는 '준그라나'가 아니라 '바포'라는 칭호가 사용된다. 게다가 혹시 프로의 보고가 둘텐가가 아닌 라루가이와 와루가이에 대해 서술하고 있다고 하더라도 가족의 이름(보통 부계로 계승되는 집단명 '손도레'일 것이다)으로서 준그라나라는 이름이 있는 곳은 남부 모시에서는 텐코도고 지방뿐으로, 라루가이 지방이나 와루가이 지방에서는 준그라나라고 하는 손도레를 갖는 자를 수장으로 하는 세대는 비교적 최근에 이 지방에 이주한 한 세대가 있을 뿐이다. 프로의 보고는 이와 같이 여러 겹으로 뒤얽혀 분명히 잘못된 방향으로 가 있다. 여기에서 프로의 보고에 대하여 다소 자세하게 설명한 것은 역사 전승의 채집이나 해석에는 세심한 주의가 필요하고, 그것이 없다면 해석의 결과도 기초적인 사실로부터 현저하게 동떨어진 것이 되어버릴 염려가 있다는 것의 실례를 보여주기 위해서이다.[54]

　　나는 모시 지역에 돌아와 수장이나 노인들에게 준그라나의 어원에 대한 이러한 해석을 이야기해보았다. 아무도 그 사실에 대해 알고 있지 않았지만 들어보니 그럴 듯하다고 하면서 내 해석에 찬성해주었다. 모시 수장의 주거 안에도 맘프루시 사회와 같이 '존고'라고 하는 서로 마주 보는 두 개의 출입구

54. 프로 신부와 직접 얘기를 나누었을 때 나는 이 문제를 제기하였는데, 프로 신부는 나의 설이 올바를 가능성을 인정하면서도 자신의 설을 고집하였다.

가 붙어 있는 원형 오두막이 있는데, 맘프루시의 존고보다는 훨씬 작고 깊은 골목의 눈에 잘 띄지 않는 곳에 있어서 수장의 접견이나 의례의 장소로는 거의 의미를 가지고 있지 않다. 모시족 수장의 접견이나 의례 장소로 중요한 것은 주거의 울타리 서쪽에 있는 정원 '사만데'이고, 그곳에 마련된 벽이 없이 수많은 나무 기둥을 동심원상으로 늘여 세우고 평지붕을 얹은 '잔데'라 불리는 건물이다. 따라서 준그라나라는 말의 유래에 대하여 나의 생각을 설명하기 위해서 우선 맘프루시 수장의 '존고'가 크고 중요하며, 수장의 위세를 나타내는 표지와 같은 지위가 있다는 것을 설명하지 않으면 안 되었다. 수장이나 노인 가운데 100킬로미터 남쪽에 있는 맘프루시 지역에 가본 적이 있는 사람이 있음에도 불구하고, 이 존고의 차이에 대해서 내 설명을 듣고서야 비로소 알게 된 것 같았다.

나의 해석이 텐코도고 사람들에게 설득력을 갖게 된 것은, 또 다른 말의 의미에 대해 내가 맘프루시어와 비교하면서 설명하였고 사람들이 그것을 처음으로 들었지만 듣고 보니 내가 말한 대로라고 납득해주었기 때문이다. 텐코도고 왕의 궁정을 구성하는 중신들 중에는 일찍이 식민지화 이전 시대에는 전투의 진두 지휘에 섰던 '타브라나'라는 관리가 있다. 다른 중신의 칭호가 모두 완전한 모시어로 구성되어 있고 의미도 잘 알려져 있지만, '타브라나'만은 왕도 노인도 의미를 몰랐다. 나는 이것을 '타프'(모시어로 '활'을 의미한다. 복수형은 '타브도')에 준그라나의 '라나'와 같이 맘프루시어로 소유를 나타내는 접미어 '라나'가 붙은 것이 아닐까 생각했다. 맘프루시에는 그것에 대응하는 직위명이 없지만, 중부 모시의 와가두구의 궁정에는 '타브소바'라는 텐코도고의 '타브라나'와 직무의 내용에서 대응하는 직위명이 있다. '소바'는 모시어의 소유를 나타내는 접미어로서, 맘프루시어의 '라나'에 대응한다. 그러므로 '타브라나'는 모시어와 맘프루시어가 합성되어 '활을 가진 자'의 의미가 되었다고 하는 나의 설명은, 그 설명을 처음으로 들어본다는 그 지역 사람들에게도 전혀 이론의 여지가 없는 것이었다. 이와 같이 아무것도 아닌 설명도 외부자인 내가 먼저 생각해내고 이어서 그 지역 사람들도 납득하였다는 것은, 내가 외부자인 '촉매'로서 그 지역 사람들은 이미 익숙해져 문제시하지 않는 것들에 대해 호기심이나 의문을 품고, 거기에다 근소하지만 그 지역 사람들이 갖고 있지 않은 비교의 시점을 가질 수 있었기 때문일 것이다.

그런데 준그라나를 둘러싼 수수께끼는 이것만이 아니다. 텐코도고의 전승이나 내가 채록했던 준그라나 야오겐(준그라나의 묘지가 있는 마을)의 전승에는, 예의 바오밥 나무 밑에 준그라나 대왕의 유해가 매장되어진 것으로 되어 있으나, 앞서 서술한 프로 신부가 20여 년 전에 동일한 준그라나 야오겐에서 들었던 이야기에서는, 거기에 묻혀 있는 것은 사실은 닌구넴도라는 와가두구 왕이라고 한다(Prost, 1953: 1337). 닌구넴도는 '내 몸의 살'이라는 의미로, 이 이름은 닌구넴도가 부왕과 그 딸 사이에 태어난 아이라는 것에서 유래하고 있다. 그러나 이 이름이 불길한 부녀 상간을 떠올리게 하므로 준그라나는 가족의 이름(이것은 전술한 집합명 '손도레'를 말한다)이고, 사람들은 이 왕을 부르는 것으로 하였다고 한다. 그런데 매장된 것이 누군가에 대해서는 직접적으로는 관련이 없으나, 이 닌구넴도 왕에 관련된 비슷한 전승이 다른 곳에서도 독립적으로 채록되고 있다. 와가두구 왕조의 한 전승(Tiendrebeogo, 1963: 14)에 의하면, 닌구넴도는 준그라나 왕으로부터 4대 후의 와가두구 왕인 나바 소아루바와 그의 딸 사이에 태어난 아들이고, 나바 웨도라오고로부터 세어 7대째의 왕으로서, 14년간 재위한 것으로 되어 있다(이와 같이 와가두구의 전승에는 준그라나도 닌구넴도도 모두 재위했던 왕으로 거명되고 있지만, 후자의 묘가 어디에 있는가에 대해서는 그 어떤 것도 이야기하고 있지 않다). 게다가 남쪽에서 온 모시의 수장을 처음으로 받아들인 곳이라고 하는 키룬그(7장 참조)에서 채록되었던 전승(Pagear, 1965: 23)에서 닌구넴도는 어떤 나환자가 그 여동생과 몰래 정을 통해서 낳은 아들이라고 전해지고 있으나, 닌구넴도가 살았던 곳은 남쪽 부친의 땅 감바가에서 가깝다는 사실만 있고 예의 바오밥에 대해서는 전혀 언급되지 않고 있다. 기묘하게도 닌구넴도는 남부 모시에서 와가두구에 가장 가까운 텐코도고 왕의 계보에는 등장하지 않으면서, 그것보다 남쪽의 라루가이 수장의 계보 전승에는 우브리 왕의 아들로 나타나고 있다. 라루가이 전승도 닌구넴도 왕을 근친상간의 결과 태어난 아이로 전하고 있으며, 단지 여기서는 우브리 왕과 그 여동생 사이에 태어난 아이로 전해지고 있다. 또한 라루가이 전승에는 닌구넴도가 매장되어 있는 곳이 예의 큰 나무 아래가 아니라 웨도라오고나 우브리와 동일한, 지금은 무인의 황무지로 된 남쪽의 잔발가라고 한다.

근친상간으로 태어난 왕 닌구넴도마저 얽히고 설켜 더욱 착종되어 버린 준그라나를 둘러싼 전승에 통일된 해석을 부여하는 것은 적어도 여기까지의 탐색 단계에서는 극히 어려운 것처럼 여겨진다. 다만 준그라나와 닌구넴도를 동시에 문제 삼아 중부 모시의 와가두구, 남부 모시의 텐코도고, 라루가이의 세 왕조 전승을 비교해보면, 와가두구 왕의 계승에는 준그라나와 닌구넴도 두 개의 이름이 들어가 있고, 텐코도고에는 전자가 있으나 후자가 없고, 반대로 라루가이에는 전자는 애매한데 비해 후자는 명확하게 명시되어 있는 것을 알 수 있다. '준그라나'를 앞서 서술한 바와 같이, 역사상 특정 인물의 이름으로 보지 않고 '대수장'을 의미하는 보통명사 내지는 수장을 찬미하는 칭호로 생각하고, 예의 바오밥 아래에 매장되어 있는 수장을 닌구넴도로 생각해보자. 그러면 가장 늦게 성립되었다고 생각되는 와가두구의 계보 전승에서는 왕조가 생길 때 '대수장'을 의미하던 칭호가 오랜 시간에 걸쳐 구전되는 동안 점차로 분화하여 고유명사로 독립하였다고 추론하는 것도 가능할 것이다. 왕조 기원 전설에서 나타나는 준그라나의 애매한 성격이나, 발원지에 가까운 텐코도고와 라루가이의 전승에서 역사상 인물로서 준그라나와 닌구넴도가 양립하지 않는다는 사실은 이 추론과 부합한다. 하지만 그렇게 해석한다면 '준그라나의 묘'에 와가두구의 왕이 대대로 제물을 바쳐 제사를 거행하여왔던 것과, 라루가이의 전승이 닌구넴도의 묘를 훨씬 더 먼 남쪽의 잔발가로 생각하고 있는 것의 불일치는 어떻게 설명하면 좋을까?

나는 이 문제에 관해서 아직 통일된 가설을 세워놓지 않았고, 텐코도고나 와가두구에서나 왕과 노인들은 준그라나가 실재했던 대선조이며 그 유해는 예의 바오밥 아래에 묻혀 있다고 굳게 믿고 있기 때문에, 이 문제에 대해서는 앞 장에서 서술한 것과 같은 상호 작업도 중도에 단절되어 양자의 종합을 만들어내지 못하고 있다.

한편 준그라나와 닌구넴도의 계보상 자리매김은 차치하고 만일 '준그라나'의 어원에 대해 앞서 말한 바와 같은 나의 해석이 올바르다고 한다면, 그것은 또한 모시의 여러 왕조에 대한 역사 해석에 또 다른 문제를 제기한다. 왜냐하면 준그라나라는 말은 모시 맘프루시가 하우사와 접촉한 이후, 그것도 하우사의 단어가 맘프루시어와의 합성어를 만들 정도로 맘프루시화가 진행된 이후에 탄생했을 가능성이 커지기 때문이다.

맘프루시 다곰바족이 다른 몇몇 부족의 거주지나 나이저 강을 사이에 두고 그들의 거주지로부터 수백 킬로미터 동쪽에 떨어져 있는 하우사족과 언제쯤부터 교섭을 시작했는지는 명확하지 않지만, 맘프루시 다곰바보다 더 남쪽의 곤자 왕조에 남아 있던 아라비아 문자로 된 기록인 『곤자

연대기』에 근거한 추정(Levtzion, 1965)에서는 17세기 말에 이미 맘프루시 다곰바 사회에 많은 하우사의 상인이 진출했던 것 같다. 『곤자 연대기』와 맘프루시 왕조의 계보 전승에서 17세기 말에서부터 18세기 초반에 걸쳐 재위하였다고 추정되는 맘프루시의 아타비아 왕은 그때까지의 수도였던 감바가에 이슬람화된 하우사 상인이 다수 정착하여 그 위력이 상당히 커진 것을 보고, 감바가를 상업 중심지 삼아 새롭게 임명한 이슬람의 이맘에게 맡기고 왕 자신은 8킬로미터 떨어진 나렐그에 가서 이후 나렐그를 정치의 중심지로 삼았다고 전해진다[55](Rattray, 1932, II : 547; Levtzion, 1968: 129).

한편, 맘프루시(감바가 나렐그)와 중부 모시(와가두구), 남부 모시(텐코도고)의 여러 왕조 계보 전승을 면밀하게 비교해보면, 이 감바가 나렐그의 아타비아 왕, 와가두구의 와루가 왕, 텐코도고의 바오고 왕이라 하는 각 왕조의 중흥조들이 비슷한 시기에 재위하였고, 그들 모두 팽창정책을 취하여 서로 교섭이 있었다는 것을 추정할 수 있다. 따라서 이 왕들보다 전 시대의 인물이었던 준그라나의 이름이 하우사어와 맘프루시어가 합성된 것이라 한다면, 다음과 같은 질문이 가능해진다. 준그라나라는 이름은 하우사와 맘프루시가 미약하게 교섭하고 있던 훨씬 전시대에 태어났던 것인가, 또는 이 시대에 생성된 말이 '대수장'이라는 의미로 확대됨에 따라 왕조의 창건 시기까지 거슬러 올라가서 준그라나라는 말이 사용되게 되었는가. 보통이라면 생각하기 힘든 제2의 해석의 가능성을 언급한 것은 준그라나와 함께 모시 왕조의 창건 전

55. 서아프리카에서 장거리교역을 하는 대상(隊商. 짐을 운반하는 데는 그들 자신이 상품화 될 수 있는 노예나 당나귀가 이용되었다)이 여행이나 거래의 안전을 위해 각 지방 지도자의 비호를 중요하게 여겼던 것은 확실하나, 너무 강력한 규제를 받거나 많은 공물을 바치는 것은 경계하였다. 한편 지방 수장에게 있어 자기 고장의 교역 활동이 번창하는 것은 바람직한 일이며, 대상과의 관계에서 지도자는 오히려 수익자였던 경우가 많았기 때문에, 교역이 왕성한 시대에는 상인의 힘이 강하여 수장은 상인이 기피하는 대상이 되거나 시장을 버리고 떠나버린다는 식의 협박을 받기도 하였던 것으로 보인다. 이러한 대상과 지방 수장의 관계는, 19세기 이 지방의 하우사 상인과 다곰바의 수장이 주고받았던 아라비아어로 쓴 편지(Goody & Mustapha, 1967)등에서도 확실히 알 수 있다. 16장 참조.

승에서 중요한 위치를 차지하는 감바가라는 지명에 대해서 유사한 가능성을 생각해볼 수 있기 때문이다.

아타비아 왕이 나렐그로 수도를 옮기면서 어느 정도 거리를 두고 감바가의 외래 상인에 대한 정치적 지배를 유지함으로써 감바가의 상업 활동은 점점 활기를 띠어갔다. 특히 아샨티 왕국은 감바가의 남쪽에 위치한 대교역의 중심인 사라가로부터 더 남서쪽으로 내려간 지방에서 일어나 18세기 초에는 다곰바의 수장으로부터도 공납을 받았을(Tamakloe, 1931: 33; Cardinall, 1925: 9) 정도로 강대해졌다. 아샨티 왕국이 19세기 초 북방과의 장거리 교역 중심을 서쪽 길(콩그를 지나서 나이저 강 연안의 젠네까지)에서 동쪽 길(사라가를 지나서 나이저 강을 건너 하우사 지방까지)로 바꾼 이후로(Wilks, 1962: 340-341) 이제 감바가는 장거리 교역의 중계지로서의 중요성을 더욱더 가지게 되었다. 한편 보다 오래된 시대로 거슬러 가보면, 감바가는 원래 맘프루시 왕의 거주지도 아니었고 예전부터 교역의 중심지로 번영했던 것도 아니었다. 1930년대에 채록되었던 맘프루시의 전승(Rattray, 1932,II: 546; Syme, 1932)이나 내가 직접 들었던 전승은 모두 맘프루시의 대선조인 구베와 왕이 감바가보다는 지금의 모시족의 거주지에 가까운(남부 모시의 전승에 전해지고 있는 모시의 초기 왕조의 소재지인 잔발가도 매우 가깝다) 푸스가에 있었고 또 거기에 묻혔다고 이야기하고 있다.

한편 맘프루시의 전승은 모두 여러 모시 왕조의 기원 전승에 등장하는, 말을 타고 아버지의 품을 떠나 황야에서 사냥꾼과 연을 맺은 딸(5장 참조)을 구베와 왕의 딸로 여기고 있다. 구베와의 뒤를 이은 아들 토스구는 영역을 확대하여 맘플그 지방을 자신의 지배 하에 두었고(그때부터 맘프루시라는 부족명이 유래하고 있다), 토스구의 아들 벤마라그는 그때까지 코콤바족과 구룬시족이 살았던 감바가를 점령하여 그곳을 수도로 정했다. 따라서 모시족의 전승에서는 모시 왕조의 시조 발원지가 감바가라는데 일치하고 있으나, 다름 아닌 그 감바가를 발원지로 하고 있는 맘프루시족의 전승에서 모시의 선조는 감바가로부터가 아니라 그 보다 북쪽인 푸스가로부터 갈라져 나간 것으로 되어 있다. 다만 푸스가는 그후 쇠퇴하여 새로운 수도 감바가가 교역 중심지로 번성하였고, 특히 전술한 18세기 초엽부터 하우사와 아샨티를 연결하는 교역의 발전과 모시 맘프루시 왕조들의 세력 확대와 함께 모시족 사람들이 감바가와 접촉한다든가 상인을 통해 감바가의 소문이나 거기서 전해지고 있는 전승을 듣는다든가 하는 기회가 많아진 이후에, 모시족의 선조의 딸이 일으켜온 지방도 감바가라고 재해석되었을 가능성이 아주 많다고 할 수 있다.

15. 제도의 비교

지금까지 검토해온 사례를 통해서 분명해진 것처럼, 무문자사회의 역사 탐구에서 문자기록에만 의거하여 상호 작업을 수행하게 되면 해석의 소재와 타당성을 검토하는 참조물 등이 같은 차원에 속한다는 특징을 갖게 된다. 즉, 촉매가 되는 연구자는 그 지역 사람들이 의식하고 있는 것을 말을 통해 표명하는 것에 기초하여 가설을 세우게 되지만, 그것을 재차 그 지역 사람들에게 환원시켜 검증받는 것도 그 지역 사람들이 의식적으로 표명하는 말에 의해 이루어지는 것이다. 이 악순환을 끊어버리기 위해서는, 앞 장에서 본 바와 같이 서로 독립된 발표들을 비교해서 의식적인 표명의 밑바닥에 숨겨져 있는 의미를 발견하고자 노력하든가, 그렇지 않으면 역사의 의미를 나타내는 다른 차원의 것─제도, 물질 문화, 유물, 어원 연구나 형식 분석의 측면에서 본 언어 표명 등─을 해석의 소재에 포함시킬 필요가 있다.

　　지금 열거한 것들 중에서도 여러 제도들─정치 경제 친족 종교 등의 제도─은 역사의 의미를 나타내주는 것으로 중요한 것들이다. 특히 모시 맘프루시 다곰바 탈렌시와 같이 언어의 유연관계도 깊고 경제 활동과 사회의 기층문화도 공통되며 각 사회의 지배자도 공통의 선조로부터 갈라져 나왔다는 의식을 가진 인접 사회이면서도 정치조직의 성격과 정치적 통합 규모라는 면에서는 뚜렷한 변이를 보이고 있는 사회들에서는, 비교 작업에 의해 각 제도들이 나타내는 의미가 명료하게 드러나게 되는데 이는 매우 중요한 사실이다. 하지만 문자기록에 기초한 탐구와는 달리, 제도를 대상으로 하는 경우에는 그 제도 안에서 직접 살아가는 사람들이 의식하고 있는 것을 언어로 표명하는 것에는 한정된 의식만 내포되어 있다. 특히 '규범'으로 이야기되는 일반적 '관습'에 관해 언어로 표명한 것은 그 자체가 의미를 갖지만 연구자가 후에 도달하게 되는 해석과 그대로 일치하는 것은 극히 드물고, 또한 그와 같이 표명된 '규범'만을 기준으로 하여 연구자가 내린 해석의 타당성을 판정하는 것은 불가능하다.

　　많은 경우 일반적으로 의식하고 나서 말로 이야기하는 것과 함께 실제로 행해지는 것이 더 큰 의미를 갖는다. 그러므로 해석의 소재도 검증의 참조물도 모두 말로 이루어지는 표명 안에 내포된 문자기록을 연구하는 경우와는 다른 측면에서 어려움이 있다. 도대체 무엇으로 가설의 타당성을 검증하면 좋을까? 하지만 문자사회의 역사 연구에서 문자 사료의 검토와 제도의 분석이 상반되는 것이 아니라 오히려 상호 비판적으로 보완할 수 있는 것처럼, 무문자사회의 역사 연구에서도 구연의 역사 전승과 역사의 의미를 나타내는 제도의 분석은, 한쪽이 다른 쪽을 서로 교정해주는 관계로 진행될 수 있을 것이다.

　　두 번째 문제로 지적할 수 있는 것은, 역사의 의미를 나타내는 것으로서 제도를 연구할 때 시간의 척도가 비교적 짧은 '과정'이든 거시적인 발전단계를 문제로 하는 경우이든 모두 법칙을 정립하고자 하는 여러 연구들 속에서 연마되어왔다는 점이다. 분석 개념이나 분석 모델을 유효하게 사용하기를 기대해야겠지만, 종래에 이러한 연구가 주로 서양에서 발달하였고 연구 대상도 최근까지 서양 사회와 아시아의 일부에 한정되었던 까닭에, 흑인 아프리카의 여러 사회를 대상으로 하는 경우 역사 연구 측면에서만 본다면 분석 개념이나 분석 모델이 아직 극히 빈약하다. 이 분야에서도 종래 서양과 아시아 일부 사회의 사상(事象)을 기초로 형성되고 검토되어온 개념이나 모델이 흑인 아프리카에서도 유효한지 어떤지, 또 흑인 아프리카를 토대로 한 분석 개념이나 모델을 만들어내는 것은 불가능한 것인지, 그리고 혹인 아프리카에서 만들어진 개념이나 모델이 도리어 서양의 근대 사회에 숨겨진 측면을 파헤치는 데 유효한 것은 없는지 등등에 대해 주목해야 한다.

예를 들어 '국가' 라는 개념 하나만 보아도 분석 개념의 문제점을 알 수 있다. 원래 인문 사회과학에서 분석 개념은 두 가지 요청에 의해 성립한다. 즉, 분석 개념은 분석자를 포함하는 어떤 범위의 사람들에게는 이미 기존의 개념이 되어버린 것들에 대해 어떤 타당성을 가지고 있어야만 한다. 그것이 분석 개념으로 명확하게 설정되어 기존의 개념이 나타내는 사상의 밑바닥에 숨겨진 의미를 발견하든지, 그렇게 해서 발견된 것과 비교 가능한 형태로 새로운 사상을 해석하든지 할 수 있는 힘을 갖고 있지 않으면 안 되기 때문이다. 따라서 분석 개념을 만드는 작업 자체가 이미 딜레마를 내포하고 있다. 만약 그것이 확실하게 모든 사상(事象)으로부터 귀납된 것이라면 분석 개념으로서 정립되어야 할 의미가 이미 존재하지 않는다. 또 한정된 범위의 사상으로부터 귀납된 것에서 출발하는 한 그것은 그 범위 밖의 사상에 대해서는 잘라내는 방법밖에 취할 수 없는 위험을 갖게 되기도 한다. 분석 개념이 갖는 이 딜레마는, 분석자가 가진 기존 개념을 넘어선 의미 세계를 탐구하는 것을 본령으로 하는 문화인류학에서는 연구의 근본문제로서 끊임없이 제기된다. 문화인류학이 인문 사회과학 전반에 대해서 이룰 수 있는 공헌의 하나는, 여태까지 인문 사회과학이 대상으로 삼아왔던 사회와는 현저하게 다른 사회에 깊숙이 들어가 그 사회에 통용되고 있는 개념을 실마리로 하여 '우리들' 의 기본 개념을 역으로 재검토하는 부분에 있다고 할 수 있다.

모시족의 개념으로 '국가' 에 대응하는 것을 찾는다면, '텐가' '모고' '디운그' 등을 생각할 수 있다. '텐가' 는 보통 '땅' (地) 일반을 의미하는 것으로 사용되는데, 땅 중에는 황무지를 나타내는 '웨오고' 와 막연히 인간의 생활권을 나타내는 것도 있다. 생활의 기본 단위인 '이리' ㅡ한 울타리로 둘러쳐진 오두막인 '자카' 안에 사는, 부계 혈연자인 미혼 기혼의 남성과 미혼의 여성 및 기혼 남성의 과부 상속을 포함한 배우자인 여성으로 이루어진다ㅡ가 몇 개 모여서 '사카' 를 만들고, 하나 또는 복수의 사카 집합을 보통 '텐가' 라 부른다. 그러나 텐가가 가리키는 생활권의 범위는 극히 막연하다. 인구 100명에도 미치지 않는 하나의 사카일지라도 어느 정도 독립성을 가지고 있으면 텐가라 불릴 수 있으며, 텐코도고 의 중심부처럼 29개의 사카로 이루어져 6,500명 정도의 인구를 갖는 취락도, 나아가 텐코도고 왕의 세력 하에 있는 취락 전체가 만들어낸 생활권마저도 모두 동일하게 텐가라고 불릴 수 있다. '모고' 는 '모시족이 살고 있는 곳' 을 의미하는 고유명사이지만, 특정 토지와 주민을 가지고 주권에 의해 통합되어 있는 조직에 대한 일반적인 호칭은 아니다. '디운그' 는 후술하는 '콘베레' (종속 수장)에 대해서 다른 수장에 종속되지 않는 독립 수장을 의미하는 '디마' 의 세력을 추상적으로 나타내고 있다. 그러나 디운그는 일정 세력 하의 영역을 가리킨다고 하는 사람도 있어서, 일본어의 왕국 또는 국가라는 개념에 상당히 근접한 것이라고 할 수도 있다. 다만 모시 사회에는 거리나 면적을 나타내는 단위가 없고, 나무 바위 강 등 자연물을 지표로 한 경계 '텐 테카 'ㅡ텐가(생활권)의 테카(끝, 종말)ㅡ는 있을지라도, 토지가 확장된 의미의 영토에 대한 관념은 확실하지 않다. 정치 경제적 지배도 토지의 지배라기보다는 사람에 대한 지배로 여겨지고 있다.[56]

56. 모시족에게 '대수장' (나 카상가)란 어떤 수장을 가리키는 말인지 물어보면, 대답이 마치 정해져 있기라도 하듯이 '많은 사람들 (또는 많은 촌장)을 자신의 세력 하에 가지고 있는 지도자' 라고 한다. 사람의 수는 백, 천을 단위로 하는 수량 형용사로 큰 수까지 셀 수 있으나 토지에 대해서는 면적을 나타내는 단위조차 없다는 사실도, 광막한 사바나에 살아가는 사람들이 토지의 면적에 대해서는 실제적이고 지적으로 무관심하다는 것을 보여주는 예라고 할 수 있을지 모르겠다. 또 흑인 아프리카에 있어서 정치 경제적 지배가 '토지' 보다 '사람' 에 대해서 의미를 갖는다는 사실은 모시 이외의 사회에서도 지적되고 있다(Goody, 1971: Ch. 2). 한편 동아프리카의 부간다와 같이 토지에 대한 지배가 명확한 예도 있다(Roscoe, 1911: 268; Mair, 1933).

그림 24 왕의 곡물 타작

남부 모시 사회에서는 수확한 주식인 토진비에를 막대기로 때려 알갱이로 저장한다(북부나 중부의 일부에서는 이삭 상태로 저장한다). 사진은 텐코도고 왕의 밭에서 수확한 토진비에를 타작하기 위하여 동원된 사람들. 타작하는 작업은 큰북을 울리면서 이틀에 걸쳐서 행해지며, 왕은 사람들에게 수수로 만든 술을 하사한다.

그림 25 왕의 밭 작업

매년 4~5월부터 약 4개월간 계속되는 우기의 초기에 종자를 심을 토지에 있는 관목이나 잡초를 제거하고 주작물인 토진비에나 수수의 종자를 파종한다. 이 사진은 텐코도고 왕의 밭에 씨를 뿌리기 전에 잡초 제거에 동원된 사람들.

인구밀도가 낮은[57] 광대한 초원지대에서 이동성이 큰 조야한 화전 농경을 통해 기본적인 식량을 획득해왔던 이 지방에서는 사적 토지소유도 공동체적 토지소유도 존재하지 않았다. 생산과 소비의 기본적 사회단위인 '이리'는 토지의 풍요 의례를 관장하는 토착민 장로인 '땅주인'이나, '땅주인'이 없는 남부 모시의 경우에는 정치적 수장으로부터 토지를 '사용해서 이익을 볼 권리'를 인가받는다. '이리' 단위에 기반을 두고 사망한 아버지로부터 장남에게 계승된 토지에 대한 권리는 상당히 장기간에 걸쳐 토지를 농경 생산수단으로서 실질적으로 '소유'하는 것에 가까운 의미를 띠기도 하지만, 토지의 매매나 임대차는 불가능하다. '땅주인'이나 정치적 수장도 마찬가지다. 토지의 넓이는 주민의 경작 능력보다 훨씬 더 넓다. 토지의 질도 거의 균질하고 화전 경작을 하기 때문에 경지나 촌락 자체의 정착도도 낮으므로, 사적이든 공동체적이든 일정의 토지를 '소유한다'는 것은 별다른 의미가 없었다.

이러한 조건에서는 토지를 경작할 인력을 어느 정도 동원할 수 있는가가 농경 생산력을 규정하는 최대 요인이다. 수장의 주위에는 농경 노동력이기도 한 다수의 부인이나 노비

57. 아시아 유럽 등의 농경사회와 비교하면 서아프리카의 사바나 지대는 일반적으로 인구밀도가 낮다고는 하지만, 이 지역에서 모시 사회는 비교적 인구밀도가 높다. 1887~1889년 이 지역을 폭넓게 탐험하고 상세한 견문록을 남긴 최초의 유럽인인 프랑스 군인 빈젤도, 물론 대충 어림잡은 것에 지나지 않는다고는 하나 중부 모시 사회의 인구밀도를 20~25명/㎢으로 보고 있는데, 이는 서아프리카 내륙 지방에서 그가 계산해낸 인구밀도 중 하우사 지방과 상아해안 북부와 함께 최고치를 나타내고 있는 것이다(Binger, 1892, II : 398). 현재까지 행해졌던 오토볼타의 인구밀도에 관한 조사 중에서 가장 신빙성이 높은 조사(Savonnet, 1968)에서도 모시 지역일대는 북서부의 75~124.9명/㎢이라는 최고치를 포함하여 인구가 가장 조밀한 지대를 형성하고 있다. 단 식민지화 이전부터 본다면 인구는 전체적으로 증가하고 있을 뿐 아니라 도시와 그 주변부에 인구집중이 현저하게 나타나고 새로운 경지를 얻기 어려워진 지방도 많다. 식민지화 이전 모시족이 강력한 군사 정치 수장 아래에서 대규모 전란에 휩쓸리지 않고 비교적 안정적인 생활을 영위한 것도 모시 사회가 높은 인구밀도를 유지할 수 있었던 원인일 수 있다. 일찍이 포티스와 에번스 프리처드는, 흑인 아프리카에서 한 사회의 정치적 통합 정도와 그 사회의 인구밀도의 관계에 대해서 집권적인 정치조직을 가진 사회의 인구밀도가 높다고만 할 수는 없고, '그 반대의 경우도 또한 사실처럼 생각된다'(Fortes & Evans-Pritchard, 1940 : 7)라고 약간 혼란스러운 견해를 보이고 있다. 여기에서 그들이 집단적 정치조직 없이 극히 높은 인구밀도를 지니고 있는 사회의 예로서 다루고 있는 가나 북부의 탈렌시 사회─이 사회를 작은 범위로 나누어 미시적이고 정밀한 조사를 행한 포티스의 판단과는 다르다─가 맘프루시의 집권적인 지배 하에서 지방 사회를 형성한 점은 오늘날 서아프리카 연구자의 상식이 되어 있고 나 자신도 현지에서 그 점을 확인할 수 있었다. 포티스와 에번스 프리처드의 견해와는 반대로 집권적 정치조직과 높은 인구밀도의 사이에 정비례 관계가 있다는 것을 보여준 연구도 나타나고 있다(Stevenson, 1968). 다만 광활한 지역을 대상으로 주로 문헌 자료에 의거한 이러한 종류의 연구에서는 어느 정도 불가피하기는 하지만, 비교 자료의 동시대성에 대해서 스티븐슨이 충분한 배려를 하지 않았다고 하는 불만을 느낀 풀의 비판(Pool, 1969 : 173-174)에 나도 동감한다.

뿐만 아니라 과거에는 전투의 포로도 있었으며, 그 외에도 '포그 슈레' 라는 인간을 주고받는 순환 체계(16장 참조)를 통해서 동원 가능한 상당한 노동력을 확보하였다. 큰 수장의 경우에는 그 세력 하에 있는 마을 주민들도 그의 경지를 경작하는 데 동원된다. 모시 사회에서는 해마다 한 번 지내는 수확제이자 조상 제사인 '바스가' 를 지낼 때 닭과 양 또는 약간의 농작물 등을 가지고 수장에게 인사하러 가는 경우가 많기는 하지만, 신하가 수장에게 바치는 농산물이나 가축 가금의 정기적인 공납이 의무화되어 있지는 않다. 또한 수장이 지배하는 마을의 경지가 농경 생산력에 따라 수장의 영토에 등기되어 있는 것도 아니고, 대수장이 자신의 혈연자를 어떤 마을의 수장으로 임명한 경우에도 그것은 소위 '분봉(分封)' 이 아니어서, 그 토지에서 수확한 농산물을 일정량 공납해야 할 의무도 수반되지 않는다. 소집에 응해서 대수장의 땅을 경작하기 위한 노동력을 제공할 의무만 있다. 농산물의 취득에서 수장이 일반민보다 우위에 설 수 있는 것은 공납이나 넓은 토지의 소유가 아니라 보다 큰 노동력을 확보할 수 있기 때문이다. 결국 수장이 동원할 수 있는 노동력의 크기가 수장 자신이 활용해서 이익을 취할 수 있는 토지의 넓이를 결정하는 것이다.

한편 모시 사회에서는 상비군이 없고, 사태에 직면하여 수장이나 그 측근(14장에서 언급한 '타브라나', '타프소바' 등의 군사 지휘자)을 중심으로 경우에 따라서는 지배 하에 있거나 동맹관계에 있는 수장들도 참가하여 군대가 형성되었다.[58]

58. 프랑스군이 침입할 때까지 외적에 대해서는 군사적으로 큰 패배를 당한 적이 없다고 전해지고 있는 모시 왕국에 군사 조직이라고 부를 만한 것이 상시적으로 존재하지 않았던 것은 언뜻 보기에 모순처럼 생각된다. 그러나 각지에 산재하는 수장과 그 측근들은 일상적으로는 농경생활을 하면서도, 근린의 약소부족을 습격하여 노예로 삼기도 하고 상인에게 노예를 주고 말이나 대포 등을 손에 넣을 필요가 있었으며, 대장장이를 비롯하여 공예인들도 농기구와 함께 활과 화살 등의 무기를 만드는 일을 당연한 것으로 여겼다. 많은 연구자들이 지적하는 이른바 '군사 조직' 의 결여는, 이와 같이 모시족(특히 수장과 그의 측근)의 생활 속에 군사적 성격이 항시 잠재하고 있었다는 점의 이면으로 보는 것도 가능할지 모르겠다 (Cheron, 1925; Echenberg, 1971). 모시의 수장들이 지닌 무인적(武人的) 성격에 대해서는 3장의 주3)을 참조. 또한 식민지화 이전 가장 강력한 지배를 확립하고 있었던 중부 모시(와가두구), 북부 모시(야텐가)의 최고 수장의 거처에는 친위대라고 부를 만한 소수로 구성된 대포부대 '칸보 안세' 가 있었는데(그들도 평소에는 농경에 종사하였다), 이는 18세기 전반에 친연관계에 있는 남부의 종족 다곰바가 아샨티의 대포부대를 모방한 것으로(필자의 현지 조사 및 Davies, n. d.), 그후 맘프루시에도 전해졌던 제도(Iliasu, 1971: 110, note 11)의 이입일 것이라고 생각된다.

과거처럼 전란이 많고 타부족의 수장에 의한 노예사냥도 빈번했던 시대에는 일반민에게는 강력한 수장의 비호를 받는 것이 중요했고, 수장의 입장에서는 전쟁 시에 많은 신하를 동원하고 다른 수장의 협력을 얻는 것이 대단히 중요했을 것이다.

이제부터 서양 중심의 안이한 기존 개념에 의해 왜곡되어버린 서술의 한 예로, 종래 모시족에 관한 문화인류학적 연구의 표준처럼 여겨져왔던 미국의 문화인류학자 엘리엇 스키너의 서술을 보자(사족을 붙인다면, 이 책은 19세기의 탐험기가 아니라 1964년 미국의 스탠퍼드 대학에서 발행된 이른바 학술서로서, 저자는 당시 콜롬비아 대학에 재직하고 있던 교수였다). 예를 들면, 이 책 가운데 와가두구(중부 모시)의 정치조직에 관한 부분에는 이런 내용이 있다(Skinner, 1964: 66-67). "행정상의 제반 목적을 위해서 와가두구 왕국(kingdom)은, 다섯 개의 큰 주(province)로 나뉘어져 있다.… 이들 주는, 합해서 약 300개의 행정구(district)를 포함하고 있다.… 각 주는 한 사람의 지사(governor)에 의해 관리되고 있는데, 지사는 동시에 와가두구의 궁정(court)의 중요한 장관(minister)이기도 했다."

이러한 견해는 그 이전의 프랑스인과 프랑스화된 오토볼타인의 서술에서도 볼 수 있다.[59] 이 서술을 읽어보면 이미 중앙집권적인 행정조직이 확립된 왕국이, 위에서 아래의 2단계 지방행정 단위로 분할되어 통치되고 있는 것처럼 보인다.

그러나 다름 아닌 스키너의 책에서도 간간이 발견되는 구체적인 사례나 다른 자료, 그리고 내가 현지 조사를 통해 얻은 지식에 따르면, '주(州)'라는 행정상의 지역 단위는 존재하지 않고 '지사 겸 대신'이라는

59. 프랑스화된 오토볼타인의 연구자 중에는 오히려 유럽과 미국인 이상으로 손쉽게 유럽의 기존 개념을 적용시키고 자신들에게도 유럽와 같은 것이 있었다고 주장하는 경향마저 생겨, 그것이 용어와 개념의 오염을 한층 심각하게 하고 있다. 식민지 시대 모시족의 역사와 습속에 관한 종합적인 저술로서 유일한 것이었던 『모고 나바의 제국』의 저자인 모시족 관리가 '제국'(empire), '장관'(minister) 등의 용어를 철저하게 사용(Delobson, 1932)한 것은 그 좋은 예이다.

것은 지방 수장이 최고 수장에게 용건이 있어 면회할 때의 중개역이며, 또 스키너가 '모시 왕국이나 공국(公國; principality)에서 더욱 중요한 단위였다'(Skinner, 1964: 24)고 하는 지방 행정구역에 해당하는 개념은 프랑스 식민지 행정에서만 존재했다. 스키너는 '주'에 해당하는 모시어로서 '웨오고'와 '솔렘'의 2개를 들고 있는데, 전자는 황무지나 토지 일반을 가리키는 말이며, 후자는 일반적으로 '소유되고 있는 것'이라는 의미에 지나지 않는다. 더욱이 지방 수장에게 최고 수장과의 중개 역할을 해주는 '지사 겸 대신'[60]이 반드시 지역별로 정해져 있는 것도 아니고 '주' 등은 존재하지 않았으며, 자신에게 별로 호의적이지 않은 '지사'를 제치고 다른 '지사'에게 중개를 맡기는 것도 가능했다. 그러한 의미에서 지방 수장은 상당한 자립성을 가지고 있었다. 사실 최고 수장으로부터 떨어져 나와 독립한 수장으로서 새롭게 세력을 확대한 사례도 많다.

60. 이 직위는 모시어로 '나 이루 담바'(복수형. 수장 집안의 사람들)라고 하며, 피정복민이나 노예의 자손, 수장의 신임이 두터운 시종 가운데에서 임명되는 경우가 많았다.

한편 스키너가 가장 중요한 단위로 간주한 'district'에 대해 살펴보자. 그는 district에 해당하는 모시어를 책에 올리지 않았다. 사실 그러한 말은 모시어에 존재하지 않는다.[61] 식민지화 이후 프랑스는 모시 지방을 프랑스 본국의 지방 단위를 모방하여 각 지방 수장이 지배하는 촌락군에 따라 'canton'으로 나누고, canton의 수장 중 몇 명씩을 최고 수장에게 중개를 하는 측근으로서 정해서 'province'의 장(長)이라고 명명하고 각자에게 식민지 행정상의 직무를 분담시켜서 봉급을 주었다. 반세기에 걸친 식민지 정책이 초래했던 이러한 상태가, province나 canton(스키너의 district)라는 사고방식을 식민지 지배자뿐만 아니라 모시족 사람들에게도 심어준 것은 의심할 여지가 없다.

61. 프랑스 식민지 행정의 오염에 의해 '콘베레'라고 하는 모시어가 종종 잘못 적용되고 있었다. 이 말에 대해서는 현재까지 유일한 모시어 사전인 알렉산더 사전에도 '콘베레', 즉 "chef de canton"이라고 나와 있는데(Alexandre, 1953, II: 191), 이 견해를 왜 내가 부당하다고 생각하는지는 이하 본문에서 언급하겠다.

충분하지 못한 현지 조사를 하면서 현지인에게 물어보았을 때 이러한 제도가 식민지화 이전부터 존재했던 것은 아닐까 하는 인상을 받는 것임에 틀림없다.

나는 식민지화 이전에 '전통적' 사회가 지니고 있었다고 상상하는 순수상태를 찾으려는 것이 아니다. 오히려 비록 순이론적인 개념일지라도 그러한 순수상태의 상정을 거부한다. 하지만 '전통적' 사회를 고정불변의 것으로서가 아니라 역사의 한 모습으로 간주해야 하며, 그 생성을 이해하기 위해서라도 우선 식민지화가 불러일으킨 왜곡을 확인해가면서, 현지 사회가 가지고 있는 개념이나 용어를 제도의 비교와 함께 주의 깊게 검토하는 것이 필요하다고 생각한다. 이미 서술한 바대로, 모시 사회의 정치구조를 이해하기 위해서는 스키너가 수행했던 것처럼 '주'나 '행정구', 즉 지역 지배의 관념을 기준으로 할 것이 아니라, 인간의 지배-종속관계에 관한 분석에 기초함으로써 보다 성과 있는 결과가 얻어질 것이라고 생각한다.

지배-종속의 관계를 분석하는 실마리의 하나로서 모시 사회의 수장의 명칭을 들 수 있다. 중부 모시에서는, 와가두구의 최고 수장에게 종속되어 있는 지방 수장은 '콘베레'라 불리고 있으며, 이것이 프랑스 식민통치 하에서는 지방행정구인 canton의 장이 되었으므로, 프랑스어나 영국의 연구서에 '콘베레'는 'chef de canton', 'district chief' 등으로 나와 있고, 그 지배 하에 마을(텐가)의 수장(나바), 즉 '텐 나바'가 있다는 식으로 해석되어왔다. 이것은 정치조직이 가장 대규모로 발달했으며 프랑스가 식민지 행정의 중심으로 삼았던 중부 모시에 대한 것인데, 콘베레를 chef de canton으로 간주한 식민지 행정에 의해 오염된 결과라는 것을 눈치 챘을 것이다.

내가 의문을 갖게 된 것은, 그때까지 정치조직에 대한 조사가 없었던 남부 모시의 텐코도고에서도 역시 콘베레를 chef de canton에 대응시켜 왔으나, 동시에 이러한 뜻을 가진 콘베레의 맥락에서 그 아래 종속되어 있는 마을의 수장(텐 나바)도 주민들의 일상용어에서는 콘베레라 불리고 있는 것을 알게 되었기 때문이다. 또한 더 남쪽에 존재하는 더 작은 규모의 정치조직인 라루가이나 와루가이의 모시 사회—최고 수장의 아래에 와가두구나 텐코도고 등 대규모 정치조직의 chef de canton에 해당하는 중간의 지방 수장이 존재하지 않는다—에서는, 최고 수장에 대한 관계상 마을의 수장 텐 나바가 콘베레라 불리고 있다.

한편 프랑스의 식민지 행정단위인 'canton'에 해당하는 것이 식민지 지배 이전에 지역적인 행정 단위로 존재하지 않았다는 것이 남부 모시 사회에서도 확인되었다. 즉, 남부 모시 사회에 관한 한 콘베레는 집권화된 정치조직에서 일정의 지방 행정 단위의 장에 대응하는 명칭이 아니라 오히려 자기 자신이 어느 정도의 수장이면서 동시에 보다 상위의 수장에게 종속되어 있는 종속적 수장의 지위에 대한 일반적인 명칭이다.

보다 상위의 수장에게 종속되지 않고 그 자신이 독립하고 있는 수장이 제삼자로 참조되는 경우, 콘베레에 대하여 '디마'라 불린다. 남부 모시족에서는 텐코도고 나바, 라루가이 나바, 와루가이 나바 등의 '디마'의 지배를 받는 콘베레가 디마가 된 예는 없으나, 중부 모시나 북부 모시에서는 디마의 방계로서 콘베레에 임명된 자가, 후에 세력을 얻어 원래의 디마로부터 독립하여 그 자신이 디마가 된 경우는 10장에서 들었던 부스마를 비롯한 몇몇 사례가 있다. 역으로, 남부 모시에서처럼 왕족이 자주 갈라지고, 갈라진 분파 간의 항쟁이 격렬했던 사회에서는 여태까지 패권을 잡고 있던 수장이 다른 수장에게 패하여 종속당하게 된 사례가 많다.

게다가 디마도 콘베레의 지위와 수준이 다른 상급의 지위에 있는 것은 아니다. 라루가이 나바도 또한 그에게 종속되어 있는 콘베레인 텐가의 수장(텐 나바)와 마찬가지로, 그가 살고 있는 라루가이라는 텐가의 수장인 것이다. 나아가 지배의 규모가 큰 텐코도고 나바도 그가 거주하는 텐코도고라는 텐가의 텐 나바이면서 동시에 그가 지배하는 다른 지방의 콘베레와 동일한 수준에서, 텐코도고 지방에 존재하는 텐 나바들을 지배하는 수장인 것이다.

한편 앞에서 말했듯이 사회생활의 기본단위로는, 부계 혈연자와 그 안의 기혼남성의 배우자들로 구성된 거주집단 '이리' 와, 이것이 몇 개 합쳐진 '사카' 가 있다. 이리와 사카의 장은 각각 '이루 소바' (이리의 소유자) '사쿠 카스마' (사카의 장로)로 불리며, 하나의 사카는 이루 소바가 서로 부계 혈연관계인 이리로 구성된 것이 많다. 복수의 사카가 '텐가' (촌락)를 만들고 있는 경우는 사카를 구성하는 부계 혈연집단이 각 사카에 따라 다른 것도 있다.

음식물에 대한 공동의 금기를 가지고 있고, 최대의 외혼 단위를 이루는 부계 혈연집단은 '부우두' 라 불리며, 이것은 순수한 혈연집단이므로 사카나 텐가 등의 거주 단위를 넘어서 존재하는데, 그 장은 '부두 카스마' (부우두의 장로)라 불린다. 각각의 집단의 지도자이며, 집단 내부문제의 조정자인 이루 소바, 사쿠 카스마, 부두 카스마는 원칙적으로 그 집단 내의 최연장 남성이 맡게 된다. 하지만 사쿠 카스마는 그 역할을 수행하는 데 개인의 능력과 어느 정도의 육체적 활력이 중요하기 때문에, 꼭 최연장자만 하는 것이 아니라 연장자 중에서 사카의 주민들에 의해 적격이라고 인정받은 자가 선정되기도 한다. '땅주인' 으로서 토지의 풍요를 위한 의례를 관장하는 '텐 소바' 는, 그 토지에서 오랫동안 거주해온 혈연집단의 남성 연장자 중에서 의례 등의 관행에 정통한 자가 선정된다.

마을의 수장 텐 나바는 주민의 합의를 통해 추천된 사람이라 하더라도 상위 '나바'(수장)의 인정을 받아야 하며, 경우에 따라서는 두건 등 '나무'(수장권)의 상징을 받으면서 임명되는데, '카스마'(장로)가 아닌 '나바'라 불린다. 텐 나바는 그 마을의 주민이 아니더라도 상위 수장의 부계 혈연을 임명하는 경우도 있다.

이와 같이 소바와 카스마는 어디까지나 집단의 내부의 합의에 의해 추천된 대표이지만, 나바는 외부의 권위에 의해 임명되는 장(長)이다. 소바와 카스마는 연장(年長)의 원리에 의해 뒷받침되지만, 나바는 원칙적으로 연령과는 관계없이 수장권을 주고받는 관계에 의거하여 성립하는데, 10장에서 본 것처럼 종종 무력을 포함한 실력 경쟁이 이루어지기도 한다. 그러나 사쿠 카스마나 텐 소바이면서 동시에 마을의 수장인 텐 나바에 임명되는 경우가 많다는 사실에서도 충분히 알 수 있듯이, 두 개의 장(長)이 이질적인 원리에 입각해 있기는 있지만, 실제의 기능은 종종 중복되어 있다고 할 수 있다.[62]

주민의 개념이나 용어를 통해 모시족의 사회 정치조직의 성립을 살펴보면,[63] 결국 부계의 혈연관계를 기본으로 하고, 생활 단위인 이리, 사카, 부우두를 바탕으로 하며, 정복으로 인한 지배-종속관계가 지배자의 혈연집단의 분파와 항쟁을 매개로 하면서 형성 소멸 합병을 거쳤다고 추측할 수 있다. 종속적인 수장의 지위를 나타내는 콘베레도, 앞에서 살펴보았듯이 통합의 규모와 형태가 모두 다른 중부의 와가두구, 남부의 텐코도고, 남부의 라루

62. 일찍이 발랑디에는 중부 모시의 문헌 자료에 근거하여 정치적 어휘로서의 나바와 소바의 대비를 지적하였다(Balandier, 1964: 43-44). 나바와 소바가 정치적 어휘로서 대비되는 의미를 가지는 경우는, 주로 어느 토지의 선주민과 나중에 온 정복자 간에 상호 보완적인 중층관계에 근거한 역할상의 대비 ―모시 사회뿐 아니라, 서아프리카에서 상당히 널리 발견되는 이 역할의 대비 자체가 매우 애매하고, '땅 주인'으로서의 권위가 명목적으로 되기 쉽다는 점도 주의해야 한다(Meillassoux, 1960: 46, note 1)―이지만, 여기에서 언급한 카스마와 나바의 대비는, 연속된 하나의 사회 정치체계에서 원리상의 대비이다. 중부 모시를 정복한 자들의 사회에도 존재하는 카스마와 나바의 대비는, 텐 소바가 사실상 존재하지 않는 남부 모시 사회에서는 특히 중요하다.

63. 모시족의 정치조직을 둘러싼 개념과 용어에 대해서는, Kawada, 1971: Ch. 5, 1과, 川田, 1976에서 검토한 바 있다.

가이 와루가이 등 세 정치조직에서 나름대로의 의미와 모습을 하고 있다.

모시 사회의 어떤 시기에 가장 대규모의 정치적 통합을 실현했던 와가두구에서는, 다수의 콘베레(콘벰바는 그 복수)의 거의 대부분이 최고 수장과 동일한 부계 혈연집단으로부터 갈라져 나온 사람이었다. 텐코도고에서는 식민지화 직전의 시대에 최고 수장의 지배 하에 있던 네 명의 대(大)콘베레 중에서 최고 수장과 계보를 같이하는 자는 한 명도 없었다. 라루가이나 와루가이의 최고 수장은 지배하고 있는 마을 수장의 수로 보더라도, 와가두구나 텐코도고의 콘베레 중에서 힘이 약한 자 정도의 소규모 정치통합밖에 달성하지 못했다. 하지만 그들의 콘베레인 마을 수장 중의 대다수가 최고 수장과 동일한 부계 혈연집단에 소속되어 있으며, 그들은 일찍이 어떤 시기에 세력을 가지고 있다가 그후 현재의 최고 수장이 속하고 있는 분파에 의해 패권을 빼앗긴 것으로 보인다.

이러한 것들을 충분히 해명하기 위해서는, 지금 여기서는 쓸 여유가 없지만, 더욱 상세한 정치 경제 의례상의 제도들을 비교 검토하거나 더 연구하는 것이 필요하다. 다만 지금까지의 설명을 통해서 그 일단을 알 수 있는 것과 같이, 제도와 그 제도에 대하여 주민들이 갖고 있는 개념을 공시적으로 비교할 경우에는, 역사 전승에 실마리를 두고 갈래가 나뉘는 과정을 통시적으로 관련지어 보아야 그 의미를 이해하게 될 것이다. 역으로, 역사 전승의 통시적인 해석도 제도나 용어가 지닌 의미를 공시적으로 이해하고 그에 근거할 때에야 비로소 가능하게 된다.

와가두구를 중심으로 하는 중부 모시 사회에서도, 역사 전승과 제도를 검토하여 추정해보면, 지배자 집단은 분열과 항쟁을 거듭하는 과정에서 수장의 거처를 이동해가면서 점차적으로 지배를 확대해온 것 같다. 중부 모시 사회에서 이들 남방 기원의 지배자 집단은 선주민인 농경민 뇨논시족을 쉽게 지배했는데, 많은 경우 뇨논시족의 수장에게는 '땅주인' 으로서 지닐 수 있는 의례상의 지위를 보전해주면서 상호 보완하는 사회계층을 창출하였던 것이다. 남성이 많고 사람 수도 적었던 지배자 집단은 선주민과 통혼하였고, 어느 계층에 속하는가는 부계의 출신으로 식별된다. 그리고 아마도 이렇게 상호보완적인 계층 분화를 통해 다른 부족을 지배하는 것이 넓은 지역에 걸쳐 가능하다는 조건이 한 요인이 되어, 지배자의 부계 혈연집단의 분파는 상호 제거나 합병을 하기보다는 오히려 새로운 지방으로 지배를 확대하게 되고, 새로운 지방 수장은 대부분 원래의 수장에게 종속되었다.[64] 이렇게 하여 중부 모시에서는 지배자의 부계 혈연집단 분파가 우산처럼 퍼져나가 선주민들 위에 덮어씌워졌다고 생각된다.

> [64]. 그러나 갈라져 나온 지방의 지도자들이 점차 세력을 증대시켜 독립하거나, 본래의 수장에게 반역을 시도하거나, 오랜 세월에 걸쳐 대립을 낳는 일도 적지 않았다. 그 두드러진 예로, 와가두구로부터 갈려져 나와 후에 독립한 부스마와 와가두구 사이에 대립 항쟁이 있다(Cheron, 1924).

이에 비해 텐코도고를 중심으로 하는 남부 모시에서는 모시족의 조상이 남쪽으로부터 북상하여 선주민이 없는 황무지에 진출, 이윽고 비사족 또는 남부의 라루가이 지방에서는 얀시족을 선주민으로 하는 곳까지 뻗쳐갔던 것 같다. 12장에서도 서술한 바와 같이, 비사족의 대부분은 모시족의 진출에 대하여 완강히 저항하였고, 상당히 후대에 이르기까지 실질적인 독립을 유지했다. 원래 소수의 군사집단으로 북상하여 온 모시족의 선조(5장, 7장 참조)는, 아무도 살지 않는 지방에서 분열과 상호 제거, 합병을 반복하면서 제한된 규모의 정치통합만을 이룰 수밖에 없었다. 라루가이와 와루가이에서는 분열과 군사 정치상의 중심이 이동하는 경향이 더욱 현저하다. 라루가이와 와루가이 수장의 선조가 공통의 계통으로부터 나뉜 후 한 분파가 패권을 잡는 일은 쉽지 않았다. 와루가이 수장 등이 지금과 같은 형태로 다른 콘베레를 확실히 지배할 수 있었던 것은 프랑스 식민지 행정부의 뒷받침이 있었기에 가능하였다.

　　이와 같이 모시족의 정치조직들의 주민이라는 개념에 따라 더듬어 가면서, 제도를 비교하고 나아가 통시적 검토를 더해보면 다음과 같은 사실을 알 수 있다. 앞서 스키너의 서술에서 제시하는 것처럼, 모시족의 정치조직은 행정 기구나 지방 조직 모두 몇 단계로 나뉘어 정비되어 있는데, 이는 마치 처음부터 완성되어 있었던 것처럼 보이지만 정태적이고 고정적인 '전통적 왕국' 이미지와는 거리가 멀다. 중심부와 주변부에서 정치조직의 동질성이 비교적 높고(유사한 조직이 되풀이되어 나타난다), 관료 기구가 정비되어 있지 않으며, 중앙집권적 지배가 달성되었어도 불안정하고 시기도 짧은 모시의 정치조직 특징에다가 역사적으로 추적 가능한 지배자 집단의 반복적인 분립(7장, 8장, 9장 참조)이라는 요소를 더해보자. 그러면 지금까지 '왕국'이나 '제국'으로 규정해왔던 모시의 정치조직을 다르게 바라볼 수 있을 것이다. 오히려 지금까지 모시는 '국가'와는 반대의 극에 자리매김된 비집권적인 분립 환절(環節) 조직[65]과 관련지어보면, 그것이 발전한 형태로 볼 수 있는 전망을 열어줄 것이다. 이미 '환절 국가'라는 개념이 식민지 이전 동아프리카의 알루의 정치조직을 검토하면서 제시된 바 있다. 하지만 그 개념은 지나치게 일반화된 결과, 적용 범위는 넓어졌지만 비교나 분석의 개념으로서의 의의를 잃어버리게 되었다.[66]

65. 집중된 권위와 행정기구와 사법제도—즉 정부—를 가지고, 부와 특권과 지위가 권력과 권위의 분배에 대응하는 사회(A그룹)와, 이러한 성격이 결여된 사회(B그룹)의 이분법(Fortes & Evans-Pritchard, 1940: 5)은, 아프리카의 정치조직 분류의 출발점이 되었다. 그후 연구를 거듭하면서 검토와 수정이 가해졌다고는 하나 기본적으로는 많은 연구자들에 의해 답습되고 있다.

66. 알루의 정치조직에 대한 현지연구로부터 출발한 사우스홀(Southall)은 아프리카의 정치조직에 대한 이분법에 불만을 가지고, 친족관계를 기초로 하는 분절원리는 이분법의 B그룹에서 특징적일 뿐만 아니라 A그룹에서도 발견된다고 하며 그 같은 '환절 국가'(segmentary state)의 기준을 다음과 같은 여섯 가지로 들고 있다(Southall, 1956: 248-249). ①영토지배권은 제한적이고 상대적인 것이며, 중심으로부터 주변으로 감에 따라서 권위가 약화된다. ②중앙정부는 있으나, 동시에 중앙으로부터는 제한된 통제밖에 할 수 없는 주변행정의 중심

이와 같이 모시의 정치조직을 파악하는 방향에서 본다면, 비집권적인 분립조직에 대해서 축적되어온 연구로부터 출발하는 편이 보다 유효성이 높은 작업가설을 얻을 수 있게 해줄 것이다.[67] 모시족과는 기층문화도 공통되고 특히 가장 대규모의 정치조직을 발달시킨 중부 모시의 정치구조와 아주 많이 닮은 점을 갖고 있는 남방의 탈렌시족이라는 부족 사회를 상부의 정치조직으로부터 분리되어 나온 분립사회로 간주한 정밀한 연구가 수행되어왔다(Fortes, 1945, 1949). 이러한 사실은 특히 모시족의 경우에, 그러한 연구 방향이 유효할 수 있다는 전망을 제시해주고 있다. 한편 종래

이 많이 있다. ③중앙에는 전문화된 행정직이 있는데, 그것은 주변에서도 축소된 형태로 반복된다. ④중앙권위에 의한 권력행사의 독점은 주변에서는 제약을 받는다. ⑤주변은 중심에 대해 피라미드적 관계로, 다양한 수준을 거쳐 종속되어 있다. ⑥주변부에서의 권위가 하나의 피라미드에서 분리되어 다른 피라미드에 종속하는 것도 가능하며, 환절 국가는 유연하며 변동하기 쉽다. 이러한 환절 국가의 개념은 신선하고, 매우 시사적이며, 다양한 논의를 불러일으켰는데(Vansina, 1962a: 331; Balandier, 1967: 167-169), 처음부터 이미 인도나 중국에 적용시키는 것까지 고려되었다(Southall, 1956: 257-260). 이 개념은 그후 사우스홀 자신에 의해 상당히 확대되게 되었다(Southall, 1965: 126-129). 그는 권력구조가 피라미드적이면 모두 '환절적'이라고 하고, 일찍이 그가 '환절 국가'로부터 구별했던 '일원적 국가'(unitary state, Southall, 1956: 260-263)도 포함하여, 모든 유형의 국가나 사회에 '환절적' 원리를 인정하려고 하였다. 그리하여 이 개념은 너무나 과도하게 일반화되어 비교 분석의 개념으로서 그 의의를 잃어버리게 되었다.

67. 이 점은 여기서 상세히 논하기에는 무리가 있지만(Kawada, 1971: Ch.8), 요점을 간략히 말하면―①부계 친족의 분립(환절) 구조에 의해 지탱되어온 모시의 정치조직에는 10장에서 논한 수장위의 계승에 집약적으로 나타나듯이, '집중 서열화'와 '확산 평등화'라는 상호 모순된 힘의 갈등이 내재하고 있다. 이는 분절적 단계혈연체계가 가지는 양면으로서 스미스가 언급한 '서열적'(hierarchical)과 '대립적'(contrapuntal)에 대응하는 것이라 생각할 수 있다(Smith, 1956: 40). ②이 모순을 해결하는 방법으로서, 특히 모시 사회와 같이 지도자의 군사 지배적 성격이 강한 경우, (a)방계의 제거(또는 타지역으로 이주), (b)방계의 서열화, (c)대립적 공존이 원리적으로 생각되고, 또는 모시 맘프루시 다곰바의 정치조직이 가지고 있는 분절 관계를, 제1차 분절(모시, 맘프루시, 다곰바 등, 종족적으로 각각 분절), 제2차 분절(각 종족 내부에서 주요한 지방 세력의 성립. 예를 들면, 남부 모시, 중부 모시, 북부 모시 등), 제3차 분절(이후 각 지방 수장을 중심으로 한 분절)로 나누어 볼 경우, 제1차 분절은 (b)로, 제2차 분절과 제3차 분절은 각각 생태적 역사적 조건(특히 새로운 이주민의 유무 그 상태, 선주민과의 관계)에 의해 (a), (b), (c) 중 어느 하나에 따라 해결된다는 것을 알 수 있다. ③분절과정을 검토하는 데 있어서, 분절적 단계혈연집단의 약탈적 확대의 형태를 그 생태적 조건에 따라 티브족(나이지리아)과 누에르족(수단)을 각각의 전형으로 하는 두 가지로 구별한 살린즈의 가설(Sahlins, 1961)― 선주민이 있던 지역에 갈래가 진출한 경우에 상호보완적 대립과 구조적 상대성이 충분히 발휘되고, 그렇지 않은 경우보다 상기한 두 가지를 속성으로 하는 분립(환절)적 단계 혈연조직이 보다 잘 발달할 수 있다고 본다― 는 매우 시사적이다. 분립(환절) 조직에 내재하는 앞서 말한 원리와도 잘 대응하는 이 가설의 규모를 확대하여, 조건을 바꾸어 맞추어본 경우, 예를 들면 중부 모시와 남부 모시에 있어서 정치조직 발달의 차이가 지닌 의미도 명확히 할 수 있는 전망이 서게 되는 것이다. 단지 티브나 누에르와는 달리, 사회의 계층화 서열화라고 하는 인자를 부가하여 검토하지 않으면 안 되기 때문에 명쾌한 결론에 그리 간단하게 도달하지 않을 것이다.

에 국가나 왕국 등으로 분류되어온 정치조직은 식민지화 이전의 아프리카에 한해서만 보더라도 너무나 다양하다. 그리고 비교를 하고자 할 때 고려해야 할 요소가 너무나 많다. 그래서 극히 초보적인 유형화나 비교분석을 위한 개념을 만드는 작업조차 완전한 혼돈상태에 있다(Brown, 1951; Lewis, 1966; Vansina, 1962a). 필자도 거기에 뜻을 두고 있기는 하지만, 연구상 곤란한 점이 많은, 정치조직의 발전에 관한 통시적 모델을 개발하고 세련시키는 일은 이제 겨우 그 의의가 주장되기 시작한 단계이다(Vansina, 1964; Piault, 1970).

　　여기에서 다루고 있는 것 같은 분석 개념의 개별성과 보편성의 관계는, 다른 문화들을 비교할 수 있는 시야를 다소나마 갖고 있는 모든 학문에 공통되는 문제일 것이다. 어떤 사회의 성원이 갖고 있는 개념을 무시한 분석 개념을 외부로부터 끼워 맞추려 하는 것은 대상을 왜곡시켜버릴 위험이 크다. 역으로 그 사회의 성원의 개념 안으로 한없이 빠져들어 가게 되면, 현실을 세심하게 그려내는 것은 가능할지 몰라도 그 결과는 개별적 기술에 그치고 비교의 가능성은 닫혀버리고 말 것이다. 13장과 14장에서도 서술한 바와 같이, 다른 문화에 대한 여러 개의 시점을 교차시킨 연구의 의의를 인정한다고 한다면, 그러한 연구에서 외부인인 연구자는 그가 처한 타문화의 시점에 완벽하게 설 수도 없고 또한 그럴 필요도 없을 것이다.[68] 나 자신 여기에 서술한 것처럼 모시의 정치조직을 파악했다고 해도,

모시 문화의 가장 초입에 서있는 것에 불과하며 그들 자신의 제도에 대한 모시족의 사고방식을 체득했다고 하기에는 아직 멀었다고 생각한다. 무엇보다 모시족의 말이 아니라 모국어인 일본어로 모시족의 정치조직에 대하여 기술하는 것 자체가 일본어에 맞춰진 개념에 따라 모시문화를 잘라내고

[68] 이 점에 대해서는 이 책의 초고를 쓴 다음 별도의 논고에서 구조분석과의 관계를 고려하면서 더욱 상세하게 논하였다(川田, 1972).

재구성하는 짓이다.

　다만, 가능한 한 대상으로 삼고 있는 타문화의 내부에 들어가고자
하는 노력을 통해서, 외부의 연구자는 그때까지 자신이 갖고 있던 개념과
연구대상인 사회의 성원들이 갖고 있는 개념과의 괴리를 알고, 그 간극을
비교 가능한 형태로 만들어냄으로써, 보다 보편적인 것을 모색하는 길이
열릴 것이다. 또한 그러한 방식으로 추구되는 보편성은, 어디까지나 다양
성에서 출발하여 추구되어야만 한다. 예를 들어, 근대 서양의 지적 환경에
서 만들어진 개념이나 모델을 타문화의 대상에 억지로 적용하여 충분히
'보편화' 시켰다고 해서는 절대 안 될 것이다.[69]

69. 주로 서양세계에서 발달한 사회과학이 비서양세계도 대상
에 포함시키게 되고, 비서양 세계 출신의 사회과학자들 중에도
서양 학문의 견본만으로는 충실하지 않다고 생각하는 연구자들
이 성장함에 따라 사회과학의 개념이나 기초적인 방법론에 대
해서도 서양 중심의 '보편성'에 의문이 던져지게 된 것은 당연
한 일이다. 애브델-말렉의 논고(Abdel-Malek, 1971)도 아랍 사회
학자의 입장에서 이러한 방향으로 발언하여 주목받고 있다. 또
세네갈의 아마디 아리 디엥(Dieng, 1974)은 세네감비아를 비롯
한 서아프리카에서의 노예제 연구에 근거하여, 노예제의 존재
로부터 '원시공산제, 노예제, 봉건제, 자본주의, 사회주의'라는
5단계 발전을 도식화하여 노예제생산양식을 서아프리카사회에
안이하게 적용하려고 한 디옵(Diop, 1971, 1972)의 가설을 비판
하고, 유럽 중심의 분석 개념을 비유럽세계의 연구에 의해 재검
토할 필요성을 주장하고 있다.

16. 발전단계의 문제

근대 서양에서 만들어진 개념이나 모델이 안고 있는 문제는, 생물이나 사회의 진화라는 사상이 지적 환경에 강한 영향력을 미치고 있던 19세기 후반 서양에서 모건, 마르크스, 엥겔스 등이 생각한 인간사회의 발전단계에 대한 가설에 대해서도 동일하다고 말할 수 있다. 19세기 서양 사회는 산업 발전과 군사력 우위 및 비서양 세계에 대한 세력 확장 등을 통해 자기 자신들을 인간사회의 진화 정점에 있는 것이라 보았다. 그들이 다른 지역에서 '발견' 된 미개 사회를 인류 진화의 과거 단계를 나타내는 '잔존' 이라 보고, 직선적인 발전단계를 가정하여 인류사를 재구성하려고 했던 것은 당시로서는 당연한 추세였을 것이다.

    마르크스의 저작에서도 분명히 알 수 있는 바와 같이, 중국이나 인도 사회, 중남미의 고대 문명, 북미 선주민의 사회 등에 대해서 당시 서양 세계가 이미 어느 정도의 관심을 가지고 있었다고 할 수 있지만, 다른 많은 사회-예를 들면 사하라 이남의 흑인 아프리카사회, 특히 내륙-에 대해 19세기 당시의 유럽에 알려진 것은 지극히 사소한 것들뿐이었다. 북아프리카와 유럽의 긴 교류와, 15세기말 이래 아프리카 해안을 통한 교역이 있기는 했다. 하지만 19세기 후반에 들어서야[70] 유럽의 내셔널리즘 발흥과 함께 유럽 세력이 아프리카 내륙에 대한 탐험 경쟁에 나서게 되었다. 그 뒤를 이어 19세기 말부

[70] 이 책과 직접 관계가 있는 지방을 탐험한 것으로는, 독일인 바르트(Barth, 1858), 프랑스 군인 빈제르(Binger, 1892), 상인이면서 학자이기도 한 독일의 기인(奇人) 크라우제(Krause, 1887-1888) 등이 있다. 아프리카에도 야망을 불태우고 있던 당시 유럽의 신흥 세력인 독일의 지리잡지 Petermanns Mitteilungen을 읽어보면 아프리카 탐험에 관한 뉴스 속보와 같은 난이 있고, 열강의 아프리카 내륙 탐험 경쟁의 무시무시함을 상기시킨다. 그후 서쪽의 다카르에서 침입해온 프랑스의 부레, 남쪽의 황금해안에서부터 북상한 영국의 퍼거슨 등이 이끄는 군대에 의해 모시 맘프루시 지방에 대한 군사 정복과 현지인 수장과의 보호령계약 체결을 목적으로 한 침략이 시작된다(Voulet, 1896). 부레도 1897년 텐코도고에서 프랑스와 영국의 세력권 경계를 영국군과 결정한 뒤(이것이 독립 후 현재까지 오토볼타와 가나의 국경으로 이어져오고 있다), 독일군이 북상한다는 소문(사실은 오보)을 듣고 곧바로 동쪽으로 전진하기도 하였다.

터 20세기 전반에 걸쳐서 식민지 분할과 아프리카 내륙에 대한 조직적인 수탈이 행해지게 되었고, 20세기에 들어서야 유럽에서 원주민 사회에 대해 상세한 지식을 축적하고 검토하게 되었던 것이다. 19세기의 유럽 사회의 지적 환경에서 살았던 진화주의자들도 북아프리카에 대해서 약간의 지식을 가질 수 있었지만,[71] 흑인 아프리카사회에 대해서는 구체적으로 아무것도 알지 못했다.

19세기의 진화주의자가 상정한 것은, 그 후 획득되고 정제되어 세련화된 지식에 비추어 볼 때 결함이 너무나 많다.[72] 하지만 이러한 19세기의 '위대한 편견'이 제기한 문제가 20세기의 '비소(卑小)한 객관'에 의해 전부 극복되었다고 할 수는 없다. 무문자사회의 역사를 연구하는 의의의 하나는, 그러한 사회의 역사적인 모습에 대한 이해를 통해 참된 의미에서의 '세계'사의 역동성을 이해할 수 있는 실마리를 찾을 수 있는 가능성을 모색하는 데 있다. '미개'로 불리는 사회도 '문명' 사회와 같은 오랜 역사를 거쳐 왔고, 이들 사회도 항상 '문명' 사회와 동시대를 살면서 직간접적으로 교류를 해왔다. 그런 사실들이 명백한 이상 지리적으로 발견되는 문화의 차이를 곧바로 역사적 발전단계의 전후 관계로 치환해버리는 것이 얼마나 잘못된 것인가에 대해서 더 이상 말할 필요는 없다. 또한 인류의 다양한 부문에서 시대를 달리하여 일어났던, 언뜻 보면 평행 이동된 것에 지나지 않는 것 같은 유사한 현상도 비가역적인 세계사적 흐름의 절대축 안에서 개성 있는 하나의 사건으로서 발생하고 있다. 이러한 것을 생각하면, 짧은 단위의 역사 '과정'에서 시대를 초월하는 보편법칙을 찾아내려는 것도 엄밀하게 말해서는 불

71. 예를 들면, 마르크스가 공동체적 토지소유제에 대한 코와레프스키의 저서를 읽은 뒤 쓴 노트에, 알제리아의 토지소유제에 대해서 기록한 것이 남아 있다 (Marx, 1970).

72. 특히 모건과 마르크스의 이론을 오늘날의 인류학적 견지에서 비판적으로 재평가한 것으로는 Terray(1969), Godelier(1969, 1970) 등이 있다. 또한 이하의 고찰, 특히 '아시아적 생산양식'의 가설을 흑인 아프리카사회에서 재검토한 것에 대해서는, 파리대학에서 나의 지도교수였던 조르쥬 발랑디에(G. Balandier), 경제인류학자인 클로드 메이야수(C. Meillassoux), 모리스 고들리에(M. Godelier) 등의 선배 연구자들과의 토론으로부터 많은 교시와 시사를 얻었다.

가능하다고 해야 할 것이다.

그러나 자연과학에서 추구하고 있는 것과 같은 의미의 보편법칙을 역사에서 추구할 수는 없다 하더라도, 역사의 동태성을 지탱하고 있는 조건을 비교의 시야 안에서 가능한 한 일반화하여 이해하는 것은, 시대나 지역을 달리하고 있는 역사과정을 이해하고 나아가서는 세계사의 흐름을 소위 '미개' 사회를 포함한 모습으로 새롭게 파악하는 것과 상통하는 것이다. 특히 경제적인 제반 조건은 역사의 동인으로서 중요할 뿐만 아니라 일반적인 원리로 환원시키기 쉬우므로, 이러한 방향에서 탐구하고자 할 때 하나의 열쇠가 된다고 생각된다. 대다수의 무문자사회는 지금까지 인간이 고안한 정보 전달 수단의 발달이라는 면에서만 본다면, 획득된 지식의 전달과 축적의 효율성이라는 측면에 문자를 갖고 있는 사회에 비해 현저히 뒤떨어진다. 또 이와 같은 사실과 밀접하게 관련되어 있지만, 무문자사회에서는 자연과 인간 사이에 개재되는 것이 보다 적고, 인간들을 서로 엮어주는 경제관계의 연결고리도 쉽게 찾아낼 수 있으며 그 범위도 비교적 좁다.[73] 대부분의 무문자사회가 보여주고 그러한 상태는, 무문자사회를 과거의 어떤 발전단계가 그대로 남아 있는 무(無)역사사회로 보는 오류를 바로잡은 후에도 그러한 사회에 대한 연구에서 얻어진 것이 역사의 동태성을 이해하는 모델로서 의미를 가질 수 있다는 것을 시사하고 있다.

이러한 의미에서 마르크스가 생산양식에 관하여 제출한 '봉건적' '아시아적' 등의 가설도, 오늘날의 지식 수준에서 직선적인 발전단계의 도식으로는 받아들일 수 없다. 하지만 그렇다 하더라도 사회의 발전 '과정' 을 이해하는 모델 개념의 존재방식으로서는,

73. 좁다고는 하나 교역에 관해서는, 예를 들면 서아프리카 내륙지방도 사하라사막을 거쳐 지중해와, 16세기 이후에는 기니만을 거쳐 영국 프랑스 네덜란드 미국 대륙으로 이어졌으나, 총 의류 말 유리구슬 등 거래품목이 한정되어 있었기 때문에, 그들이 현지 사회에 끼치는 영향도 비교적 고찰하기 쉽다고 할 수 있다. 물론 이는 어디까지나 정보 전달과 수송 수단이 고도로 발달한 사회와 비교했을 때의 '일반적' 이고 '비교적' 인 말에 불과하다.

마르크스가 살았던 100년 전 유럽의 지식과 견식의 범위 밖이었던 사회 −
예를 들면, 대부분의 흑인 아프리카사회−에 대해서도 시사하는 바가 크
다. 역사를 동태적으로 파악하려고 시도할 때 중요한 것은, 거기에 작용하
는 지배적인 요소를 판별하는 노력이라고 생각한다. 말할 필요도 없이 일
면적인 지배요소만을 단순하게 파악하려는 것은 편협한 이해만을 초래할
것이다. 또한 빠짐없이 골고루 보려고 하는 파악방법으로는 '결과' 에 대
한 기술말고는 아무것도 내지 못할 것이다.

　　19세기의 진화주의에 대한 철저한 회의를 거쳐 주로 제2차 대전 후
미국에서 인류문화의 역사를 다시 진화의 모습에서 파악하려는 경향이 생
겨났다. 생태학적 조건을 중시한 다선진화설(Steward, 1955)이나, 사회구
성원 일인당 이용 에너지양의 증대(분배된 쪽은 문제시하지 않고)를 기준
으로 하는 진화설(White, 1959)이나, 진화를 일반진화와 특수진화 2개의
각도에서 보고 이용 에너지 증대와 생태학적 조건에의 적응이라는 2개의
기준을 동시에 문제시하려는 설(Sahlins & Service, 1960) 등 여러 가지 설
이 나왔다. 필자가 그것들에 대해 공통적으로 느끼는 불만은, 이 학설들이
사회의 진화라고 불리는 것의 '결과' 를 도식적으로 정리하여 나타내는 것
에 그치고 그 동태적인 면, 즉 진화의 지배적인 요인에 대한 고찰은 대담하
게 파고들려고 하지 않았다는 점이다. 마르크스가 생각한 생산양식의 모
델은, 실제 사례에 비춰볼 때 불완전한 점이 많다. 하지만 그럼에도 불구
하고 그의 모델은 사회동태의 지배적 요인을 확인하고자 하는 기본적인
성격을 유지하고 있기 때문에 풍부한 시사점을 가지고 있다.

　　마르크스의 '아시아적 생산양식' 이라는 가설은 한때 소련 아카데미
에서 배제되었다. 그후 다시 유고인『자본제 생산에 선행하는 제 형태』등
을 주요한 실마리로 하여, 1960년대에 들어서서야 마르크스의 가설을 흑인

아프리카사회에 대해서 적용하는 문제를 둘러싼 논의가 나타나게 되었다.[74] 토지의 사유제가 없고 촌락공동체가 자족성을 누리면서, 강대한 권력자의 지배가 인간에 의한 인간의 착취를 성립시키고 있는 형태—지배 규모는 크지만, 지속성이 부족하고, 동일한 패턴이 누적됨이 없이 반복된다—는 식민지화 이전의 흑인 아프리카사회에서도 상당히 넓게 발견된다고 생각된다. 이 문제를 둘러싼 검토가 다 끝났다고 하기에는 아직 너무나 이르지만, 흑인 아프리카에 관한 문제는 기본적으로 다음과 같은 점들에 있다고 나는 생각한다.

첫째, 유럽이나 아시아의 대부분과는 달리 식민지화 이전의 흑인 아프리카에서는 마르크스가 생산수단의 소유형태를 구별할 때 중요시하였던 토지의 '사유'와 '공동체적 소유'의 구별이, 앞장에서도 말한 바와 같이 생산양식에서 결정적인 중요성을 갖고 있지 않다는 것이다. 그것은 전장에서 거론한 것과 같은 조건 외에, 식민지화 이전 대부분의 열대 아프리카에서는 쟁기갈이나 관개농경이 행해지지 않았다고 하는 생산기술의 문제나, 그러한 기술을 이용하여 집약적 농경을 하기에는 적합하지 않은 자연조건[75]과

74. 노예제에 대해서도 15장의 주14)에서 언급한 디엥(Dieng, 1974), 메이야수(Meillassoux, 1975) 등 구체적인 자료에 근거한 분석이 근래 프랑스에서 활발하게 이루어지고 있고, 디엥은 아시아적 생산양식의 개념을 서아프리카사회에서도 적용하는 타당성에 대해서는 부정적이다. 봉건성의 개념을 식민지화 이전의 흑인 아프리카사회에 어느 정도 적용할 수 있을 지에 대해서도, 마르크스의 가설과의 관련뿐만 아니라 많은 논의가 이루어졌다. 주된 것으로는, Chilver(1960), Maquet(1961a), Lombard(1957), Steinhart(1967), Goody(1971) 등이 있다. 그러나 봉건제라는 개념은 역사학 사회학 등의 분야에서 다양한 전제로부터 출발하여 논의되어온 만큼, 개념 규정 자체에 대한 연구자간의 불일치가 크고, 앞서 말한 흑인 아프리카사회에 대한 논의에서도 논의가 맞물리기만 하고, 지금 단계에서는 문제점을 탐구해 나가려는 방향으로 제대로 향하고 있지 않다고 생각된다. 분석의 기초가 되는 개념을 이론적인 파악에 입각하여 명확히 하고 정제하고 세련화시키지 않고, 예를 들어 블로흐(M. Bloch) 등의 봉건제에 대한 개념을 안이하게 흑인 사회에 적용하여 옳고 그름을 논하는 것이 얼마나 허망한 작업인가는 De Beauminy(1925), Kabore(1962) 등의 예에서도 여실히 나타난다.

75. 식민지화 이전의 열대 아프리카사회 대부분에서는 큰 가축의 사육이 쟁기갈이 탈곡 비료주기 등을 통해서 농경과 유기적으로 결합되어 있지 않았다. 이것은 말이 특권자의 승마용으로 이용된 것 이외에는 우마를 동력원으로 이용하는 습관이 없었던(서아프리카의 일부에서는 소를 짐을 나르는 데 이용하였다) 것이나, 열대 우림에서는 체체파리 때문에 소와 말을 사육하는 것이 불가능하다는 것에서 유래한 것도 큰 원인일 것이다. 또 많은 지방에서 농경에 부적합한 홍토(紅土)를 뒤덮고 있는 부식토와 같은 표토는 집중호우로 흘러내려가 지극히 얇고, 쟁기로 깊게 가는 것이 오히려 나쁜 결과를 낳는(이는 근래의 농업기술 개량에 있어서도 문제로 남아 있다다고 하는 자연조건도 생각하지 않으면 안 된다. 또한 사하라 이남의 아프리카에는 나일 강의 델타와 같이 큰 하천이 비옥하게 해주는 풍요로운 유역 평야가 없다는 점도 대규모 관개농업이 발달하지 않은 것과 관련이 있을 것이다. 이들 열대 아프리카의 농경 목축의 기술과 자연조건에 대해서는 고고학적 지식과 아울러 川田(1962)에서 개관적으로 검토하였다. 또한 기술과 자연조건의 관계는 일정 불변의 것이 아니라 사회를 매개로 하여 역사적으로 변할 수 있는 것이라는 점도 주의할 필요가 있을 것이다.

도 관련된 부분이 크다고 볼 수 있을 것이다.

모시 사회의 경우 화전농경이 가능한 토지가 인간의 경작역량을 훨씬 넘어설 정도로 많이 있다. 뿐만 아니라 파종에서 수확과 탈곡에까지 이르는 농경생산의 기술도, 호미, 손칼, 타작봉 등 전부 개개인이 사용하는 극히 간단한 소농구에 의지해왔고, 더구나 농사일에 특별한 지식이나 숙련이 필요한 것도 아니다. 농경생산 수단으로서 토지는 공통의 상수이고, 노동력─그것도 능력이나 숙련에 의하지 않고 동원할 수 있는 '머릿수' ─ 이 생산수단의 변수로서 중요하게 된다. 여기서 잠깐 앞 장에서도 언급한 모시 사회의 '포그 슈레'를 살펴보자. 포그 슈레는 수장의 비호 하에 있는 미혼 여성을 다른 남자에게 혼수 없이 아내로 내줌으로써 은의(恩義) 관계(즉 노동력의 동원 가능성)를 만드는 것을 말한다. 포그 슈레에서 받은 여자와 혼인하여 태어난 첫 번째 자식은 아내를 준 '주인'이 마음대로 부릴 수 있도록 위임된다. 주인은 그 아이를 자신의 노비로 부릴 수도 있으며, 아이가 여자라면 장래에 다른 남자에게 아내로 내주어 새로운 은의 관계를 만들 수도 있다. 이렇게 포그 슈레에 의한 농경 생산수단으로서의 동원 가능한 노동력의 확보와 확장, 즉 생산수단으로서의 인간을 생산하는 수단인 여성을 마음대로 처리할 수 있는 역량에 힘입은 은의의 연결 확장이 '인간에 의한 인간의 착취'를 성립시키는 요인으로서 주목되어야만 할 것이다.[76]

둘째, 교역 특히 장거리 교역이 대규모의 지배 권력을 형성하는 경제적 기반으로서 얼마만큼의 중요성을 갖는가가 문제가 된다. 마르크스의 '아시아적 생산양식' 개념에 교역 문

[76]. 제도로서 정착한 이러한 인간의 수수(授受) 관계도 원래는 무력 지배에서 유래한 것으로, 대수장이나 유력자를 둘러싸고 다양한 수준으로 존재하고 있으나 사회 전체를 포괄하고 있지는 않다. 대부분의 일반 주민에게 농경노동은 부계 혈연집단과 그의 여성 배우자로 이루어지는, 전술한 생활 주거단위인 '이리' 구성원의 공동 노동과 이리 간의 상호 노동 위에 성립하고 있다. 또한 포그 슈레의 사회경제적 의미에 대해서는 드 보미니가 짧지만 적절한 언급을 이미 하였고(De Beauminy, 1925: 33), 또 문화인류학적 시야에서 검토한 것으로─이것도 매우 짧으나─는 Skinner(1960)가 있다.

제는 포함되어 있지 않다. 그러나 흑인 아프리카에서는 고대 가나, 말리, 가오를 위시한 사하라 남쪽의 '대제국'과, 다호메이가 전형적으로 보여주듯이 유럽과의 접촉 이후에 기니만 연안에 여러 국가들이 형성된 것 등 한 지방의 수급관계를 넘어선 장거리 교역이 집권적 지배를 성립시킨 주요한 경제적 기반이 되었음이 명백한 예가 많다(Bovill, 1958; Polanyi, 1966). 나의 추정으로는, 모시 사회에서도 중부의 와가두구와 남방의 텐코도고 수장이 각자 세력을 확대하고 지배를 안정시킨 것은 18세기 전반에 이어진 시기였다. 이 시기에는 모시 사회와 하우사의 여러 국가 간에, 그리고 (일부의 모시 사회를 통과하여) 하우사의 여러 국가와 남부 해안 가까이에 있는 곤자, 아샨티 등의 여러 세력 간에 사바나와 삼림지대를 연결하는 장거리 교역이 활발했다. 그리고 이 시기에 이 교역과 관계있는 남부의 맘프루시나 아샨티의 수장의 세력도 신장되었다는 것이 밝혀지고 있다.

    그러나 여기서 문제로 삼아야만 하는 것은, 교역과 집권적 정치시대의 확립이 구체적으로 어떤 방식으로 결부되었는가 하는 점이다. 상식적으로 생각할 때, 군사적으로 강력한 정치지배자가 교역로나 시장의 안전을 지켜 주고, 그 반대급부로 상인에게 세금을 징수한다든가 공납을 받는다든가 하는 일은 당연한 일일 것이다. 사실, 고대 가나에 관하여 쓴 아라비아어의 고문헌에는 군주가 자신의 비호 아래 거래되는 상품에 대하여 세금을 부과하여 왔다는 것이 기술되어 있으며(El-Bekri, 1965: 330-331), 후대에 남방의 삼림지대(현재의 가나 공화국 중부)에 형성되었던 곤자 등의 집권적 정치지배의 기원을, 대상을 호위하던 전사집단에서 찾는 연구자도 있다(Wilks, 1962). 하지만 현지 조사에 근거한 최근 연구(Meillassoux, 1971)에 의하면, 적어도 식민지 이전 상당히 긴 시대에 걸쳐서 서아프리카 내륙부에서 대상(隊商)은 상당한 자위 수단과 독자적인 교역 조직을 갖고, 지방의 군사 정치세력의 성쇠와는 관계없이 장거리 교역을 수행해온 것 같다. 낙타를 이용한 사하라 종단 교역의 경우는 오아시스나 사막 지형 등의 자연조건에 의해서 숙영지나 경로가 규정된다. 그러나 이와는 달리, 상품의 운반수단으로 나귀나 노예(그 자체가 상품이기도 하다)를 이용한 평탄한 사바나 지역의 교역의 경우에는 대상의 경로에 융통성이 많았던 것 같다.[77]

대상이 통과하거나 거래가 행해지는 지방의 군사 정치 지배자가 대상으로부터 공납을 받고 얼마간의 도움을 주기도 했겠

77. 서아프리카의 사바나와 삼림지대를 연결하는 대상(隊商) 교역로가, 통과하는 지방의 그때마다의 안전도와 수장세력의 성쇠에 따라 다양하게 변화하였던 듯한 사정은 Syme(1932), Binger(1892,II: 55) 등의 기술에서도 추정할 수 있다. 또한 빈제르는 상인이 수장의 과도한 개입을 싫어하여 교역로를 자주 바꾸기도 하였다고 기록하고 있다(Binger, 1892, I : 481).

지만, 대상의 입장에서는 이런 개입이 불필요하고 귀찮은 일이었다. 모시의 남부로부터 맘프루시 지방에 걸친 지역의 수장이 자신의 세력 하에 있던 교역로를 유지하기 위해 노력했다고 기술한 사임의 앞의 글에서도, 그러한 수장의 보호가 불확정한 것이었음을 지적하고 있다. 주8)에서 제시하고 있는 참고자료나 다른 19세기의 자료(Barth, 1858, IV: 560; Krause, 1887-1888; Von Francois, 1888; Goody & Mustapha, 1967: 614)를 종합해보면, 사바나의 하우사와 삼림지대의 아샨티 사이를 감바가와 사라가를 중계지로 하여 왕래한 대상이 남부 모시 지방을 통과하는 것을 꺼려했던 것으로 보인다. 왜냐하면 노예와 나귀에 의존하는 당시의 대상에게 텐코도고로부터 남쪽 바크의 맘프루시 지방 수장의 세력권까지 4일간 가는 약 100킬로미터의 거리에, 무려 여섯의 수장 세력이 할거하고 있어서 그곳을 통과할 때마다 그 지방 수장과 교섭하는 것이 너무나도 번거로웠기 때문이었을 것이다. 교역에 관해 특히 자세한 기술을 남기고 있는 빈제르도, 와가두구가 교역의 중심으로 발달하지 않은 것은, 모고 나바가 하우사 상

인과 기타 상인으로부터 많은 상품을 받았으면서도 그것의 대가를 결코 지불하지 않았기 때문일 것이라고 기술하고 있다(Binger, 1892, I: 467. 또한 14장의 주2) 및 그 부분의 본문 참조).

무엇보다도 서아프리카 내륙 사바나 지역에 있는 정치 지배자의 군사력은 조직되고 훈련된 것이 아니었으며, 자신의 세력 하에 있던 지방에 대한 군사적 지배도 그다지 철저하지 않았다.[78] 대상은 그 지방의 교역 중심지를 세력 하에 두고 있는 수장에게 증여품을 보내 유화를 도모하면서도, 대상에 비해 이익을 보는 편인 수장의 명령에 반드시 따랐던 것은 아니고, 반대로 수장을 위협하는 경우도 있었다 (Goody & Mustapha, 1967). 자신의 영역이 교역으로 번성하는 것은 정치 지배자에게 틀림없이 귀중한 것이므로, 그는 과도한 간섭을 피하고 적당한 거리를 유지하면서 교역의 번성이 가져다주는 이익을 누리려고 하였을 것이다.[79] 서아프리카 내륙부에서 장거리 교역의 큰 중개지로서 오랜 생명을 유지했던 퉁북투, 사라가 등은 그 어느 쪽도 대수장이 직접 세력을 휘두르는 정치 중심이 아니었다. 한때 교역이 번창한 적이 있었다 하더라도 지배자의 흥망이 끊임없이 일어나던 서아프리카 내륙부에서, 정치상의 '수도'가 지배세력의 성쇠와 운명을 같이하는 일이 많았을 것이다. 맘프루시의 대수장이라고 전해지고 있는 아타비아가 수도인 감바가가 교역 중계지로서 번영하는 것을 보고, 감바가를 자치에 맡기고 8킬로미터 정도 떨어진 나렐그로 수도를 옮긴 것은 이미 서술한 바 있다(14장 참조). 모시 맘프루시 다곰바족의 경우, 일반적으로 수장이 시장의 분쟁 조정과 수세(收稅)의 직무를 겸한 자를 시장에 파견하였는데, 수장 자신이 시장에 가는 것은 금기시되었다. 그

78. 10장, 11장, 12장에서 살펴본 바와 같이, 역사 전승의 검토를 통해서도 계보상 상호 결합되어 있는 여러 수장세력 내부의 무력항쟁이 끊이지 않았다는 것이 추정되며, 남부 모시의 경우 선주민인 비사족을 지배하는 일이 용이하지 않았다. 15장의 주3)도 참조할 것.

79. 다만 해안지방에서는 앞서 말한 다호메이와 같이, 왕이 직접 교역과 농원 경영에 참여하였던 예도 있다(Polanyi, 1966).

이유로서 현지인들이 입을 모아 말하고 있는 것은 시장의 질서가 문란해질지도 모른다는 위구심―수장이 가지고 싶어하는 것을 자기 마음대로 빼앗거나, 군중 속에서 일반민들이 수장에 대해 예의를 갖추지 않는 일이 발생할 수도 있는 불상사 등에 대한 위구심―이지만, 몇 군데에서는 특정한 의례에 수장이 반드시 시장을 방문하는 습속이 있다.[80]

이와 같이 생태조건이 다른 지방이나 다양한 종족 사회 사이에서 행해지는 장거리 교역의 주요한 담당자는 하우사, 쥬라 등의 이름으로 총칭되고 있다. 그들은 동쪽이나 북쪽 지방으로부터 온 사람들(그러나 그 이름이 가리키는 범위가 실제로는 상당히 막연하다)이거나, 모시족의 지대로 남하하여 모시의 언어를 사용하게 되었다고 일컬어지는 북방 만데계의 얄시(4장의 주5) 참조) 등이었는데, 모두가 아주 강하게 이슬람화된 상업집단이었다. 그들은 모시 맘프루

80. 이는 일반적이지는 않다. 내가 지금까지 조사한 바에 의하면, 맘프루시의 지배 하에 있던 상가('나 다가', 즉 '수장이 개설한 시장'이라는 곳에 수장이 성장을 하고 나가서 신하들의 인사를 받는다), 중앙 모시로부터 갈라져 나와 후에 텐코도고 왕의 세력 하에 들어간 웨게도('코 다가', 즉 '시장을 경작한다'라고 하는 뜻으로, 수장이 곡물의 첫 수확 후 시장에 나가 행하는 의례를 말한다)에서만 인정되고 있는 정도에 불과하다. 그러나 부분적이나마 이러한 의례가 존재한다는 것은 주목할 가치가 있다. 또한 19세기 말에 와가두구를 방문한 프랑스인 크로자의 보고에 의하면, '나바의 시장'이라고 하는 축제 같은 것이 있었다고 기록되어 있으나 (Crozat, 1891: 4848), 내가 와가두구에서 행한 조사에서는 확인되지 않았다.

시 다곰바 부족 사회에서는 이슬람의 지도자나 예배의 장(이슬람교도인 하우사나 얄시의 상인이 다수 진출한 지방에는 이슬람의 승려나 예배의 장도 같이 오는 경우가 많았다. Levtzion, 1968: Ch.6, 7)으로서, 또는 아라비아 문자를 사용해 편지 등을 쓸 수 있는 특수한 권능을 가진 자로서, 또는 북아프리카나 하우사 지방에서 만들어진 호화로운 장옷이나 장신구를 가져온 자로서, 현지의 군사 정치 수장의 측근으로 수장에게 영향력을 끼치는 일이 많았다. 수장은 그 자신이 이슬람교도가 아닌 경우에도 그 지역의 이슬람교도들(특히 상인)에 대한 배려나 북방의 이슬람 문화에 대한 외경심에서 이슬람교 지도자나 예배의 장을 존중하였는데, 그것은 지금도

다양한 관행으로 계속되고 있다.[81] 남부 모시나 맘프루시 북부의 작은 수

81. 대수장이 자신의 딸을 이슬람교도에게 아내로 준 것—다감바에서는 이 결혼으로 태어난 남자아이가 대수장 딸의 자식으로서 지방 수장이 된 예가 많다(Levtzion, 9168: 110-112)—외에도 금요일과 라마단이 끝나는 대예배, 기타 주요한 이슬람 축제에 대수장은 이맘의 특별한 축복을 받고 이맘이 행하는 축복의 말에 따라 양손으로 얼굴을 감싸는 이슬람교도의 동작을 취하기도 한다.

장 영역에서는, 얄시의 우두머리인 얄 나바가 새로이 즉위한 수장을 위해 권위의 상징인 목면으로 된 두건을 짤 뿐 아니라 남부 모시에 접한 과거에 맘프루시의 지배 하에 있던 얀시족의 상가에서처럼 새로운 수장을 지명하는 역할을 하는 곳조차 있다. 정치 군사의 수장과 장거리 교역 상인의 연계는 모시 맘프루시 다곰바 사회에서 노예사냥이 수장의 큰 재원이 되었다는 사실과도 관련해서 생각해야만 한다. 인근의 타부족으로부터 붙잡아 온 노예는 그의 출신지에서 멀리 떨어진 곳에서 사역시켜야 했던 까닭에, 말이나 대포, 코오라의 열매, 소금 등과 교환 조건으로 다른 지방—특히 사막을 넘어서 북아프리카나 아메리카로 보내는 노예의 수요가 많았던 기니만 연안 지방—에 상인의 중개를 통해 팔려갔다.

포로를 노예로 파는 것은 모시의 수장이 호화로운 의류나 코오라의 열매, 그리고 특히 말을 획득하는 주요한 수단이었다(Elobson, 1932: 92; Binger, 1892, I: 470-473, 498).[82] 사바나의 하우사나 모시 맘프루시 지방과

82. 빈제르가 조사한 시대에 모시의 수장은 아직 창과 같은 것으로 무장한 기마병 부하들에게 인근 부족의 마을을 야습하게 하여 노예를 포획하였고, 빈제르도 우연히 동행한 야간 약탈에서, 두 개의 부대가 각각 17명, 5명의 포로를 끌고 돌아와 빈제르에게도 그 중의 여자 세 명이 보내졌다(Binger, 1892, I : 471).

해안의 아샨티 지방 사이에 장거리 교역이 흥성했던 이후, 양 지방의 교역 중개지로서 번영한 사라가는 북방으로부터 끌려온 노예를 사고파는 시장으로서 번성하였고, 사라가의 시장에서 아샨티는 코오라의 열매나 해안의 영국인들이 가져온 옷감 등과 노예를 교환하였다(Syme, 1932; Kevtzion, 1968: 30, 32). 또한 아샨티의 최고 수장 아산테헤네는 18세기 초 자신의 세력 하에 두었던 북쪽의 다곰바 수장으로부터 매년 200명(이 숫자는 자료에 따라, 그리

고 전승에 따라 다르다)에 이르는 노예를 공납으로 차출하였다(Cardinall, 1931:268; Davies, n.d; Tamakloe, 1931: 33). 노예는 사바나나 삼림지대에서 행해지던 장거리 교역의 운반수단으로서도 중요하였다.

흑인 아프리카에 관한 일반적인 결론에 도달하는 것은 아직 멀었지만, 지금까지 알려진 사실로도, 적어도 서아프리카 내륙의 많은 사회에서는 장거리 교역이 집권적인 정치지배를 창출해내는 데 반드시 필요한 조건은 아니었다고 하더라도, 군사 정치적 수장이 장거리 교역에 기생하면서 세력을 유지하거나 확대할 수 있었다는 점은 분명해 보인다.

흑인 아프리카사회에 가장 적극적으로 '아시아적 생산양식'의 모델을 적용하려 했던 프랑스의 슈레 카나르도 식민지화 이전 아프리카의 국가 형성에 장거리 교역이 행한 역할이 크다고 인정한다. 그러나 그는 그 '기초가 본질적으로 농민적'인 모시 국가가 그 반대의 예를 제시하고 있다고 하면서, '거기에서는 하나의 사회를 넘는 장거리 교역이 국가 형성에 직접적인 역할을 했다고 인정할 수 없다'(Suret-Canale, 1969: 122)고 하였다. 슈레 카나르는 '농민적인 기초'를 갖는 국가의 예로 모시만을 들고 있는데, 그가 의거하고 있는 것은 모시에 대한 것이기는 하지만 자료의 취급방식에서 문제가 많은 하나의 보고서(Kabore, 1962)에 불과하다. 그러나 이하에서도 검토하겠지만 우선 '농민적 기초'(base paysanne)라는 것의 내용이 무엇인지를 검토해야만 하며, 모시 사회에서 장거리 교역이나 외래 상인집단이 행한 역할 등도 금후의 과제로 삼아 연구해야만 할 것이다.

한편 식민지화 이전의 아프리카에서 장거리 교역이 집권적 지배의 성립에서 행한 역할을 강조하여, '아프리카의 전제군주는 자신의 신민보다는 주변 부족을 착취했고…잉여생산물의 주요 부분은 실제로는 장거리 교역으로부터 얻어진 것이다'라고 하여 아시아적 생산양식 대신에 '아프리카적 생산양식' 모델을 제시한 연구자도 있다(Coquery-Vidrovitch, 1969). 식민지 이전의 흑인 아프리카라고 하더라도 극히 다양한 지역과 시대를 한 묶음으로 묶어서 그것을 '아프리카적'이라는 생산양식의 규정으로 끌고 가는 것 자체가 현재까지의 아프리카 연구의 축적에서 판단하건대, 과도한 일반화라 하지 않을 수 없으며 '농민적 기초'와 '장거리 교역에 의한, 외부 사회로부터의 잉여생산물의 획득'을 이율배반적 또는 양자택일적으로 보아서는 안 된다고 생각된다. 다호메이와 같이 해안지방에서 이루어진 유럽과의 대규모적인 교역(특히 노예교역)에, 집권적 정치조직의 수장이 직접 관여한 경우를 제외하면 장거리 교역의 당사자는 거래가 이루어지는 장소가 되는 사회의 입장에서 볼 때 외래의 특수집단의 사람들이었다. 거래가 이루어지는 장소가 되는 사회가 집권적 정치조직을 발달시켰다고 하더라도 그 사회의 경제적 기초는 주로 농경에 있고, 더구나 장거리 교역에서 농작물은 대부분 상품화되지 않았다.

그 주요한 이유는 ①농경생산성이 낮고 잉여농작물을 얻기 힘들었다는 것, ②농작물의 종류가 거의 같은 사바나 지대가 남북 방향만 하더라도 300~400km에 걸쳐서 이어져 있고(동서로는 아프리카 대륙을 횡단한다), 북쪽의 사막과 남쪽의 삼림과의 경계지역을 제외하면 생태적으로 다른 지역간에 농작물이 교환될 이유가 없었다는 것, ③바퀴가 알려지지 않았고 소나 말 등의 대형 가축도(일부를 제외하고) 교역상의 운반 동물로 이용되지 않았기 때문에 나귀나 인력으로는 운반이 곤란할 뿐만 아니라 이익도 적은 곡물 등의 농작물이 장거리 교역의 품목에 포함되지 않았다는 것 등을 생각해 볼 수 있다.

이러한 상황에서 '농민적 기초'와 '장거리 교역'은 서로 이율배반적인 것이 아니라 적어도 모시 사회에서는 공존하고 있었던 것이다. 이하에서는 이 점에 관해 검토해보자.

식민지화 이전 혹인 아프리카사회의 경제를 문제시할 때, 가장 곤란한 것은 대부분의 사실에 대하여 수량적 파악이 불가능하다는 것이다. 특히 '농민적 기초'에 대하여 생각할 때, 모시 사회에 토지의 면적이나 농작물의 분량을 표시하는 단위가 없다는 것은 치명적이다. 여기에 식민지화 이전의 상태에 관하여 이용할 수 있는 정보가 불명확할 수밖에 없는 조건도 맞물려서 정량분석이 아닌 정성분석이 될 수밖에 없다. 수량을 다루는 경우에도, 수량 그 자체의 의미로서가 아니라 여러 가지로 제시되고 있는 수량들 사이에서 상대적인 대소 관계가 갖는 의미를 문제시하는 선에서 만족할 수밖에 없다.

모시 사회에서 농경생산의 다과를 정하는 최대 요인은 모시의 자연조건, 토지의 활용 제도, 농경기술에서는 농경에 동원할 수 있는 인간의 숫자 등이라는 것을 앞에서 말한 바 있다. 현재도 지배적으로 기능하고 있는, 모시 사회의 농경을 둘러싼 관행이나 의례를 기초로, 식민지화 이후에 초래된 새로운 요소나 변형에 대한 비판적인 검토를 통해 세 가지의 급부(給付)[83] 사이클(cycle)을 추정해보기로 하자(〈표 7〉). 첫째로, 신하가 수장에게 농경 노동력을 제공하는 것과, 수장이 신하를 군사 정치 사법상으로 보호하는 사이클이다. 둘째로, 곡물의 수확제인 '바스가' 등의 의례에 신하가 수장에게 바치는 것으로, 대부분의 경우

83. 그 행위가 경제행위라기보다는 이하의 검토에서도 밝혀진 것처럼, 오히려 사회생활의 다양한 측면과 불가분 관계에 있던 종합적인 행위로서 성립하기 때문에, 여기에서는 모스(Mauss, 1923-24) 등의 용례를 따라 '급부'(prestation)라는 용어를 사용하였다.

살아 있는 가축이나 가금― '나 포솜'(수장에 대한 예의)라 불린다―과, '바스가' 및 기타 일년 중에 이루어지는 다양한 의례나 알현의 자리에서 수장이 신하에게 내는 음식물(가공된 농축산물)의 향응의 사이클이다. 셋째로, '포그 슈레'에 의해 수장이 자기 마음대로 할 수 있는 여성을 자신에

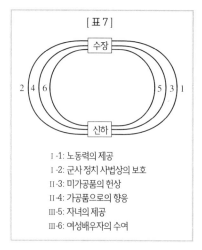

[표7]

수장

2 | 4 | 6 ··· 5 | 3 | 1

신하

Ⅰ-1: 노동력의 제공
Ⅰ-2: 군사 정치 사법상의 보호
Ⅱ-3: 미가공품의 헌상
Ⅱ-4: 가공품으로의 향응
Ⅲ-5: 자녀의 제공
Ⅲ-6: 여성배우자의 수여

게 특히 충절을 다한 신하에게 배우자로 주고, 신하는 그 사이에서 태어난 첫 번째 아이(남자 또는 여자)를 다시 수장에게 바치는 사이클이다.

이 3개의 사이클은 실제로는 서로 분리될 수 없을 정도로 중복되고 상호 관련되어 있는데, 각각의 사이클에 직접 관여하는 신하의 숫자는 첫 번째 경우가 가장 많고 세 번째 경우가 가장 적다. 또한 각각의 사이클에서, 신하로부터 수장을 향한 이른바 '상승급부'와 수장으로부터 신하에게로의 '하강급부'를 비교해보면, 첫 번째 사이클에서 상승급부는 상당량이 정기적으로 이루어지는 것에 비해 하강급부는 임시적인 것이다. 두 번째 사이클에서 헌상은 연 1회 그것도 임의로 이루어지며, 헌상을 수행하는 신하의 수와 헌상물의 양도 이 사이클에서 횟수가 많은 하강급부를 받는 신하의 연인원수와 음식물의 총량과 비교해본다면 지극히 적다. 수장측 농산물의 잉여는 첫 번째 사이클의 상승급부에 의해 생성된다고 볼 수 있다. 세 번째 사이클에서도 보통 1명의 여성이 결혼 후 2명 이상의 아이를 낳는다는 것을 생각한다면, 그녀 자체가 농경 생산수단이며 동시에 농경 생산수단으로서의 인간의 재생산수단이기도 한 아내를 하강급부에 의해서 얻는다는 것은, 상승급부로 첫째 아이를 바친다 하더라도 이런 상태의 신하는 보통 첫 번째와 두 번째 사이클의 상승급부에도 반의무적으로 참가하기도 하지만, 하강급부 쪽이 신하에게 더 수익이 남는 일이라고 볼 수 있다.

그림 26 수장례(首長禮) '나 포솜'에 온 신하

매년 농작물을 수확한 후, 대소의 수장부터 가정의 가장에 이르기까지, 다양한 일정으로 조상제례인 '바스가'를 행한다. '바스가'의 전에 그해에 수장의 은혜를 입은 사람들이 닭이나 어린 암탉, 돈, 경우에 따라서는 양이나 산양을 가지고 수장에게 찾아와 예를 올린다. 이것을 수장례 '나 포솜'이라고 한다. 사진은 텐코도고 왕의 '바스가'의 전날, 닭이나 돈을 가지고 예를 올리러 온 신하.

결국 상승급부에 대하여 하강급부도 상당히 크다고 볼 수 있는 이 사이클들이 서로 중첩되면서 만들어내는 급부체계는, 농산물의 종류가 대수장으로부터 일반민에 이르기까지 거의 등질이며(토진비에, 수수류, 아주 적은 벼, 광저기, 밤바라콩 등의 콩류 등), 농경 생산성이 일반적으로 극히 낮고 농산물이 상품화되지 않았다는 등의 조건과 맞물려 누적적으로 기능하지 않고 신하와 차이가 많은 큰 부가 수장에게 축적되는 것이 가능하지 않도록 해왔다고 생각된다('선심(배품)' 이 수장이 갖추어야 할 조건이라는 점에 대해서는 12장의 주51)을 참조). 더구나 이 사이클들이 한 사람의 대수장에게만 집중되어 있는 것이 아니라 동일 사회 내의 다양한 사회통합 수준에서 상이한 규모로 반복되고 있다는 점에도 주목할 필요가 있다. 이러한 점에서 보더라도 모시 사회는 집권적 경향을 가지고 있기는 하지만, 기본구조에서 극히 환절적이라 할 것이다.

이러한 급부 사이클의 전체는 서비스(Service, 1962: Ch.5)나 폴라니[84]가 주장한 것과 같이, 수장의 경제적 '조정' 과 부의 '재분배' 의 기능을 갖는 것으로서 파악할 수 있는 것일까? 앞에서 대략 소개한 농경을 중심으로 하는 모시 사회의 급부체계에 대하여, 그런 관점에서 검토를 더 해보고 한다면 다음의 네가지 점에 주의해야 할 것이다.

84. 폴라니(Polanyi, 1966: Ch.3)에 의해 '재분배' 로 파악된 한에서 다호메이의 예는, 모시의 경우에 대해서는 유사한 예라기보다는 오히려 대조적인 예로서 비교되어야 한다고 나는 생각한다. 즉, 다호메이에서는 모시의 경우보다 ①경제활동의 여러 분야에 대한 수장의 규제가 훨씬 크고, ②인구조사를 행하는 행정기구와 과세 징수기구가 발달해 있으며, ③공납 재분배의 주기에 들어있는 물품의 종류와 그 기원지도 다양하였다. 단지 어느 경우라도 '상승급부' 와 '하강급부' 가 '의무' 와 '은혜' 라는 서로 마주 보는 방향의 사회적 의미를 띠고 맺어져 있는데, 이 사이클을 통해서 지배자의 권위가 강화된다는 점에서 양자는 유사하다고 할 수 있다.

첫째, 상승급부는 하강급부에 비해서, 보다 소수의 사람으로부터 보다 집중적으로 이루어진다. 특히, 농경노동력의 제공에 있어서는, 수장의 처자, 근친자, 노비, 수장의 곁에서 여러 가지 임무에 종사하고 있는 신하들, '포그 슈레' 에 의해서 수장에 은의를 입은 자 등은, 농작업의 전반에 걸쳐서 아주 큰 노동력을 제공한다. 그에 비해 수장의 경지에 가까운 촌민이 음식물의 향응을 받고 나서 노동력을 제공하는 것은, 파종에서 탈곡까지의 작업 중 2~3회에 불과하고 1회의 노동량도 전자에 비교할 때 적다. 사람 숫자로 말한다면, 전자는 후자보다 훨씬 적고 또 전자는 그 범위가 고정되어 있으며, 노동의 제공도 의무적인 데 비해 후자는 그 범위가 보다 애매하며 의무로서의 성격도 보다 미약하다.

둘째, 상승급부와 하강급부가 그 사회적 의미에서 현저하게 다르다는 것이다. 상승급부는 특히 절대적 의무인 '포그 슈레'에 따른 자녀의 제공에서부터, 자기 마음대로 행하는 가축가금의 헌상에 이르기까지, 다소나마 '의무' 또는 '당연한 책무'라는 성질을 띠고 있다. 그에 대해 하강급부는 수장이 신하에게 베푸는 '은혜'로 간주된다. 예를 들어 수장의 조상제사 때에는 수수로 만든 술을 넉넉하게 내리고 많은 신하들이 이를 마시고 기분 좋게 대취하는데, 그러한 것이 신하로 하여금 수장의 은혜를 기리는 마음을 가지게 하는 큰 힘을 발휘하는 것이다. 누구라도 그 자리에 몇 번 정도 참석해보면 그러한 점을 감지할 수 있다.

셋째, 이들 급부체계는 자동적으로 기능하고 있는 것도 아니고, 신하들측에서 요청하여 행해지는 것도 아니며, 오로지 수장 측의 주도와 통제에 의해서 움직이고 있다는 것이다.

그리고 넷째로, 이러한 전체 급부체계가 '조정'과 '재분배'라고 파악하는 발상에 들어 있는, 폐쇄된 체계 안에서의 조화적 기능을 가지고 있지 않다는 것이다. 농산물이 상품화되지 않았기 때문에 직접적인 관계는 없다고 해도, 이 사회의 틀을 넘어선 장거리 교역이 수장의 부와 권위를 확충시키는 데 공헌하는 바가 크고, 수장측의 힘의 증대는 상승급부에 대한 동원력을 늘려주는 것과 관련되어 있다. 또한 앞에 말한 세 가지 점을 통해서도 분명해졌듯이, 이러한 급부체계는 조화적인 것과는 상당한 거리가 있다.

수장은 이러한 의무와 은혜가 조합된 급부체계를 통해서 그 지배력을 보다 강화하고 확대시킬 수 있다. 다만 그것이 특정한 대수장의 부를 비약적 누적적으로 증가시키는 결과를 초래하지 않는 것은 이미 전술한 바와 같이 농경 생산 자체가 가지는 비누적성(교역의 약탈적 성격에 대해서는 후에 서술한다)과, 이러한 급부체계가 모시의 정치 사회구조(특히 9장, 10장 참조)와 함께 내장하고 있는 분절적 성격에 기인한다고 생각할 수 있을 것이다.

상당한 지역적 범위와 인구를 가진 사회가 비교적 안정된 군사 정치적 비호 아래에 있는 경우, 그 내부에서 활발하게 직업의 분화와 공예의 발달과 교역의 촉진 등이 일어날 것으로 생각할 수 있지만 모시 사회에서는 외래의 특수집단인 얄시의 일부 중에 목면 짜기와 상업이라는 두 가지 일을 동시에 거의 전업적으로 하는 사람이 있으며, 북부 모시 사회에서 대장장이(남)와 토기를 만드는 사람(여)이 폐쇄적인 내혼집단을 형성하고 있는 것 외에는 피혁가공, 바구니 짜기 등의 공예가 전부 농경생활자의 부업 정도에 머물며 전업화되지는 않았다. 북부와 중부 모시와 비해 선주민에 대한 통합이 늦었으며 더구나 불충분했던 남부 모시 사회에서 직업분화가 특히 약하다. 또한 전체 모시 사회와 모시 사회에 비해 정치 사회적 통합의 규모가 아주 작았던 인근의 여러 종족을 비교해보면, 오히려 후자 쪽이 공예의 발달과 세련 면에서 더욱 두드러진다.

정치 경제 조직의 집권화와 그 사회 내부의 직업 분화발달의 관계는, 내가 현지 조사를 통해 모시의 인접사회와 비교하면서 추구하고 싶은 주제 중의 하나이다. 어떤 자연 역사조건 하에서 부족에 따라 달라지는 문화 에너지의 발산 방향의 차이도 고려하지 않으면 안 될 것이다. 직업 분화와 공예의 발달을 촉발하지 않는 듯한 정치 경제조직의 성격, 그리고 자연조건 등도 검토되어야만 할 것이다.

한편 상인이 선물을 주거나 또는 노예와의 교환을 통해 장거리 교역이 군사 정치적 수장에게 가져다준 것은 앞에서 이미 살펴본 바와 같이, 사치품인 의류, 장신구나 코오라의 열매, 말, 총포, 소금 등이었다. 이들은 희소가치를 갖는 위신재로서, 수장이 그것을 소유하거나 일부를 신하에게 부여하는 것을 통해 수장의 권위를 높여준다. 말이나 총포 같은 것은 수장의 지배를 강화시키는 수단으로 직접적으로 도움이 될 뿐만 아니라 교역재원인 노예를 더욱 많이 포획하는 데 도움이 되는 것이었다.[85]

이와 같이 살펴보면 모시 사회의 집권적 정치조직 하의 사회에서 '농민적 기초'와 '장거리 교역'은 후자가 수장의 지배를 강화시키는 역할을 하는 형태로 공존할 수 있지만, 양자가 농산물의 (다른 사회에

[85] 구디(Goody, 1971)는 식민지화 이전의 서아프리카 국가 형성에서, 생산수단과 동시에 파괴수단도 중요한 역할을 가진다고 말하고, 그 주요한 것으로 말과 총을 예로 들어 사바나와 삼림지대를 대비시켜 논하고 있다. 말과 총이 반드시 배반적이라고 생각할 수는 없다고 하나, 이들 두 가지가 서아프리카 흑인사회의 경제적 기반인 '약탈적' '정체적' 성격(옳고 그름을 포함하여)에 대해 검토하는 과정에서 중요한 열쇠가 될 것이 확실하다. 또한 여기에서 논하는 흑인 아프리카에서 농경생산과 교역을 둘러싼 문제에 대해, 경제인류학적 시야에서 이론적인 전망을 제시하고 있는 것 중에, Meilassoux(1968)가 많은 시사를 해주고 있다.

팔기 위한) 상품화나, 또는 (농경생산을 증대시킬 수 있는) 상품의 (다른 사회로부터) 유입이라는 형태로는 유기적으로 결부되어 있지 않다는 것을 알 수 있을 것이다. 따라서 군사 정치적 지배자가 장거리 교역을 기생적으로 이용하면 수장의 지배는 강화되겠지만, 농경에 기초한 모시 사회 전체의 부의 축적에는 공헌하지 않는다. 오히려 모시 사회의 생활권으로부터 다른 지방으로 내다파는 주요 상품인 노예가 유출─노예는 모시 사회의 내부의 전란의 결과로 획득된 것도 있고 약소한 다른 부족을 습격하여 포획한 것도 있지만, 크게 보아서 그 지방 전체의 생산력 유출인 것에는 변함

이 없다—됨으로써 비료를 주지 않는 이동식 화전 농경이 자연에 대하여 '약탈적'인 것과 마찬가지로 모시 사회를 포함한 사바나에 퍼져 있는 이 지방 사회 전체에 약탈적으로 작용한다고 생각할 수 있는 것이다.

17. '전통적' 사회라는 허상

본서를 집필하면서 나는 유럽 세력에 의한 식민지 지배의 영향이 침투하기 이전 혹인 아프리카사회를 가리키는 데 '전통적' 이라는 형용사[86]를 사용하는 것을 의식적으로 피하였다. 그것은 어느 한 사회 특히 비서양 사회를 근대화된 사회와 대치시켜 전통적이라고 규정함으로써 무의식중에 '전통적 = 비서양적 = 고정적', '근

> [86]. Le Petit Robert(1970)에 의하면, 프랑스어로 'traditionnel, elle' 라는 형용사는 비교적 새로운 것으로, 1772년부터 사용되기 시작하였는데, 이 형용사의 뿌리가 되는 명사 'tradition' 은 훨씬 오래 전인 1291년부터 사용되고 있었으며, 라틴어의 'tradere' (건네다, 전달하다)에서 유래한다고 한다.

대적 = 서양적 = 발전적' 이라고 보는 피상적인 이원론에 빠져들 가능성을 기본적인 용어에서부터 배제하고자 생각했기 때문이다.

원래 서양 사회까지도 포함하여 막연하게 '오래 전부터 전해진 것' 을 가리키는 데 사용해왔던 '전통적' (traditionnel, elle)이라는 형용사는, 시간이 지나면서 근대 서양의 충격을 받은 후의 문화와 구별하여 가리키는 말로서 '혹인 아프리카의 전통적 사회구조', '족의 전통적 토지제도', '상아해안의 전통적 미술' 등과 같이, 일상의 회화나 문장에서 그리고 학술 논문에서도 빈번하게 사용되게 되었다.[87] 하지만 단순히 이러한 형용사의 남용을 경계하여 모든 사회는 역사 안에 존재한다고 하는, 그것 자체로서는 부정할 만한 여지가 없는 원칙론을 내세운다 하더라도 그것만으로는 조금도 문제해결이 되지 않는다. 지금도 '전통적' 이라는 말

> [87]. 용례가 너무 많아서 일일이 셀 수가 없을 정도인데, 프랑스의 중견 경제인류학자 메이야수(Meillassoux)와 같이, 식민지화 이전의 아프리카사회에 대해 그 발전하는 모습에서 파악하는 것을 기본적인 입장으로 하는 학자조차 '전통적 구조' (les mecanismes traditionnels), '전통적 사회' (les societes traditionnelles)와 같이 '전통적' 이라는 말의 내용을 전후맥락에서 보아도 특별히 명시하지 않고 사용하고 있다(Meillassoux, 1960: 46). 이 점에 대한 필자와의 개인적인 토의에서 메이야수 자신도 이 용어의 불충분함을 인정하고 있고, 다른 적절한 용어가 없어서 어쩔 수 없이 사용한다고 하였다. 다만 "societe bourgeoise" 에 비해 구성원이 더 강하게 "tradition" 에 구속되어 있는 사회를 규정하는 용어로서는 어느 정도 근사적 타당성을 가지고 있다고 한다. 또한 아프리카의 사례에 근거한 이론적인 검토로서는 Balandier, 1974: Ch.4가 있다.

을 보물처럼 써먹고 있는 현실도, 그리고 모든 사회는 역사 안에 존재한다 라는 명제도, 모두가 다시 한번 검토되어야만 하는 문제를 포함하고 있다 고 생각되기 때문이다.

한 예를 들어보자. 남부 모시족 독립 수장의 한 사람인 와루가이 나 바는 이 지방에서 유일하게 큰 저택을 지어, 각각의 관직명을 지닌 궁정 신 하가 있는 궁정 기구를 지니고, 궁정 악사의 수도 많으며, 화려하고 아름다 운 의상을 입고 수확제를 비롯한 여러 가지 의례를 행하고 있다. 한편 와 루가이 나바와 선조의 계보가 같은 이웃의 독립 수장 라루가이 나바는 특 별히 가까운 신하도 없으며, 주거도 다른 많은 모시족의 수장들의 저택과 같은 것을 소유하지 못하고 그저 흔한 형태의 건물만 가지고 있으며, 수장 으로서의 의례도 지극히 간략한 것들만 행하고 있다. 모시족 내 다른 수장 에 대한 지식을 전제로 해서, 이 두 수장에 대해 각각 과거로 거슬러 올라 가지 않고 현재만을 관찰한다면, 와루가이 나바 쪽이 훨씬 모시족의 전통 에 충실하며 '전통적' 수장의 체제를 갖추고 있다.

하지만 양자가 분립하기까지의 계보를 자세히 이야기하고 있는 라 루가이의 전승과, 분립된 이후에 매우 혼란스러워진 와루가이의 전승을 비교 검토해보면, 갈라져 나온 이후의 와루가이 나바의 조상들은 몇몇 마 을에 나누어 살았으며 통일 수장의 지배는 장기간 존재하지 않은 것 같다. 현재 수장의 거주지 와루가이에 선조가 거처를 정한 것은 불과 5대 전 수 장 때의 일이었다. 게다가 라루가이측의 전승에 따르면 그후 라루가이의 수장은 와루가이의 수장과 싸워 이겼다고 한다.

또한 라루가이의 전승이나 식민지 행정관의 보고서를 살펴보면, 제 1차 세계대전에서 와루가이의 바로 남쪽에 해당하는, 당시의 독일 식민지 였던 토고에 프랑스군이 침공했을 때 먼저 프랑스 지휘관으로부터 병력의 제공을 명령받았던 당시의 라루가이 나바인 시그리는 명령을 따르지 않고 당시의 와루가이 나바인 쿠도가레가 그를 대신하여 수하의 병사들을 거느리고 프랑스군에 가담하였다. 이 때문에 프랑스 식민지 행정당국은 지금까지의 'chef de province'(지방 수장)라는 지위를 부여했던 라루가이 나바를 1917년 'chef de canton'으로 격하시키고, 대신에 와루가이 나바를 'chef de province'에 임명하였다.[88]

88. chef de province와 chef de canton의 성격에 대해서는 15장을 참조할 것.

식민지 시대 아프리카인의 '전통적' 수장은 식민지 행정당국이 부여한 지위에 따라 행정을 분담하고 그 대가로 급여를 받고 있었다. 프랑스의 지배 하에서 화폐 경제에 휩쓸리고 게다가 현금 수입의 가능성마저 제한되어 있던 당시 모시족의 수장에게, 지위의 변동 즉 급여의 변동은 수장 자신의 경제생활 나아가서는 그 자신의 지배 하에 있던 주민에 대한 영향력 변동을 의미하였다. 지위가 격상된 와루가이의 수장은, 이후 증가한 수입을 기반으로 궁정 신하를 임명하고 모시족의 대수장에 어울리는 의례를 성대하게 행하였으며, 격식 있는 '전통적' 수장으로서 체제를 마련하고 강화하는 데 고심한 듯하다. 각 궁정 신하의 직분이 명확하지 않고 그들의 역사를 거슬러 올라간다 해도 1~2대에서 단절되어 버리고, 숫자로는 모양새를 갖춘 수장의 악사들이 이야기하는 선조의 계보가 혼란스러운 것 등은 와루가이 나바의 이러한 과거를 여실히 반영하고 있다. 한편 지위가 격하된 라루가이 나바인 시그리의 아들도 식민지 행정당국과 사이가 좋지 않아 수장의 지위를 빼앗기고 시그리 형의 손자뻘인 소안가가 라루가이 나바에 임명되었다. 그는 이슬람교도이며, 1954년 그 뒤를 아들인 현재 수장이 계승하였는데 그도 열렬한 이슬람교도로서, 모시족 수장들이 수행해온 '전통적'인 의례와 관행을 점차적으로 폐지 내지 간략화하도록 하였다. 결국 이 두 명의 모시족 수장은 식민지화 이후에 외부로부터 들어온 힘의 영향을 받아, 한 쪽은 '전통적' 이 되었고, 다른 한 쪽은 '전통적' 이 아니게 되었다.

이러한 변화를 만들어낸 과거를 충분히 되새겨보지 않고, 현재만을 관찰하는 사람은 전통적이라고 여겨지는 것이 지니고 있는 굴절된 의미에 간단히 속았을 것이다. 또한 이러한 사건들이 상당히 가까운 과거에 일어났기 때문에 그러한 사건들이 잊혀지든지 없어지든지 왜곡되든지 한 연후에 이 두 수장의 의례나 관행을 관찰하는 외부인은, 모시족의 '전통적' 인 수장의 존재양상에 대해 어떠한 판단을 내릴 것인가. 게다가 상황을 과거로 평행 이동시켜 생각해보면, 과거를 충분히 확실하게 추적하는 것이 가능하지 않은 상태에서 현재를 관찰하고 있는 여러 사상(事象)에 대해서도 같은 염려를 갖게 될 것이다.

'전통적' 이라고 여겨지는 것들은 사람들이 속아 넘어가기 쉬운 성질을 지니고 있다. 이 성질은 어떠한 것을 전통적인 것으로 떠맡는 당사자와 그것을 전통적인 것으로 규정하는 외부자의 두 시점에서 생각해볼 수 있다. 전자에게는 '전통적인 것' 이 어떠한 형태이든지 간에 변동이나 혼란(특히 외부로부터의 대규모의 충격에 의하여 생긴 혼란) 속에서 잊혀져가고 있는 문화상의 자아를 확인하는 근거로서 우선적으로 채용된다. 후자에서는 인식의 주체에 공간적으로 가까운 만큼 시간의 축을 따라 변화가 상세하게 인식되기 쉽다는 변화의 인식에 관한 일반적인 원근법에 의해, 관찰자와의 문화 차이가 큰 문화에 속할수록 '예전부터 있는' 문화형태는 '근대적' 인 것과 대치시켜 일괄적으로 '전통적 고정적' 인 것으로 이해되기 쉽다. 어느 쪽의 경우에도 전통적인 것 자체가 어느 한 시대 어느 한 사회에서 어느 한 조건 아래 만들어져, 그후에도 변화해온 것이라고 하는 분명한 원리에도 불구하고, 고정적인 이미지로 파악되기 쉬운 것이다.

그림 27 베를 짜는 사람

목면의 직물을 짜는 일은, 모시 사회에서는 일찍이 이슬람화된 북방 만데계 기원의 얄시족이 들여왔다고 생각되고 있다. 현재도 얄시족에서 면포를 짜는 사람은 많지만, 그들이 배타적으로 독점하고 있는 것이 아니라 얄시 이외의 사람도 기계로 베를 짤 수가 있다. 베를 짜는 기계는 모두 발로 조작하는 종광(綜絖)이 두 장 붙어 있는 것으로, 세로실의 수가 60~120개로 된 폭이 좁은 직물을 짠다. 왕을 위한 두건이나 의복을 짜는 것 등을 통하여, 왕과 직물사의 사이에 특수한 관계가 성립되는 경우도 있으며, 왕의 문화적인 우월함의 표시로서 '옷'의 중요성을 생각하게 한다. 모시 사회에서는 목면에서 실을 뽑아내는 것은 대부분 여자들의 일이지만, 베를 짜는 것은 남자들에게 한정하고 있다.

그림 28 마을의 대장장이

풀무는 흙을 구워 만든 위에 가죽을 씌운다. 풀무로 숯불을 일으켜, 지금은 주로 농기구의 날을 만든다. 옛날에는 창 화살과 같은 무기도 만들었다. 식민지화 이전에는, 지표에서 채집할 수 있는 탄화철의 철광석을, 흙으로 만든 고로(高爐)에서 몇 대의 풀무를 써서 3일 밤낮을 걸려 녹였지만, 지금은 대부분 자동차의 폐품 등의 고철을 원료로 하여 단순히 가공한다. 목탄은 동굴 안에 나무를 태워서 흙을 뿌려 얻은 숯에 가까운 것으로, 화력도 약하고 철의 주조를 하는 것도 불가능하다. 북부의 모시 사회에서 대장장이는 토기를 만드는 여성과 함께 내혼적인 집단을 이루고 있지만, 이것은 중부나 남부 모시 사회에서는 인정되지 않는다. 사진은 남부 모시 사회의 비사족 대장장이.

이러한 사실은, 과거의 생성 변화의 흔적을 문헌 자료 등을 참조하여 어느 정도 상세히 추적하는 것이 가능한 사안에 관하여 살펴보게 되면 한층 더 분명해질 것이다. 일본문화와는 거리가 먼 문화에 속한 사람은 일본의 노(能), 가부키(歌舞伎), 닌교조루리(人形淨瑠璃)는 메이지 이후에 수입된 신극이나 오페라에 비해 일괄적으로 일본의 전통적인 연극이라는 식으로 비역사적인 파악을 하기 쉽다. 또한 잊혀져가기 시작한 문화상의 자아를 확인할 버팀목으로서, '화혼(和魂)'의 개념을 그 유래나 그것이 활용되던 방식의 역사적 변천을 번거롭게 추적하기보다는 초역사적으로 파악하는 편이 그 효능을 더욱 크게 하는 것이다.

전통적인 것이 지닌 이 두 가지의 측면은, 서양 문화의 충격을 받아 문화적 자아가 지녀야 할 통일성이 혼란에 빠져 있으면서, 게다가 연구자로부터 아주 멀리 있어서 별 관심을 받지 못한 사회에 대해, 그리고 과거에 대한 문자기록을 지니지 못한 사회를 주된 연구대상으로 해온 문화인류학에 대해, 각각의 영역(그러한 사회와 문화인류학이라는 학문)에 문제를 제기해왔다. 흑인 아프리카에 대해 살펴보면, 문화적 자아의 버팀목으로서 '전통적' 가치의 표방은 세네갈의 시인 대통령 상고르가 주창하는 '흑인성'(黑人性. negritude)의 주장에서 전형적으로 볼 수 있으며, 이것은 여러 가지 점에서, 일본의 '화혼' 사상과 비교할 수 있는 것이다.[89] 지금 이 점에 대해 깊이 언급하는 것은 이 책의 주제에서 너무 벗어나는 것이므로 다른 기회로 미루기로 하고, 여기에서는 두 번째 지적한 외부인의 시점에서 보는 아프리카사회의 '전통적인 것'이 역사와 관련해서 제기하고 있는 문제에 대한 검토를 덧붙이고자 한다.

이 문제를 생각하는데, 1920년대 말엽부터 활발해진 문화변동 연

[89]. '화혼양재'(和魂洋才) 문제에 대해서는 平川祐弘의 노작(平川, 1971)에서 교시를 얻어 촉발된 부분이 많았다.

구의 방법론에 대한 일련의 논의는 식민지화 이후의 '변화하는 사회'에 대치되는 '전통적' 사회의 역사상을 탐구하는 것에 대한 회의를 불러일 으켰다는 점에서 하나의 정점을 이루는 것으로 참조할 만한 가치가 있다. 1920년대는 제1차 세계대전 후 유럽 열강들에 의한 식민지 지배가 흑인 아프리카의 내륙부에 대해서도 조직적으로 행해지게 된 결과, 원주민사 회의 변동도 현저하게 일어난 시대이다. 이 시대에 흑인 아프리카를 연구 한 영국의 사회인류학자들 사이에서, 주로 식민지 행정상의 실질적 문제 에 촉발되어 문화변동 연구에 대한 논의가 활발해진 것도 결코 우연이 아

90. 근래 미국에서도 '문화 접변'(acculturation) 이라는 개념을 가지고 '다른 문화를 가진 집단 간의 지속적인 직접 접촉에 기인하는 문화형의 변화에 관한 연구'에 대해서 논의가 왕성하게 이루어지고 있다(Redfield et al., 1936).

닌 것이다.[90]

이러한 논자들 중 가장 활발한 사람 중 하나인 메이어(Mair, 1934, 1938)는 유럽 문화와 접촉하기 이전의 아프리카 원주민 문화(native culture)를 '정상적인 상태', '정적인 모습', 접촉 이후의 그것을 '병적인 상태', '동적인 모습'이라고 규정하고, 후자는 전자와의 대비를 통해서만 이해될 수 있는 것이라 하였다. 변화를 가늠하는 기점이 되는 것은, 접촉 이 시작되었던, 다시 말해 '정상'으로부터 '병적인 상태'로, '정'(靜)에서 '동'(動)으로 옮겨간 시점이며, 그것을 그녀는 문화변화의 '영점(zero point)이라고 불렀다. 접촉 이전의 원주민 사회가 내적 외적 요인에 의한 변화를 겪어오지 않았다고 보는 것은 아니지만, 접촉 이전까지 거슬러 올 라가 과거를 재구성하더라도 그것은 직접 관찰의 결과와 동일한 사실로서 의 가치를 가지지 못한다고 생각하여, 문화변동의 연구범위에서 당분간 제외한 것이다.

이렇듯 현재의 직접 관찰을 중시하고 과거의 재구성을 불확실한 것 이라 하여 멀리하는 태도는, 당시 말리노프스키의 주도 하에 잡지 『아프리

그림 29 토기 만들기

토기는 모시 사회에서 대장장이가 만드는 농기구와 함께 지금도 가장 기본적인 생활필수품이다. 북부
모시 사회에서 토기를 만드는 것은 대장장이의 처나 딸인 여자에 한정되고 있지만, 중부와 남부모시에
서는 남자의 일인 경우가 많다. 모시 사회에서는 사진과 같이 흙을 단단하게 한 凹형 안에 점토를 안쪽
에서부터 두드려 펼쳐서 물레를 이용하지 않고 둥근 모양의 항아리를 만든다. 유약은 사용하지 않으며,
낮은 원통형의 바람이 통하는 가마에서, 수수나 토진비에의 줄기를 1~2시간 태워서 구워낸다.

카』에 문화변동 연구의 방법론에 관한 논문을 발표한 인류학자들[91]에게,
정도의 차이는 있으나 공통적으로 나타난다. 하
지만 그런 의미에서 말리노프스키의 수제자였
던 메이어의 '정상상태', '병적 상태', '영점' 등
의 사고방식 역시 주관적이고 가설적이며, 과거
의 '정상상태'를 재구성하여 그것과의 비교를

91. 말리노프스키(Malinowski, 1929, 1930)의 주도 하에 1929년부터 1936년에 걸쳐 영국의 잡지 『아프리카』(Africa)에 본서에서 소개하고 있는 일련의 논문이 게재되어, 문화변동 연구 5개년 계획이 제창되고("A five-year plan of research", 1932), 그 성과는 후에 메이어가 편집하여 별책으로 모아서 발행하였다(Mair, 1938).

통해 변화를 가늠하려는 방법도 현재의 관찰을 중시하는 입장과는 배치된
다고 할 수 있다.

이에 대하여 말리노프스키(Malinowski, 1945)나 그의 영향을 받은
헌터(Hunter, 1933, 1934)의 입장은 과거의 재구성에 대한 불신이라는 점
에서 한층 더 철저하였다. 그들은 현재 기능하고 있는 '통합된 전체'
(integral whole)를 관찰하고 이해하는 것에 압도적인 중점을 두고 있는데,
말리노프스키에 따르면, 과거는 현재에도 기능하고 있는 잔존으로서
(Malinowski, 1945: 35), 또는 '현재의 심리적 실재'(psychological reality of
today) (Malinowski, 1945: 29)로서만 그 의미를 가진다는 것이다. 말리노
프스키의 문화의 접촉 변동연구 방법의 도식에서도, 과거의 재구성은 전
적으로 보조적인 위치만을 부여받고 있다.[92]

하지만 말리노프스키도
헌터도 확실한 자료를 토대로 하
지 않은 과거의 재구성에 경고하
고 있기는 하지만, 아프리카사회
의 역사연구 일반의 가치를 부정
하고 있는 것은 아니다. 오히려
말리노프스키 기능주의에서, 시

92. 문화변동 연구의 방법으로서 말리노프스키는 데이터를 세 종류의 란(欄)으로 나누어 고찰할 것을 제창하고(Malinowski, 1945: 73-83), 스스로 아프리카의 몇 가지 사례에 대해서 이 삼란법(三欄法)의 적용을 시도하고 있다(Malinowski, 1945: Part II). 세 가지 란(欄)이라고 하는 것은, ①백인의 영향, 이해(利害) 및 의도, ②문화접촉과 변화의 과정, ③전통의 잔존 형태이며, 나아가 이것들을 보조하는 란(欄)으로서, ④재구성된 과거, ⑤아프리카인의 측면에서 본 자발적 재통합 또는 반응의 새로운 힘, 이 두 가지를 부가하는 것도 유익할 것이라고 하고 있다. 다만 ③ "란(欄)은 과거의 재구성에 의해 얻어진 데이터를 결코 포함해서는 안 된다"(Malinowski, 1945: 75)고 특별히 말하고, ④란(欄)의 데이터의 유효성은 "다른 란(欄)들의 그것과는 전혀 다른 차원의 것이다"(Malinowski, 1945: 76)라고 논하고 있다.

간이라는 차원에서 문화의 전반적인 과정(processes of culture)의 문제는 중심 과제를 이루고 있으며, 소규모의 역사연구인 과정의 연구는 역사적 재구성과 양립할 수 없는 것은 아니라고 주장하고 있다(Malinowski, 1945: 34). 여기서 거론한 문화변동에 대한 일련의 논문의 필자 중에서 앞서 말한 세 사람을 제외한다면, 다른 논자들은 오히려 역사적 재구성의 혼란과 제약은 강조하면서도 아프리카의 '전통적 사회'를 하나의 역사상으로 보는 것의 중요성을 설명하고 있다. 예를 들면 크라우제(Kruase, 1932)는 문화구조의 역사성을 강조하면서, 문화의 성장변화는 끊임없이 일어나고 그에 따라 새로운 구조를 구성한다고 하며, 샤페라(Schapera, 1935)나 와그너(Wagner, 1936)도 문화변동의 연구에서 과거를 복원하는 것에 오히려 적극적이다.

더구나 포테스(Fortes, 1936)는 서아프리카 해안의 여러 지방과 같이, 유럽과 접촉이 15세기까지 거슬러 올라가는 곳에서는 메이어가 생각했던 것과 같은 의미에서 문화 접촉의 '영점'을 설정하는 것은 불가능하다고 하였으며, 그것을 오염되지 않은 부족생활을 변화를 측정하는 기준으로 자의적으로 상정하는 것을 비판하고 있다. 게다가 문화 접촉을 하나의 문화와 다른 문화 사이에서 단순히 주고받는 것으로 파악하는 것이 아니라 서로 다른 문화를 지닌 인간집단 사이에서 일어나는 상호작용의 지속적 과정으로 보아야 할 필요성을 주장하고 있다. 전술하였던 말리노프스키의 지도를 받은 당시의 젊은 영국 인류학자 중에서도 메이어, 헌터, 샤페라 등은 모두가 동부 또는 남부아프리카에서 현지 조사를 수행하였고, 이 지방들이 지닌 유럽과 접촉의 역사가 그 심도와 밀도에서 포테스가 연구대상으로 한 서아프리카의 해안부와는 전혀 다르다는 것도, '전통적' 사회를 비역사적으로 파악하는 경향이 양성된 하나의 요인이 되었을지도 모르겠다. 또한 이 일련의 논의가 거시적인 역사연구를 목표로 하는 것이 아니라, 식민지 정책을 위한 실용적 가치를 지닌 것을 당면의 목적으로 하여 시작되었다는 것도[93] 논의의 성격을 이해하는 데에 잊혀져서는 안 된다.

93. 이 일은 말리노프스키(Malinowski, 1930: 407), 헌터(Hunter, 1934: 335), 메이어(Mair, 1934: 415-416) 등에 의하여, 또 이들 학자가 중심이 되어 기초(起草)한 "A five-year plan of research", 1932에도 분명하게 표명되어 있다.

아프리카 원주민 사회의 과거에 대한 탐구가 말리노프스키 등이 지적한 것처럼, 자료상 커다란 제약을 지니고 있다는 것은 분명하지만 문자기록이나 아라비아 문자의 육필원고 등의 꼼꼼한 채록과 비교 검토, 고고학적 조사의 진전으로 오늘날 아프리카의 역사연구에서 전술한 논의가 행해졌던 40년 전과는 아주 다른 상황이 만들어지고 있다. 다만 이 책에서도 서술해왔던 것처럼, 이 자료들을 통해 분명히 할 수 있는 것은 수장세력의 흥망, 부족의 이동, 장거리 교역의 성쇠, 이슬람의 침투 등 정치 경제 문화사의 몇 가지의 측면이며, 흑인 아프리카의 대부분의 사회에 대해 어느 정도 이상 오래 전으로 거슬러 올라가 과거 생활에 대해 전체적으로 재구성하는 것은 지금도 앞으로도 불가능할 것이다.

하지만 40년 전의 문화변동 연구자들은 연구상 필요로 하지 않았고 자료도 애매해서 특히 통합된 전체로서 과거의 문화, 현재 기능의 연구와 비교에 적용할 수 있는 과거의 재구성은 단념하였다. 역사연구의 조건도 방향도 당시와는 다르다고는 하지만, 이러한 문화변동의 연구자들이 그 이전의 원주민 사회를 식민지화 이후의 변화상과의 대비에서 정도의 차이는 있지만, 균형이 잡힌 정상적이고 정적인 것으로 파악하기 쉬웠다는 것은 '전통적' 이라는 형용사를 계속해서 보물처럼 써먹고 있는 현실이 함의하고 있는 것과도 깊이 관련되어 있으며, 오늘날에도 우리들에게 어려운 질문으로 다가오고 있다.

아프리카의 '전통적' 사회가 역사 안에 있다고는 해도 서양 근대의 충격을 받은 이후의 시대에 비교한다면 사실 현저한 변화라 일컬어지는 것도 완만한 것이며, 상당한 정도 정체적이지는 않았을까. 거기에서 영위되고 있던 역사의 질은 서양 근대로부터 충격을 받은 이후의 그것과는 역시 종류를 나누어 달리 생각하는 편이 타당하지는 않을까. 종류를 나누어 각각의 질을 검토함으로써 양자를 균질하고 연속적인 것으로 보아서는 전혀 볼 수 없었던 것들이 보여지곤 하는데, 그것은 세계사의 동태를 이해하는 데 귀중한 척도가 되는 것은 아닐까. 인류학이나 역사학에서는 구체적인 자료가 너무나 일반적이어서 넘쳐나는 것처럼 보이지만, 그야말로 기본적인 문제를 생각하기 위한 그 자료가 현재로서는 지극히 빈약하다. 오늘날 동남아프리카의 구완베족의 문화변동에 대하여 아프리카의 인류학자 펄러(Fuller, 1959)가 행한 연구를 살펴보자.

이 지방은 15세기 말까지 거슬러 올라가면 포르투갈 항해자의 기록과, 그후의 시대에 대하여도 16세기의 난파선의 승무원이 남긴 기록도 있고, 18세기에 고메스 데 브리트가 작성한 난파선 기록들을 집성한 것 등이 있으며, 4세기 남짓에 걸친 문자기록이 상당히 많이 남아 있다. 문자기록의 검토와 인류학적인 현지 조사를 통해 얻은 자료를 문헌기록과 조합해 가면서 구완베족의 과거를 추적한 결과에 의하면, 산지에서 해안지방으로의 이동과 그에 따른 새로운 자연 사회 환경에의 적응, 및 유럽 사람과의 접촉에 의한 변화 등이 그들이 겪은 주된 변화였지만, 펄러가 이 연구에서 분명히 밝힌 것 중 주목해야 할 사실은 과거 400년 동안 다양한 외부 세력의 영향을 겪었음에도 불구하고 구완베족의 문화가 현저하게 안정(stability)을 지켜왔다는 것이다.

수많은 무문자사회에서는 구완베족과 같이 어느 정도 이상 오래 전으로 거슬러 올라가서 생활 전반을 복원하는 것은 불가능하기 때문에, 서양 근대의 충격을 받기 이전의 안정 고정 정체와 변화 누적 발전이 어떠한 관계에 있는가를 구체적으로 되돌아보는 것이 곤란한 일이기는 하지만, 변화나 발전이라는 것을 명확히 추적하기 쉬운 기술이나 물질문화의 면에만 한정해 보더라도 현재 직접 관찰할 수 있는 시점에서 과거의 변화가 완만했다는 것을 추측하게 하는 예가 서아프리카에는 지극히 많은 편이다.

서아프리카에서 오래 전부터 생활의 다양한 국면에서 사용되어져 왔던 토기[94]를 예로 들어 보더라도, 고고학적 층위로부터 발견된 토기와 현재 만들어져 일상생활에 널리 사용되고 있는 토기와의 사이에는, 제작기술상 거의 차이가 없다고 할 수 있다.[95] 금속가공,[96] 건축[97] 등도 거의 마찬가지라고 할 수 있다. 단지 기술의 전파나 때때로 공인(工人)자신의 이동에 의해, 어느 사회에서 그때까지 다른 사회에서만 사용되던 기술을 사용하게 되는 일이 많다.[98] 하지만 그것은 이전과 같은 수준의 기술이 단지 다른 장소로 이동한 것이지, 기술 자체의 개량진보라고는 인정하기 어려운 것이다. 1828년 나이저 강에서 탐험가 루네 카이에가 탄 것과 같은 배―끝에 구멍을 낸

94. Mauny, 1957; do., 1961 : 349-352참조. 또 시대를 명확히는 할 수 없으나, オート ヴォルタ 각지의 주거지에서 발굴된 토기조각 등.

95. 과거와 현재에 공통되는 주요한 특징으로서, 성형에 물레를 이용하지 않는 점, 유약을 사용하지 않는 점, 낮은 불 온도(최고 800도 전후)로 구워 만든다는 점을 들 수 있다. 덧붙임문양은 오래된 토기에서만 나타나며, 새로운 토기는 역시 옛날부터 이용되어온 새김문양으로만 되어 있는 것은 토기 제작기술상에 새로운 요소가 더해지지 않고 재래식 요소가 탈락했을 뿐이라고 말할 수 있을 것이다.

96. 이페(나이지리아)에 필경 12세기경부터 발달한 청동(또는 놋쇠)을 원료로 하는 실랍법(失蠟法)의 금속가공은 현재도 같은 기법으로 서아프리카의 해안, 내륙의 모든 지방에서 널리 행해지고 있다. 철에 있어서는, 단조(鍛造)뿐이고 주조는 서양에서 도래한 기술에 의한 것 이외에는 현재까지 이루어지고 있지 않다.

97. 14세기 아랍의 저술가 알-오마리가 당시 말리의 수도 넨니에 대해 서술하고 있는데(Al-Omarī, 1927: 60), 반죽한 흙을 덩어리로 만들어 쌓아두고, 마르는 것을 기다려 그 위에 다시 쌓아 가는 식의 주거지 벽 만들기 기법(이것과 같은 기법은 알-오마리에 의하면, 당시의 다마스에서 야채농원의 울타리를 만드는데 이용되었다고 한다)은 현재도 서아프리카의 많은 지방에서 가옥의 건축에 이용되고 있다.

98. 몇 가지 예를 들면, 모시족 사회에 북방에서 온 이슬람화한 집단 얄시족이 면직물을 가져다준 것(4장 주5), 그림27 참조), 훌베족의 하층계급의 사람들이 동부 남부 모시족 내에서 유동하는 특수집단이 되어 목공을 행하였던 것, 바울레족(상아해안)이 있는 마을에 베냉에서 돈벌이 나온 벽 만들기가 능숙한 남자가 주12)에서 서술한 벽 만들기 기술을 확대시킨 것(다만 이것은 베냉에서 온 남자가 만들어 확대시킨 것이기 때문에, 같은 기술이 바울레족에 의해 모방되어 확산된 것은 아니다.(川田, 1971) 등이 있다.

판자를, 식물성 섬유로 된 줄로 서로 묶어서 만든 배―는 150년 후인 현재도 나이저 강에서 아주 흔하게 사용되고 있으며, 판자의 이음새나 줄을 통하게 하기 위해 만들어 놓은 구멍으로부터 물이 들어오기 때문에 끊임없이 물을 빼내지 않으면 안 되는 것도 카이에의 기술(Caillie, 1956, II: 242-243) 그대로이다.[99] 여러 지방에서 지금도 지배적인 짧은 형태의 괭이를 사용하는 화전 농경도 과거 수백 년간 기술의 개량이 있었다는 것을 추측하기 힘들 정도로, 단순하고 기후의 악조건에 좌우되기 쉬우며 많은 노력에 비해 남는 것도 적다.[100]

하지만 다른 곳도 아닌 서아프리카에서 식민지화 이전의 '전통적' 사회가 모시족을 비롯한 부족의 이동과 분열, 부족간의 분쟁이나 융합, 수장세력의 소멸이나 교역의 성쇠, 이슬람의 침투 등의 사건으로 넘쳐나고, 하나의 사상(事象)은 선행하는 사상의 위에 만들어져 그 나름대로 누적적이었다고 한다면,[101]

99. 이것은 어디까지나 식민지화에 따른 서양기술 이입 이전의 요소에 대해서 논하고 있는 것이며, 현재 나이저 강에는 전술한 것과 같이 판자를 엮은 배와 함께, 프랑스제, 독일제 기선(汽船)과 유럽에서 전해진 목공도구를 사용해 만들어진 수입된 원동기를 단 배도 많이 이용되고 있다.

100. 그러나 이러한 문제는 현 단계에서, 그것도 한정된 의미에서 생산성의 관점만으로 일반적인 형태라고 속단하는 것은 위험하며, 역시 몇 가지 점에서 단서(但書)를 필요로 한다. 예를 들어, 우기의 강우(降雨)가 순조로우면 식물의 성장이 용이한 열대아프리카의 사바나에서, 지금 정도로 인구가 조밀하지 않고, 인간의 정주성도 낮았던 시대에는 들판을 태워, 넓은 나무둥치와 바위투성이인 토지에 밭이랑을 만들지 않고도, 작은 괭이로 적당히 땅을 파서 종자를 묻고, 발아가 좋지 않은 곳에만 다시 씨를 뿌리고, 연작으로 인해 지력이 떨어지면 새로운 들판을 태워서 씨를 뿌리는 식의 농법(農法)이 어떤 의미에서는 합리적이었다고도 말할 수 있다. 토지사유제가 없고 면적도 극히 넓은 땅에 자급 식료로서 농작물을 재배하고, 노동력도 싸고 대량으로 투입할 수 있는 조건 하에서는, 최소의 면적에 최소의 노동력과 비료를 투입하여 얼마나 최대의 수확―이라기보다 작물의 판매이익―을 올리는가 하는 관점의 생산성은 의미가 없다. 다만 총인구와 정주성이 증대되고 화폐경제가 침투하고, 도시에 인구가 집중하여 비농업인구가 증대하고, 즉 농업을 지탱하는 기본조건이 이전과는 완전히 달라진 현재에도, 그러한 조건의 변화를 염두에 두지 않고, 과거의 '합리적'인 농법을 지속시킴으로써, 기후 이변 때마다 계속해서 위기적인 상황을 불러일으키는 것은 역시 기술의 정체라고 간주해야 할 것이다.

101. 해당 사회의 구성원에게 우발적인 일도, 나는 '누적'을 형성하는 요소에 포함하여 생각하고자 한다. 이 점에 대해서 마찬가지로 문화인류학적 시야와 자료를 바탕으로 고찰한 프랑스인 르포르(LEFORT, 1952)는 '역사적 성격'(caractere historique)을 가지고 있는 사상(事象)으로부터 '우발적인 일'(accident)을 구별하여 생각하고 있으나, 전자 중에도 후자는 다분히 포함되어 있고, 반대로 '우발적인 일' 도 그에 이어지는 사상과의 관계에서 '역사적 성격'을 띄는 일도 많기 때문에, 이 양자를 구별하여 소위 '무역사(無歷史) 사회'를 우발적인 일에 의해 특징지으려고 하는 것은 잘못이라고 생각한다. 르포르는 유럽인에 의한 미국의 '발견'은, 그에 앞서 유럽에 잠재하고 있던 정치 경제 종교적인 문제의 해결이라는 의미에서 '역사적 성격'을 가지고 있는데 반해, 미대륙의 원주민에게 유럽인과의 해후(邂逅)는 '우발적인 일'에 지나지 않았다고 하고 있으나(Ibid.: 103), 전자 중에 얼마만큼 우발적인 일이 겹쳐, 콜럼버스의 미국 도달이 일어났는가―그 자체 예기(予期)와는 반대로―는 대항해시대사를 해석하면 명확해지며, 또 후자가 그 후 아메리카원주민의 역사에 있어서 얼마만큼 '역사적 성격'을 가지게 되었는지도 설명할 필요가 없을 것이다.

이 '누적'과 '정체'의 관계는 어떻게 이해하면 좋을 것인가. 인류의 여러 부분들에 대한 상호 인식이 확대되고 깊어짐에 따라 지구상에서 발견되는 여러 가지 사회를 '미개 사회'와 '문명 사회'라는, 인류사의 일직선적인 발전단계의 선후관계로 바꾸어놓고 파악하다가 이후 그 타당성이 부정되자, 예를 들어 '차가운 사회'(les societes fioides)와 '뜨거운 사회'(les societes chaudes)와 같은 대비를 양극에 두고 사회의 양태를 이해해보자는 주장이 있었다(Levi-Strauss, 1960: 41-43, do., 1962: Ch.VIII; Charbonnier, 1961: 35-47).

'차가운 사회'는 내적 조화를 이루고 사건을 끊임없이 구조 안에 흡수하고자 하는 지향성을 가진 사회이며, 시간의 축에 따라서 보면 그 역사는 반복적인 것이 된다. 거기에서 '역사는 구조에 종속되어 있다'(Levi-Strauss, 1962: 308). 이에 반해 '뜨거운 사회'는 사건이 구조를 변화시켜가는 누적적인 역사를 지닌 사회이다. 그것은 역사상의 실재에 대응하는 개념이 아니라 그 개념을 활용하여 사실을 보다 잘 이해하기 위한 극한 개념이며,[102] 그 점에서 유연성이 풍부하고 게다가 역사 발전단계의 문제와는

102. Levi-Strauss, 1962: 310-311 참조. 또 내가 레비스트로스 교수에게 '차가운 사회'가 정말 실존했을지에 대해서 질문했을 때, 교수는 바로 '그것은 하나의 유토피아다'라고 대답하였는데, 차가운 사회를 유토피아로 표현한 점이야말로 레비스트로스의 의식적인 선호를 드러내주는 것 같아 흥미 깊었다. 또한 Levi-Strauss, 1973: 395-400 참조.

직접적인 연결을 지니지 않은 개념이다. 이 개념을 제창한 레비스트로스는 사고형식의 면에서 양자를 계속 대비시키면서, 사건을 구조 안으로 흡수하고자 하는 지향을 가진 하나의 전형을 오스트레일리아의 토템사회에서 찾고자 하였다. 그러한 사회에서 지배적인 형태의 '야생의 사고'(la pensee sauvage)는 누적적 역사를 지닌 소위 문명사회의 과학적 사고와 상호 침투적인 관계에 있으며, 양자는 하나의 '폐쇄계'(Levi-Strauss, 1962: 357)를 구성하는 것으로 간주된다.

이러한 극한 개념이 새로 제기하는 문제는 상호 교차하고 있는 두 개의 축에 따라 생각할 수 있다. 하나는 실제로 여러 가지의 중간 상태를 나타내며 존재하는 사회가 어떻게 하여 이러한 분할을 하게 되었는가라는 통시적인 축에 따른 문제이며, 다른 하나는 의식의 측면에서 두 개의 극한 개념을 상정하는 것이 가능하다고 하더라도 그 의식들은 문화의 다른 부분ー특히 이른바 하부구조에 대응하는 부분ー과 어떠한 관계를 지니고 있는가라는 공시적인 구조와 관련된 문제이다. '차가운 사회' 쪽에 보다 가깝게 자리매김될 지회가 지금까지 보아온 서아프리카의 예처럼 누적과 반복은 어딘가 뒤틀린 관계를 지닌 채 병존하고 있다. 한편 레비스트로스 자신이 토테미즘의 부재와 부합한다고 본(Levi-Strauss, 1962: 307-308) 복수의 '문명사회' 중에도 중국이나 인도, 일본 등과 같이 전체적으로는 분명히 누적적인 역사를 지니고 있으면서도, 어떠한 시기만을 따로 살펴보게 되면 기술이나 생산양식의 면에서 정체적이었다고 인정되는 사회가 존재한다.

또한 레비스트로스가 말한 것처럼 '진정한 문제는 사회가 실제로 어떠한 결과를 획득했는가가 아니라 어떠한 지속적인 의도가 사회를 이끌고 있는가를 아는 것이다' (Levi-Strauss, 1962: 310)라고 해도, 즉 '의식'의 측면에만 한하여 본다고 하더라도 동양적 사고나 유대-크리스트교적 사고, 이슬람적 사고는 각각의 사이에 존재하는 차이 이상으로 일괄하여 토템적 사고에 대치시킬 수 있는 공통성을 지니고 있는 것일까. 또한 레비스트로스와 같이 '논의의 여지도 없는 하부구조의 우위에 대해 그것을 의심하는 것은 아니지만…민족학은 무엇보다도 먼저 하나의 심리학이기 때문에…소위 하부구조의 연구를 발전시키는 일은 인구학, 기술론, 역사지리학, 및 민족지의 도움을 빌린 역사학에게 넘긴다' (Levi-Strauss, 1962: 173)

라고 하는 것은, 학문의 범위를 자의적으로 한정함으로써 과제를 다른 영역으로 떠넘기는 의미밖에 지니지 못하는 것은 아닐까. 예를 들면, 놀랄 만큼 발전을 이룩한 경제인류학을 하부구조의 연구이기 때문에 민족학(인류학)이 아니라고 한다면, 같은 정의의 자의성에 따라, 레비스트로스의 민족학은 일종의 심리학이기 때문에 민족학이 아니라고 하는 것도 가능할 것이다. 중요한 것은 학문영역을 어떻게 설정할 것인가가 아니라 어떠한 방식으로 과제에 연결시킬 것인가이며, 민족학이 하부구조의 연구에 적절하지 않다는 논의는—적어도 처음부터 그 임무가 아니라고 규정해버리는 것은—모든 시점에서 볼 때 부당한 것이라고 생각된다.

  수장제 하에서 모시족 사회의 경제적 비누적성에 대해서는 16장에서 분석을 시도해보았는데, 통문화적으로 비교 가능한 기본원리로 환원시키는 데 경제현상보다는 기술이 훨씬 더 쉬운 분야이기 때문에, 경제생활을 지탱하고 있는 기술의 연구도 '상부구조'와 관련하여 앞으로 밝혀나가야 할 과제를 풍부하게 포함하고 있다고 생각된다.[103] 앞에서 질문의 형식으로 기술하였던 모시 사회에서의 누적과 정체의 관계도, 이러한 하부구조들의 연구—그것도 역시 통문화적인 비교연구에 의해서 보다 높은 설명 가치를 지니게 될 것이다—성과와 함께 보다 선명해질 것이라 기대할 수 있을 것이다. 지금 여기에서는, 주101)에서 언급한 이유로, 상부구조로서의 역사의식에 문제를 한정하여 누적과 정체에 대하여 더욱 심화된 검토를 시도해보고 싶다.

103. 모시족을 위시하여 오토 볼타 여러 종족의 기술, 특히 기본적인 생산기술에 대하여 약 2년간 필자가 행한 현지 조사결과는 머지않아 공표할 예정이다. 초보적인 조사보고로는 Kawada, 1975가 있다.

18. 신화로서의 역사 연표로서의 역사

아프리카의 무문자사회에 존재하는 역사의식의 여러 가지 유형에 관해서
는 이 책의 11장에서, 사회 정치조직과의 관계에서 논한 바 있는데, 그때
언급했던 '구조화된 시간'이라는 개념(Evans-Pritchard, 1939; do., 1940:
Ch.3)을, 하나의 전형적인 개념으로서 여기에서도 채택하고자 한다.

    부계집단을 기초로 한 환절적인 사회구조를 지니고, 우기 건기에
적응하면서 생업활동과 거주형태도 바뀌는 나일 강 상류지방에서 소를 키
우는 유목민인 누에르족에게 시간의 참조체계는 에반스 프리처드에 따르
면 세 가지로 이루어져 있다고 한다. 첫째는 계절의 변화와 그에 수반된
생활의 변화가 만들어내는 참조체계이며, 그것을 에반스 프리처드는 '생
태학적 시간'이라고 불렀다. 생태학적 시간의 최대의 단위는 년(年)이다.
둘째는 연령조직으로서, 이것은 동시에 여섯 그룹 이상은 존재하지 않기
때문에 연령조직 자체는 끝없이 계속되는 것이지만, 순환하는 여섯 그룹
이 고정된 구조상의 참조점을 이루고 있다. 셋째는 친족 및 부계 혈연집단
에서 할아버지, 아버지, 아들, 손자라는 상하 각 두 세대에 걸친 범위로 분
화된 명칭이, 보다 큰 부계 혈연집단 내의 시간의 축에 따른 참조점을 부여
한다. 부계 혈연집단을 참조의 축으로 한 과거의 전승은, 많게 본다고 해
도 열 세대에서 열두 세대 이상은 거의 거슬러 올라가지 않고 그 이전 시기
에는 신화의 세계가 펼쳐져 있다. 이와 같이 누에르족은, 일정한 깊이로
구조화된 시간은 누적되지 않고 그 깊이 그대로 미래를 향해 이동해 간다
고 생각한다. 신화적 세계는 항상 일정하게 얕은 간격으로 현재와 접하고
있다.

이에 대해 소위 누적적인 역사를 가지고 있다고 여겨지는 사회에서는, 과거의 사건은 상당한 깊이까지 거슬러 올라가 절대연대 위에 위치지어지고, 그 깊이는 현재가 진행됨에 따라 비가역적으로 증가해간다. 절대연대를 참조점으로 하는 역사는 연표상에 공간화하여 투영할 수 있을 것이다. '구조화된 시간' 을 전형으로 하는 역사의식이 신화와 등을 맞대고, 일어나는 사건들을 끊임없이 구조화해가는 지향성을 지닌다고 한다면, 연표화될 수 있는 역사의식은 과거를 비가역적인 연속으로 파악하고 거기에서 일어난 사건을 전후관계의 맥락에서 파악하는 것을 가능하게 한다.

대비되는 것으로 생각할 수 있는 이 두 가지 유형의 역사의식은 서로 분리되어 있기는 하지만, 병존할 수 없는 것은 아니다. 양자가 이러저러하게 병존하는 동안 양끝을 메우고 있는 것은, 수장의 계보나 사적이 지겹도록 이야기되는 무문자사회와 문자사회의 국가사 민족사 등의 커다란 상자 안에, 많은 서랍처럼 꽂혀 있는 촌락사나 가족사—거기에는 나무나 바위, 샘, 그리고 비문과 조각난 고문서를, 문자기록이 엮고 있다—이다. 후자의 경우, 일본과 같이 통일국가로서 긴 역사를 지니고, 게다가 문자까지 보급되어 있던 사회에서조차 메이지 시대 이전에도 촌락의 역사가 국가 또는 지배자 수준의 역사와 연결되어 있었다는 사실을 현재의 마을 사람들이 의식하고 있는 경우는 그리 많지 않다. 나 자신이 일본에서 촌락조사를 하면서 하게 된 작은 경험에서도, 마을의 기원이라고 이야기되는 전설을 보조사료 없이 국가사 등 다른 수준의 역사와 관련지어 절대연대 안에 명확히 자리매김하는 것은 매우 어려운 일이었다. 마을의 기원에 관한 전설조차 없고, '이 마을에서는 저 집이 가장 오래 되었다' 는 말만 들을 수 있을 뿐 그 집의 가계도도 충분히 추적할 수 없는 경우에, 마을의 역사를 탐구하는 작업은 모시족의 촌락의 역사를 더듬어 갈 때와 거의 같은 조건에서 행해지는 것이다. 프랑스의 촌락에서 수행되었던 조사결과(Bernot & Blancard, 1953: Ch.7)를 보더라도 보불전쟁(1870~1871) 시대 이전에는 마을의 역사와 다른 수준의 역사와의 연결에 대해서 마을 사람들이 거의 의식하지 못하고 있다. 학교에서 배운 애매모호한 단편적인 지식을 가지고 '골인이 오기 전에는 이 지방이 바다였다. 한 척의 배가 해안에 구멍을 만들었다', '골인은 돌도끼를 가지고 있다', '태양왕' 하는 식으로 이야기되든가, 또는 구전으로 루이 필립이 파리에서 파이유에 부임하려고 이 지방을 통과했을 때' 루이 필립은, 도중에 안전을 위해 기마병을 선두에 내세우고 여행을 했다고 했다. 어느 날 파이유에서 왕비가 소변을 보고 싶다고 말하였다. 농민들은 왕비에게 샐러드 접시를 빌려주었다. 왕비는 사례라고 말하면서 샐러드 접시 안에 루이 금화 한 냥을 넣어주셨다'고 이야기되는 정도일 뿐이다. 보불전쟁 이전의 시대는, '옛날' 또는 '왕의 시대'로밖에 표시되지 않는다. '왕의 시대'는 '7월 14일' '바스티유의 점거'보다 이전의 시대를 가리키지만, 혁명 그 자체도 지방사와의 관계에서는 의식되지 않고 있는 것이다. 보불전쟁 이후에는 '철도가 깔리기 전', '유리공장이 생기기 전', '전번 전쟁 이전', '전번 전쟁 이후' 등을 참조점으로 하여 과거가 기억되고 있다. 하지만 이 마을에서 예전부터 살았고, 가족의 역사가 오래된 사람일수록 선조와 관련하여 기억하고 있는 과거는 풍부한 사건이나 일화로 가득 차 있으며, 대대로 이어지는 유산상속자의 연속이 과거 시간의 연속을 나타내고 있다. 한편 농민들에게 해마다 반복되는 시간들은 가을농사를 필두로 하여, 농사일이나 축제 등의 여러 가지 세시풍속에 의해 각인된다. 농민에게 '생태학적 시간'은 날씨에 따라 작황의 좋고나쁨, 가축의 출산이나 병, 농축산물 가격의 고저 등이 계절에 따라 생겨나는 불안과 희망의 물결에 의해 각인되는 것이다.

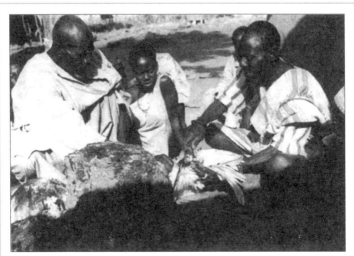

그림 30 마을의 '바스가'

수확한 후에 드리는 조상제사 '바스가'가 마을마다 행해진다. 새로운 곡식의 가루를 풀어놓은 물과 새
로운 곡식으로 빚은 술과, 닭, 어린 암탉 등의 제물의 피를 조상의 무덤에 뿌리면서 수확을 감사하고 이
듬해 마을의 안녕을 기원한다. 모시 사회에서는 이것이 새해의 시작이며, 사람들은 '웬나 타스 도 베에
레'(새해 인사)와 인사를 주고받는다.

이렇게 보면 누빌이라는 이 마을(프랑스나 일본을 위시하여 다른 '문자사회'의 마을에 대해서도 동일하게 말할 수 있을 것이다) 주민들의 역사의식은, 근대적 국가체제가 초래한 것을 제외하고 생각하면 전술한 누에르족의 그것과 기본적인 성질에서 공통되고 있다는 것을 알 수 있다. 오히려 30대(代)에 이르는 수장의 선조의 계보를 구연으로 전하는 모시 사회 쪽이 단절 없이 거슬러 올라갈 수 있는 과거에 대해서는, 보불전쟁 이전 그리고 학교교육이 보급되기 전에 누빌 마을 사람들이 가졌던 역사의식보다 더 깊은 역사의식을 지니고 있을지도 모른다. 다만 11장에서도 말한 것처럼, 모시 사회에서는 일반인들의 선조의 계보는 지극히 얕은 과거로만 거슬러 올라갈 수 있으며 깊은 역사의식이라고 하더라도, 일반인들에게는 지배자의 계보에 의탁해야만 하는 '그들 자신의' 사회의 역사의식에 지나지 않는다.

그렇다면 중앙집권화가 진행되어 국가의 역사에 대한 교육이 보급됨에 따라 문자사회 안의 부분사회의 구성원이 지니고 있던 역사의식이, 얕은 구조적 시간을 벗어나 점차적으로 깊은 누적적 시간 속에 자리매김되었던 것과 같이, 그리고 모시족의 일반인이 지니고 있는 그들의 혈연집단 내에서의 얕은 역사의식이 지배자의 계보에 의탁하여 깊어질 수 있는 것과 마찬가지로, 무문자사회의 일반적으로 얕고, 구조적시간이 신화와 맞붙은 역사의식은 사회적 통합의 틀이 넓어지고 예전의 부족단위를 넘어선 범위의 사회의 역사에 참가하게 됨에 따라, 그리고 문자를 습득하고, 역사서를 읽으며 그들 자신의 역사를 기록하는 일이 가능하게 됨에 따라 깊고 누적적인 역사의식으로 바뀔 것인가. 구조적 시간과 누적적 시간은 단절적 관계가 아니라 상호 침투적이라고 하더라도, 전자에서 후자로의 이행은 시대가 흐름에 따라 불가피하게 확대되어가고 드디어는 후자가 세상을 뒤덮게 될 것인가. 동남아프리카의 은고니족에 대한 소논문(Bames, 1951)은 이 문제의 고찰에 하나의 단서를 제공해준다.

이 논문의 필자인 영국의 사회인류학자 반즈는, 엄밀히 말해 무문자사회에는 역사가 존재하지 않는다고 생각한다. 왜냐하면 '거기에는 기록이 없기 때문이며 또한 역사는 역사지적 의미에서(in the sense of historiography), 동시대의 기록의 연구를 본질로 하기 때문이다' (Barnes, 1951: 1). 그리고 은고니족에는 과거에 의한 현재의 설명인 전설밖에 존재하지 않는다는 것이다. 영국의 식민지 통치와 함께 현대생활에 관한 기록이 늘어남에 따라, 전설의 시대가 끝나고 본래의 은고니족의 역사가 시작되기를 기대해도 좋았을지 모른다. 하지만 실제로는 그렇지 않았다라고 반즈는 말한다. 영국의 통치가 계속됨에 따라 공식 보고서는 점차적으로 짧아졌다. 이것은 기록해야 할 것이 점점 줄어들었기 때문이라는 것이다. 영국의 남아프리카 통치가 끝날 무렵에는 은고니족의 생활에 대하여 공표된 정보는, 북로디지아 전체에 대하여 '원주민의 행동은 만족할 만한 것이었다' 라는 것 이상은 거의 나오지 않게 되었던 것이다. 1924년 식민지국(植民地局)으로 이관한 후에는 보고서가 조금 길어졌지만, 그것은 행정 단위인 동부의 주나 북로디지아 전체에 대한 보고였지, 은고니족의 역사를 말하고 있는 것은 아니었다. 은고니족은 보다 넓은 사회에 통합됨에 따라 그들 자신의 역사라는 것을 점차 갖지 않게 되었다. '은고니족이 역사를 만들고 있었을 때, 그들은 그것을 기록할 수단을 지니고 있지 않았다. 그 수단을 이용할 수 있게 된 지금, 그들은 기록해야 할 역사를 갖지 않게 된 것이다' (Barnes, 1951: 8)라고 반즈는 말하고 있다.

식민 지배자로서의 작은 눈밖에 지니고 있지 않은 이 영국인의 소논문을 굳이 자세히 소개한 것은, 너무나 심한 그 넌센스가 도리어 귀중한 시사점을 포함하고 있다고 생각하기 때문이다. 먼저, 반즈는 문자화된 기록에 구애된 나머지 영국인 식민지 행정관이 쓴 공식 보고서에 은고니족에 대한 기술이 줄어들고 있는 것을 가지고 은고니족이 그들 자신의 역사를 갖지 않게 되었다고 하고 있다. 그의 어리석은 사고방식은 차치해두고라도 이것은 다음과 같은 점을 시사하고 있다. 역사는 첫째로 ,그것을 살아가는 주체에게 의미를 지닌 것이라는 당연한 사실이, 무문자사회와 외부자 기록의 대비를 통해 드러나고 있다. 그 안에서 역사를 직접 살아가는 사람과 밖에서 연구하는 외부인과의 관계에 대해서는, 이 책의 13장에서도 검토하였지만, 문자기록을 지니지 않았다는 이유로 전자를 말살하여버리는 것은 문자를 지닌 외부인이 범하기 쉬운 착오이다. 둘째, 이것과 관련하여, 구조적 시간에 처해서 역사를 의식해왔던 무문자사회의 구성원이 보다 큰 단위의, 문자를 사용할 수 있는 사회에 통합될 경우, 역사를 담당하는 주체가 생활하는 장도 바뀐다는 것을 이해하지 않으면 안 된다. 은고니족이 북로디지아 사회의, 그리하여 잠비아 공화국의 일부가 되고 모시족이 오토볼타 공화국의 구성원이 되고, 갑이라는 마을(村)의 주민이 일본 국가의, 누빌 주민이 프랑스 국가의 구성원이라는 의식을 보다 강하게 지니게 되면, 예전에 작지만 단일한 전체 사회를 만들어온 역사는 부분 사회의 역사로만 남게 된다. 하지만 그러한 변화를 가지고, 예를 들면 은고니족이 역사를 갖지 않게 되었다고 보는 것은 부당하다. 오히려 그들이 역사를 담당해나가는 장이 확대되는 것으로 보아야 한다.

　　　인간이 역사를 담당하는 장이 혈연집단 등의 소집단에서 부족 민족으로, 국가로, 인류로, 그리고 무문자사회에서 문자사회로 확대되어나가는 것은 역사상의 사실이며 인류의 증가와 기술의 발달에 따라 필연적인 일이기도 할 것이다. 그렇다고 해서, 역사가 인류의 구성원 모두에게 똑같이, 보다 깊고 보다 누적적으로 되어왔다고 할 수 있을 것인가. 역사를 이해하려면 직접적인 감각에 의해 확인할 수 없는, 많은 매개물을 통한 지적인 조작에 의존해야만 하게 되었다. 또 역사의 장 전체가 너무나도 커져버렸다. 이와 같이 과정을 통해 역사는 그 누적의 도를 늘려가면서 연표(年表)적 역사로서 진행해간다. 그러는 한편 점점 더 부분사회화해 가는 수많은 집단이, 다양한 크기의 소용돌이를 만들고, 각각의 신화를 찾아내어 채색하고, 미래에 투영하고 있다. 신화를 미래에 투영하는 것은 누적적 시간을 한꺼번에 없애려고 하는 것이기도 하다. 과거로 어느 정도 거슬러 올라가도 정확하게 절대연대를 새긴 연표 위에 자리매김될 수 있는 문자사회의 역사에서도, 어떤 과거의 일이 현재를 살아가는 사람에 의해 기억되고, 현재 안에서 다시 살아나게 되면, 그것은 구조적 시간을 살아가는 사람들에게 신화가 갖는 것과 같은 성격을 지니게 될 것이다.

한편, 절대연대가 새겨져 있지는 않지만 과거의 수장의 이름이나 업적을 일련의 계기를 통해 드러내고 있다는 점에서, 무문자사회 수장의 계보구술은 문자사회의 촌락에서 전해 오는 단편적인 과거의 전승보다 연표적 역사에 가까운 성질을 지니고 있다고 할 수 있을지도 모른다. 하지만 수장의 계보는 현재를 과거에 의해 긍정적으로 자리매김하고 정당화하려는 의도로 고쳐질 수 있을 것이다. 또 그 계보구술은 무엇보다도 먼저 현재의 수장을 찬미하기 위해, 수장의 의례 장소에서 낭송되는 것이다. 그러한 의미에서, 임의로 선택할 수 있는 과거에 의해 현재를 비추어 보는 것이 가능한 연표적 역사와는 반대로, 거기에서는 현재가 과거를 비추고 있으며 현재는 과거의 누적적 시간을 현재의 구조 안으로 흡수하려고 하는 지향성을 내포하고 있다. 또한 문자화된 누적적 역사는 개인이 능동적으로 참조할 수 있는 것이지만, 그에 비해 공적인 장소에서 열리는 수장의 계보 낭송은 집단이 수동적으로 누리는 것이다.

그렇다면, 문자사회의 역사와 무문자사회의 역사의 근본적인 차이로서 거론되는 절대연대라는 것은 무엇인가. 과거의 어떠한 사건에 절대연표를 부여한다는 것은, 현재로부터 과거를 향해, 인식의 편의상 하나의 문화적 합의로서 설정된 시간의 눈금 위에, 어떠한 사건을 자리매김하는 것이다. '년'이라는 단위는 지구의 공전을 토대로 설정된 것이다. 적도 부근의 많은 지역에도 1년을 주기로 하는 계절의 변천이 있어서 — 열대의 안다만섬의 사람들은 차례차례로 피어나는 꽃의 향기를 맡아 날짜를 안다고 한다(adcliffe · Brown, 311-312) — 년은 거의 인류 공통의 시간을 재는 단위로 설정될 수 있을 지도 모른다.

하지만 년(年)은, 자연현상의 측면을 지니고 있음과 동시에, 문화적인 하나의 합의이기도 하다. 모시족에게 새해는 수수의 수확제인 바스가 날부터 시작된다. 하지만 바스가 날은 해마다 수장과 장로의 합의로 정해지므로, 그레고리우스력의 10월부터 이듬해의 2월 정도까지의 편차가 있으며, 또한 독립 수장들마다 따로 정하기 때문에 지방에 따라 년(윰데)의 시작이 서로 다를 뿐만 아니라, 같은 지방에서도 두 바스가의 간격, 다시 말해 1윰데의 길이는 여러 가지로 변할 수 있다. 일본의 역법(和曆)도, 양력으로 바뀐 1872(명치5)년 이전의 것에 대해 서기와 동시관계를 정확하게 확인하기 위해서는 주지하는 바와 같이 특별한 대조표가 필요하였다. 천체관측과 시간의 계산이 경이적으로 발달했던 마야문명은 365일을 1년으로 하는 태양력 외에, 13의 수와 20의 날(日)의 조합으로 만든 260일을 1년으로 하는 역년 초르킨을 갖고 있었다(石田, 1967: 99-155). 전세계적으로 비슷한 예를 아직 얼마든지 찾을 수 있을 것이다.

게다가 복수의 년으로 이루어지는 시간의 구획, 그리고 살아 온 역사에서 의미 있는 과거의 구획도, 문화에 따라 한결같지는 않다. 내 경험을 들어 이야기해보자. 나는 식민지 지배자들이 가져온 서기와도 그다지 관계가 없고, 일본의 연호 등도 알 리가 없는 사람들과 아프리카의 오지에서 살았다. 그 때 일본이나 아프리카의 친구에게 편지를 쓰는 경우, 날짜의 년을 쓰는 문제가, 일본이나 서양에서 편지를 쓸 때와는 다른 어떠한 종류의 문제로 의식될 때가 있었다. 상대가 일본 사람일 경우, 나는 연호로 년을 쓰는 편이 나와 그 상대가 살아왔고 지금도 살고 있는 역사 안에서 자신을 훨씬 잘 자리매김할 수 있다고 생각한다. 그렇지만, 나는 천황의 재위에 따라 자신을 위치시키는 것에 그다지 적극적이지 않으며, 크리스트교 기원에 기본을 둘 마음은 더욱 없다. 상대가 아프리카인인 경우, 일본의 연호는 통하지 않기 때문에 서양인을 대상으로 편지를 쓸 때와 같이 서력을 사용하지만, 아프리카 식민지화 이전의 역사를 연구하기 위해 현지에 살고 있는 나로서는, 서력이 원래부터 인류의 보편적인 시간의 척도는 아니라는 당연한 사실을 새삼스레 생각하게 된다. 동일한 언술을, 내가 직접 살지 않은 일본이나 중국의 과거에 대하여 생각할 때에도 말할 수 있다.

내가 이와 같이 절대 연대와 관련하여 년을 가늠하는 방법이나, 년을 한데 모아 구획을 짓는 방법에 대해 문제를 제기하는 것은 그럴 만한 까닭이 있다. 연대를 매기는 일이 역사를 살아가는 주체에게 가진 의미를 무시하고, 서력, 세기, 천년기(千年紀) 등의 척도를 선험적으로, 절대연대의 보편적인 척도나 되는 것처럼 여기면서, 무문자사회의 역사를 포함한 '세계' 사에 적용시키는 무감각을 내 자신도 가끔 드러내기 때문이다.

레비스트로스는 그의 저서인 『야생의 사고』에서 사르트르에 대한 비판의 연장에서, 역사연구 비판을 전개하고 있는데(Levi-Strauss, 1962: Ch.IX), 거기에서 주로 논의되고 있는 것은 역사의 편년 문제이다. 레비스트로스는 우선 역사연구의 독자성을 편년에 있다고 여긴다. 다른 학문과 마찬가지로 역사연구도 부호(codes)를 사용하여 대상을 분석하는 것인데, 역사연구에서 부호라는 것은 편년(une chronologie)이다. '연대 날짜 (date)가 없으면 역사는 존재하지 않는다' (Levi-Strauss, 1962: 342). 그런데 레비스트로스에 따르면 연대는 다양한 급(class)으로 이루어져 있고, 어떤 급에 속하는 1685년, 1610년, 1648년, 1715년 등은 다른 급을 만들고 있는 세기(世紀)나 1천년기(1千年紀), 2천년기 등의 연대와의 관계에서는 어떠한 의미도 지니지 못하고, 다른 급에 속하는 1월 23일, 8월 17일 등과의 관계도 마찬가지이다. 각각의 급에 속하는 연대는, 다른 급에 속한 모든 것과의 관계에서 유리수가 무리수에 대해 지니는 것과 같은 관계에 놓여져 있다. 흩어져 있는 점들이 형성한 다수의 행(줄)으로 만들어지는 장방형의 행렬(매트릭스)로 보일 수 있을 것 같은 역사연구의 부호에 의거해서, 역사적 생성을 연속한 계기로 파악할 수 있다고 생각하는 것은 환상이며 자가당착이다.

레비스트로스가 펼치는 일류의 수사학에 기만당하지 않을 만큼 주의 깊은 독자는 이 역사연구 비판이 일종의 전체론(토톨로지) 위에 성립하고 있다는 것을 쉽게 간파할 것이다. 그는 우선, '역사연구는 인간이나 특정의 대상 그 어느 것에도 결부되지 않고, 오로지 그 방법 안에 존재하고 있다' (Levi-Strauss, 1962: 343)라고 하면서, 전술한 바와 같이 역사연구 방법을 부호로서의 편년에 의해 정의 내린다. 그 다음에 그는 다양한 편년의 틀―그것들은 일반적 추상적으로 생각하는 한, 각각의 급이 서로 단절된 관계에 있다고 볼 수도 있을 것이다―이, 각각의 급 내에서도 서로 다른 급 사이에서도 단절되어 있다는 것을 보여주고, 따라서 단절된 부호를 사용하고 있는 역사연구는 연속성을 파악할 수 없다는 결론을 이끌어 낸다. 결국 결론은 논자가 마음대로 내린 정의 속에 이미 포함되어 있다. 아니 그렇다고 하기 보다는 전제 자체가 특정한 결론이 나오도록 준비되어 있다고 하는 게 낫겠다.

　　한 사람이 직접 살아온 역사를 뒤돌아볼 때, 역사는 하나의 연속되는 계기로 파악될 것이다. 그러나 그가 연속되는 계기 위에 시간의 참조점을 몇 개쯤 붙여서 기록을 남겼을 경우, 동시대의 다른 사람이나 시대를 달리하는 사람이 만약 참조점인 연대(날짜)만 가지고 그의 역사를 추적하려고 한다면, 연대를 매긴다는 것은 비연속적인 점에서 시작하여 연속에 도달하려고 하는 작업이 될지도 모른다. 하지만 점으로서의 연대에서 출발하는 역사연구는 이론적으로만 존재할 수 있다. 첫째로, 연대, 년, 월, 일, 모두 비연속적인 점이 아니라, 지속성의 구획─서로 연속하고 있다─에 대응하는 것이다. 단지 연표 등의 형태로 간략화된 경우나 또는 다른 보조자료가 결여되어 있는 경우에 비연속적인 점으로 해석되기 쉬울 뿐이다.

　　레비스트로스는 모든 역사상의 사실은 최종적으로는 그것에 관계한 사람의 '뇌나 호르몬, 신경의 현상으로 분해되어버리는 것이며, 그 경우 참조체계는 물리학 또는 화학에 속하게 된다'고 말하고, 역사상의 사실이라는 것은 '역사가 또는 역사적 생성을 담당하는 사람이 그들의 추상에 의해 만들어내는 것이다'(Levi-Strauss, 1962: 340)라고 한다. 하지만 레비스트로스가 표방하는 민족학에서의 구조분석과 마찬가지로 역사연구도 연구자가 그 연구대상이기도 한 인간에 대해 가지는 공감─애착만이 아닌 혐오나 미움을 포함하여─에 근거한 해석 위에서만 성립하는 것이다. 다른 곳에서도 논한 것처럼(川田, 1972), 민족학의 구조분석에서도 최소의 구성요소 안에 이미 불가피하게 '의미'가 존재하고, 구성요소 간의 위치를 결정하는 방법 자체에 연구자의 '해석'─그것은 대상에 대한 연구자의 공감을 전제로 하지 않는 한 불가능하다―이 필연적으로 들어가게 된다. 신화 등의 구조분석에서 의미나 해석의 요소를 배제시키는 것이 가능한, 음운론에서 나온 방법은 단순한 비유로서의 가치밖에 없다. 나는 민족학의 '해석'이나 음운론의 모델을 빌린 '비유'의 의미를 부정하는 것이 아니라 다만 비유를 자명한 전제로 선택하는 착오를 거부할 뿐이다.

　　역사학은 혼돈된 대상 전체에서, 연구자에 의한 '선택'과 '취사'라는 것(Loc. cit)은 민족학과 마찬가지다. 자연의 일부이면서 자연을 대상화하려는 의지를 지니게 된 인간이, 더욱이 자신을 둘러싼 외부 세계에 끊임없이 공감―혐오나 증오까지 포함하여―을 품고, 의미를 계속 부여하는 존재인 인간이, 자신이 영위하는 것을 포함한 모든 사상(事象)을 자연사 안에 해소시켜, 그것을 대상으로 하는 '하나의 과학'을 만들어내는 것은 원리적으로 불가능할 뿐 아니라 그럴 필요도 없을 것이다.

　　절대연대 위에 과거를 자리매김하는 것은 역사연구의 본질에 관련된 기본 요건이 아니다. 다만 절대연대는 역사적 사건과 현상의 계기관계나 다른 장소에서 발생한 사건과 현상의 동시성을 생각하는 지표로는 필요할 수 있다. 서력기원이나 그레고리력을 '세계'사의 하나의 지표로서 채용한다 해도, 그것은 이러한 필요에서 나온 잠정적인 편법에 지나지 않는다.

19. 문자사회

무문자사회에 대한 문자를 장황하게 늘어놓은 이 논고를 매듭짓기 전에, 다시금 글의 첫머리로 돌아가, 문자가 사회와의 관계에서 갖는 의미에 대한 검토를 추가하고자 한다. 그것은 문자사회와 무문자사회를 다른 형태의 두 사회로 설정하는 것이 타당한가 하는 것에 대한 검토와도 연결되는 문제이다.

문자 및 문자에 비교될 수 있는 기능을 지닌 기호(이하의 기술에서는 '문자'라는 명칭에 양자를 포함한다)를 발생기의 상태에서 개관하면, 종종 서로 중복되면서 지향성이 다른 두 가지의 성질이 존재하고 있다는 것이 인정된다. 적절한 명칭을 찾지는 못했지만, 편의상 임의로 명칭을 부여하면, 한편을 '비의성'(秘儀性), 또 다른 한편을 '규약성'이라고 부를 수 있을 것도 같다.[104] 비의성이 강한 문자, 다시 말해 문자를 쓰거나 읽거

104. 문자의 원초적 형태에 대한 이하의 기술에는, 문헌 CHIERA, 1951; COHEN, 1958; DOBLHOFER, 1957; 藤枝, 1971; GELB, 1958; HOOKE, 1954; Innis, 1950; MOORHOUSE, 1953; 白川, 1970 외에, 루브르 박물관(파리), 대영(大英)박물관(런던), 국립고고학박물관(아테네), 비문(碑文)박물관(아테네), 헤라클리온 박물관(크레타), 아나토리아 문화박물관(앙카라), 고대오리엔트박물관(이스탄불)의 여러 박물관 소장자료를 참고하였다.

나 하는 일이 특정의 소수자에게 한정되어 있으며, 문자가 다소라도 주술 종교적인 세계와 관련되어 있는 문자의 전형은 은나라의 갑골문, 중미 마야의 역기호(曆記号), 고대 이집트의 신성문자 등에서 찾아볼 수 있다. 규약성이 강한 문자, 다시 말해 법적인 결정이나 목록, 통계, 행정상의 연락, 양자간의 계약을 기록한 문자의 전형은 바빌로니아의 설형문자, 페니키아 문자, 잉카의 매듭(키이프), 서아프리카 다호메이의 통계기호[105] 등에서 발견된다. 후자는 전자에 비교해서 주술 종교성은 적어지고 인간 대 인간의 관계에서 필

105. 행정 징세 군사에 관한 제 기구들이 발달한 다호메이 왕국(17세기말~19세기말)에서는, 예를 들어 인구통계는 다음과

같이 행해졌다(Polanyi, 1966: 41-43). 왕궁에 13개의 상자가 있다. 각각의 상자는 칸막이가 있어 두 개로 나뉘어 있는데, 한쪽은 남성, 다른 한쪽은 여성에게 배정되어 있다. 지배하고 있는 마을에서 출생보고가 있을 때마다 첫 번째의 상자에 출생자의 성별에 따라 대응하는 칸에 작은 돌을 넣는다. 매년 13개의 상자에 들어있는 돌은 순차적으로 다음 상자로 옮겨지고, 13번째 상자에서 나온 돌, 즉 14세에 달한 주민의 수에 대응하는 돌은 별도로 모아진다. 이 사회에서는 14세 이상은 성인으로 간주되어 성인남자는 왕의 소집에 응하여 전사로서 전쟁에 나갔다. 비슷한 13개의 상자가 사망자를 기록한다. 그밖에 각 마을의 인구에 대응하는 표를 넣은 봉투가 있어, 이 작은 봉투는 남, 여, 소년, 소녀로 나뉜 4개의 큰 봉투에 넣어진다. 4개의 큰 봉투에는 나무줄기(남), 장식용 구슬(여), 남성의 성기(소년), 여성의 성기(소녀)를 나타내는 표를 각각의 봉투에 꿰매어 붙인다. 별도로 검은 봉투가 전사자의 수를, 빨간 봉투가 병사자의 수를, 흰 봉투가 포로의 수를 각각 나타낸다. 징병시에는 왕의 소집(召集)에 응하여 먼저 마을의 수장이 각 마을을 나타내는 기호를 붙여 놓은 봉투에 그 마을에서 지원할 수 있는 장정의 수에 대응하는 작을 돌을 넣어 왕궁에 제출하고, 군사조직의 배속에 대한 지시를 받는다. 마을의 실제 장정의 수와 응소자(應召者)의 수는, 여성의 인구 통계를 통해서도 검색되어, 마을의 장정 인구의 반 이상이 전사로 제공되지 않았다는 것이 확실해지면, 마을의 수장을 교수형에 처한다. 집권적인 지배를 위한 인구 등기를, 간단하기는 하지만 일정한 기호를 이용하여 행했던 점에서, 이것은 잉카제국의 결승(結繩)과도 공통된 성격을 가지고 있다.

요한 실용성이 현저하게 나타난다. 문자에 관련된 사람의 범위도 전자의 경우와 같이 특정 소수자의 폐쇄적인 집단을 넘어서고 있다. 특히, 문자에 의한 계약의 경우에는 관계자가 문자에 관한 공통의 이해를 지니고 있는 것이 전제가 되지 않을 수 없다. 문자가 기록되는 재료도 전자에 비교할 때 일반적으로 운반이나 복제에 용이한 것이 이용된다.

하지만 이러한 두 가지의 성질이 서로 비중을 바꿔 가면서 어떠한 문자 체계 안에서 병존하든가, 한 쪽에서 다른 쪽으로 비중이 옮겨가는 경우가 많다. 서아프리카의 밤바라족이나 도곤족의 도형 기호(3장 참조)는 전자에서 후자로 기능이 확대된 한 예가 될 것이다. 오로지 행정 연락에만 이용되었다고 하는 중국 한대의 목간(木簡) 문자에는 이미 복사(卜辭)의 비의성은 보이지 않는다. 함무라비 법전을 비롯하여 율법이나 계약을 기록하는데 많이 사용된 설형문자는, 그 선행 형태라 여겨지는 슈메르 문자를 포함해서 지금까지 알려져 있는 가장 오래된 용례에서도 신전의 재산이나 수입을 기록하였다고 하는데,

문자의 사용에 관계하는 인간이 소수의 신관에 한정되어 있었을 것이라는 것을 생각하면, 어떤 종류의 비의성도 지니고 있었을지도 모른다. 반대로 시대가 더 내려가더라도 앗시리아 시대에 설형문자를 소형의 점토판에 새

그림 31 쿠란 학교에서 공부하는 학생들

서아프리카 내륙에 위치하고 있다는 점에서 볼 때, 모시 사회는 이슬람의 침투가 비교적 늦었고 게다가 교세도 약했다. 하지만 이슬람의 승려가 있는 마을에서는, 건기가 되면 밤에 수수의 줄기를 태워 그 주위에 아이들을 모아서 코란의 문장을 암송하게 하거나 나무판에 쓰게도 한다. 하지만 아이들이 글씨본 대로 선이나 점을 쓰고 그 아라비아 문자의 하나씩에 아라비아어의 문구를 대응시켜 암송은 하지만, '문자를 배운다'고는 할 수 없을 듯하다.

긴 호부(護符) 등은 동서를 막론하고 시대를 넘어 존재하는 문자의 주술적 기능에 대한 신앙을 표현한 것이라고 할 수 있을 것이다. 어느 초기문자에서도 볼 수 있는 묘비명, 기념비문은 거의 대부분이 신성한 영역과 관련을 지니고 있으면서도, 사람에서 사람에게로 시대를 넘어서서 증거를 전달하는 것을 기본 목적으로 하고 있다. 고대 메소포타미아에서 발달한 인장(印章) 등은 문자가 지닌 이 두 가지의 지향성을, 근원적인 형태로 함께 갖고 있다고 할 수 있을 지도 모르겠다.

　　문자(아라비아 문자)가 서아프리카사회에 들어와 행한 기능을 보더라도 이 두 가지의 지향성이 여실히 드러나고 있음을 알 수 있다. 아라비아 문자를 읽고 쓰는 능력을 지닌 하우사계, 만데계의 이슬람 승려는 종종 읽고 쓰기를 하지 못하는 원주민 수장의 밑에서 다른 수장이나 대상(隊商)과 연락하는 서기로서 특권적인 지위를 부여받았다. 말리, 오토볼타 서부, 상아해안, 가나의 일부에 흩어져 살고 있고 옛날부터 사바나와 삼림지대를 연결하는 장거리 교역을 담당하였으며 이슬람화된 집단 쥬라의 무리 중에서, 부계혈연의 유대를 기반으로 한 집단 '루-'와 그보다 더 넓은 범위의 집단 '소-'가 강한 단결을 과시하고 있다. 그의 자제들 중에 지방의 쿠란 학교에서 아라비아어를 충분히 습득한 많은 사람들이 상업이나 농업에 종사하며, 일부는 교육자, 성직자로 임용되었다. 이렇게 '루-', 나아가 '소-'는 각지에 분산되어 살면서도 집단 구성원들 간의 연대를 유지하고, 복잡한 광역교역에 유효한 역할을 하는 문자의 성능을 활용하여 상업활동망을 넓히고, 일이 돌아가게 할 수 있었다(Wilks, 1968: 160-171, 185).

　　서아프리카사회에서 아라비아 문자의 또 다른 중요한 기능은 부적으로서의 역할이다. 아라비아세계에도 널리 존재한다고 하는 쿠란의 성구(聖句)를 써놓은 호부(護符)는 하우사어에서는 '라야', 만데계의 언어에서는 '세베', 모시족 사이에서는 '세브레'라고 불리며, 수장에서 서민들에 이르기까지 넓은 범위의 사람들 사이에서 커다란 수요가 생겨났다. 그것 자체가 대단한 귀중품인 종이에, 그 지역의 이슬람 승려가 아라비아어로 성구를 쓰고 접은 다음 그것을 가죽세공사가 작은 삼각이나 사각의 가죽 주머니에 꿰매어, 가죽 끈을 달아 목에 걸거나 양팔에 달거나 두건에 달기도 한다. 특히 전투를 위한 장식에 이것이 많이 이용된다고 하며, 현재도 모시족의 대수장과 부하가 무장하고 모이는 어떤 의례에서는 그들이 전신에 굉장히 많은 '세프레'를 달아 붙이고 있는 모습을 볼 수가 있다. 18세기에 아샨티가 정복한 북방의 다곰바족에는 이슬람 승려도 많이 정착하였고 가죽 세공도 번성하여 성구의 부적이 대량으로 만들어졌기 때문에 아샨티는 다곰바에 공물(貢物)로 호부를 바치게 하였다(Bowdich, 1819: 235). 호전적인 아샨티의 수장이나 전사들 사이에서 북쪽의 이슬람화된 지방에서 들어온 호부에 대한 수요가 지극히 많았음에 틀림없다. 오스만 제국의 황제가 갑옷 밑에 입었다는, 나는 이스탄불 시립박물관에서 쿠란의 성구를 놀랄 만큼 세세한 글자로 한 면에 써놓은 옷 '힐카'를 보았는데, 그것을 보면서 나는 '세프레'를 몸에 붙인 모시족의 수장에서부터 일본의 '귀 없는 호이치(芳一)'(일본의 옛날이야기에 나오는 것으로, 스님이 몸에 불경을 써주면 몸이 보이지 않게 되어 원령이 침입하지 못하는데, 스님이 실수로 귀에는 불경을 쓰지 않아, 귀만 보이게 되어 원령이 귀를 잘라갔다는 내용이다ー역자 주)에 이르기까지 여러 가지를 연상하였다.

무문자사회에서 문자가 행하는 역할을 고찰하는 것에서 출발하여, 인류사회에서 문자의 의미를 광범위하게 논한 것으로, 레비스트로스의 『슬픈 열대』의 '문자의 교훈'(Levi-Strauss, 1958: Ch.18)이 있다. 레비스트로스는 프랑스에서 가지고 간 유리구슬 등의 '토산품'과 바꾸어가면서 브라질 오지의 인디오들의 도구를 수집하는 여행 중에, 이 교환에 협력한 난비쿠왈라족의 어느 수장이 '문자'를 사용하기 시작하는 것을 보았다. 이 수장은 레비스트로스에게 메모장을 요구하고, 민족학자 앞에서 메모장을 펼쳐 종이 위에 구불구불한 선을 그려 보이며 그 의미를 알아내보라고 해놓고는, 바로 주석을 달아 이야기해주었던 것이다. 그리고는 모여든 부족민들 앞에서, 수장은 종이에 씌어진 곡선을 마치 목록처럼 읽어내려가면서 교환하고자 하는 품목을 부족민들에게 전달하였다.

이러한 경험에서 레비스트로스는 문자라는 것은, 신석기 문화가 문자 없이도 달성된 것에서 알 수 있듯이 인류의 지식의 축적에 공헌한 것이 아니라 권력에 의한 인간의 지배의 강화에 도움이 되었다는 논의를 전개한다. 그에 의하면 다수의 사람을 하나의 정치조직으로 통합하고 그들에게 카스트나 계급 등의 지위를 매기는 것은, 문자의 출현에 부수적인 것으로 생겨난 현상이라는 것이다. 19세기에 유럽 여러 나라에서 의무교육이 보급되었지만 그것은 병역의 확장이나 프롤레타리아의 형성과 하나의 짝이 되어 진행되었다고 그는 지적한다. 문맹을 없애려는 운동은 권력에 의한 시민 통제의 강화와 불가분 관계에 있다. 왜냐하면, 권력이 '어떤 사람도 법을 모른다고 인정될 수 없다'라고 말할 수 있기 위해서는 모든 사람이 읽는 법을 알고 있지 않으면 안 되기 때문이다.

하지만 레비스트로스 자신이 '문자의 기원에 대한 마르크스주의적 가설'이며, '변증법적 유물론을 토대로 한 원주민문화의 상부구조에 대한 해석의 시도'(Levi-Strauss, 1958: 365 note)라고 칭하고 있는 이 논의에는 많은 혼란과 오류가 포함되어 있다. 난비쿠왈라의 수장이 '문자'에 의거하여 부족민에 대한 권위를 높이려 했고, 만약 실제로 높아졌다고 한다면 그것은 그가 다른 부족민이 알지 못하는 이상한 기술을 그 자신만 백인과 공유하여 사용하고 있는 특권적인 상황에서 나온 것이다. 그 상황은 레비스트로스가 그에 뒤이어서 '씌어진 통지의 일차적인 기능은 인간의 예종을 용이하게 하는 것이다'(Levi-Strauss, 1955: 344)라고 말하고 있는 것처럼, 문자 이용에 대한 통제를 강화하는 데 전제가 되는 사실, 즉 많은 사람이 통지의 매체인 문자를 이해하고 있는 상태와는 정반대의 것이다. 레비스트로스는 대다수의 주민이 문맹이었던 파키스탄의 한 마을에서 대서소가 문맹인 사람들에 대하여 힘을 지니고 있다고 지적하고 있는데, 어떤 사회에서 가치를 인정받고 있는 기술이나 물건을 소유하고 있는 소수의 사람이, 그것을 지니고 있지 않은 다른 사람들보다 우월한 관계에 있다는 것은, 반드시 문자의 경우에 한정된 것은 아닐 것이다. 다만 문자는 그 주술적 능력에 대한 신앙이나 정신적인 세계와의 관계로 인해, 다른 기술이나 물건이 가질 수 없는 힘을 사회로부터 부여받을 수 있을 것이다. 하지만 문자의 그러한 측면에 부응하여, 문자가 극히 소수의 특정한 사람 외에는 알려져 있지 않은 상황에서 만들어지는 사회관계는 오히려 문자의 비의성에 기반을 둔 것이라고 해야 할 것이다.

레비스트로스가 기록하고 있는 난비쿠왈라족의 수장의 경우와 비슷한 예는, 서아프리카의 로다가족의 점쟁이에 대한 구디의 보고에서 찾아볼 수 있다(Goody, 1968: 205-206). 당시 영국 식민지였던 황금해안의 북부에 사는 이 점쟁이는, 학교에서 사용하는 파운드, 실링, 펜스 등의 덧셈계산의 연습장을 다른 여러 가지의 주술도구와 함께 가지고 있다가, 점을 치는 과정에서 펼친 노트의 숫자 위에 마치 옆으로 계산하는 것처럼 연필을 움직여 숫자 중 어떤 것인가를 가리키면서 점괘를 받으러 온 사람을 향해 말을 내뱉거나 또는 질문을 던진다. 구디는, 여기에서는 문자가 초자연의 힘을 교환하는 하나의 수단으로 사용되고 있다고 지적하고 있는데, 이 경우에도 난비쿠왈라 수장의 예와 마찬가지로 문자를 이용하는 기술을, 특수한 한 사람만이 지니고 있어서 다른 사람은 알지 못한다는 점이 중요하다.

또한 레비스트로스는 이집트 중국을 비롯한 예에서도 알 수 있듯 이, 문자의 사용과 대규모의 정치조직의 출현이 일치한다고 주장하고 있다. 이른바 문자를 지니지 않았던 남미의 잉카제국이 12세기에 형성되어 수백만의 인간을 통합하고 300년 후까지 지속되었지만, 마침 붕괴의 고비에 있을 때에 피사로의 병사들을 만났기에 그들에게 손쉽게 정복되고 말았고, 식민지화 이전 아프리카의 '대규모의 정치통합은 수십 년의 간격으로 생겨나고 사라졌기' 때문에, 이들 남미나 아프리카의 '오래 계속될 수 없었던' 예는, 오히려 그의 가설을 뒷받침하는 것이라고 한다. 하지만 이 것은 초보적인 정보상의 오류이다. 워낙 판도가 컸기에 유지가 어려웠던 흑인 제국의 예를 몇 가지 더 들어 보더라도, 가나 제국은 적어도 300년, 말리 제국은 약 200년, 가오 제국은 백년 남짓, 그 넓은 영역의 지배를 지켜갔던 것이다. 레비스트로스가 혹시 얼마만이라도 중국의 역사를 공부하였다면 시황제가 대담한 문자의 개혁과 통일을 행하였던 진(秦)이 15년 만에 멸망한 것을 비롯하여, 고대 중국의 여러 국가가 행정에서 문자의 광범위한 사용에도 불구하고, 잉카제국이나 아프리카 여러 제국과 비교해 보더라도, 얼마나 '오래 계속되지 못했던가'를 보여주는 사례들이 수없이 많음을 알 수 있었을 것이다.

이러한 정치구조의 규모나 안정도, 지속성은 이 책의 10장에서 말한 것처럼 정치구조 자체의 면에서나, 또는 16장에서 논한 것처럼 '아시아적 생산양식' 론을 비롯한 경제구조의 면에서 우선 검토되어야만 한다. 레비스트로스처럼 단지 '대규모의 정치적 통합' 이라는 현상의 겉면만을 보고, 그것과 문자의 유무만을 결부시켜 문제시하는 것은 (문자가 행하는 역할도 하나의 요소로서 중요하기는 하지만) 너무도 단순한 견해이다. 거기다 위에서처럼 사실만 간단히 검토해도 그 오류가 금방 드러난다. 대영제국이 성문화된 헌법을 지니지 않고 강고한 통일을 유지할 수 있었던 것을, 이 '마르크스주의적 유물변증법적 가설'로는 어떻게 해석할 것인가. 예를 들 것도 없이 구성원의 강력한 합의로 형성된 공동체는 문자에 의한 규약 등을 필요로 하지 않으며, 역으로 합의가 성립되지 않았든지 또는 권력이 법을 뒷받침할 수 있을 만큼 힘을 충분히 갖지 못한 경우에는, 설령 문자로 씌어진 법이 있다 할지라도 그것은 사문화될 수밖에 없는 것이다.

또한 어느 정도 문자교육이 보급된 나라에서도 사실 국민의 대부분은 시행되고 있는 법률의 대부분을 알지 못한 채 살고 있다. 게다가 권력이 지배를 강화하는 데에는 '그 누구도 법을 모른다고는 간주할 수 없다'는 등의 전제가 불필요할 뿐만 아니라 오히려 피지배자에게 문자교육을 보급하지 않는 편이 일방적인 지배를 성립시키기에 용이하다는 것은 새삼스레 지적할 나위도 없을 것이다. 굳이 말한다면, 권력은 문자를 보급함으로써 피지배자의 합의(적어도 명목상의)에 기초하여, 그 세부에까지 지배를 미칠 가능성을 증대시켰다고 말할 수 있지 않을까. 어쨌든, 문자의 이러한 기능은 난비쿠왈라의 수장의 예처럼 문자의 비의성과 관련된 것이 아니라 문자의 규약성이 발전한 결과로서 보아야 할 것이다.[106]

---

106. 레비스트로스가 『슬픈 열대』의 28장 '문자의 교훈'에서 기술하고 있는, 문자가 인류사에서 행한 역할에 관한 그의 견해를 나는 본서에서 전면적으로 부정하였다. 이것은 일본어로만 발표되었기 때문에, 본서를 단행본으로 출간한 후에 바로, 비판의 내용을 프랑스어로 다시 써서 레비스트로스 교수에게 보내어, 그 비판에 대한 비판을 부탁하였는데, 레비스트로스 교수는 바로 정중한 답장을 보내 왔다. 사적인 서신이기 때문에 문장 전체를 번역하는 것은 삼가겠지만, 요지는—당신의 비판은 전부 정당하다고 생각한다, 그러나 『슬픈 열대』는 추억이 뒤섞인 몽상이며, 과학적인 이론을 제시하려고 의도한 것이 아니라는 것을 이해해주기 바란다. 따라서 거기에서 서술하고 있는 몇 가지 고찰에 대해서 이의를 제기당하더라도 어쩔 수가 없다고 생각한다—라는 것이었다. 하지만, 문자에 관한 이 장은 매우 긍정적으로 인용도 되고, 레비스트로스 자신도, 다른 문제에 관해 마르크스주의자인 맥심 로댕송의 비판에 답한 별도의 문장(『구조인류학』)에서, 문자에 관한 이 고찰을 '문자의 기원에 관한 마르크스주의적 가설'이며 '변증법적 유물론에 기초하여 원주민문화의 상부구조를 해석하려는 시도'라고 자기평가하고 있으므로, 나는 나 나름대로의 비판점을 명확히 해 두었던 것이 타당하다고 생각하고 있다.

고대 이집트에 대해서 살펴볼 때에도 인니스가 논한 것처럼(Innis, 1950: 17-21), 문자가 극히 소수의 특정한 사람에게만 알려져 있고, 주로 돌에 새겨진 옛 왕국의 절대 군주정치와, 행정상 임명된 다수의 서기가 단순화된 문자를 파피루스에 쓰게 된 새 왕국의 보다 민주적인 정체와의 차이를 염두에 두어야만 할 것이다. 인니스가 어느 한 사회에서 문자 이용기술의 보급도나 문자가 기록된 것의 재질을 문제로 삼고 있는 것은 뛰어난 착안이기는 하다. 하지만 이집트, 바빌로니아, 그리스, 로마 등의 정치적 통합과 전달수단의 관계를 논하면서, 전달수단 중에 시간(긴 존속)에 역점을 둔 것(예를 들어 비석)과 공간(넓은 전달)에 역점을 둔 것(예를 들면 파피루스 문서)을 나누어 생각하여, 전자는 비집권적이고 계층분화가 강한 제도를, 후자는 집권적이고 계층화가 보다 약한 통치형태를 키워내기 쉽다(Innis, 1950: 7)고 한 것은, 일반론으로서의 충분한 설득력을 지닐 수 없다고 생각한다. 레비스트로스에 대한 비판에서 지적한 것과 마찬가지로 정치구조를 보다 섬세하게 살펴볼 필요가 있기 때문이며, 정치 경제구조의 충분한 검토 없이 정치조직의 대략적인 유형을 전달수단만 결부시켜 논하는 것은 논의의 설정방식이라는 차원에서도 타당성을 결여하고 있다고 생각되기 때문이다.

문자의 기능에 비의성과 규약성을 인정한다 해도, 그 양자를 관철하는 기본적인 기능으로서 문자가 지니고 있는 것은, 시간 및 공간상의 원격 전달성일 것이다. 문자는 파슨즈가 주장하는 것과 같이, 불특정의 사람이 수신할 수 있는 발신 수단이라는 의미에서 브로드캐스팅(broadcasting)의 시작이며(Parsons, 1966: 26), 수천 년 전 가장 오래된 문자의 발생으로부터 인류가 그림과 소리의 기록 재생기술과 방송기술을 가지게 된 지금에 이르기까지, 말이 매개가 되는 유일한 브로드캐스팅 수단이 되었다고 할 수 있다.

당연히 문자화된 말은 원격 전달성이 가져온 분명한 이점과 함께 특정의 청자를 향해 직접적인 반응을 받으면서 육성으로 전달되던 말에는 없었던 다양한 특질을 나타내게 된다. 오르테가 이 가세트가 '씌어진 말은 발화된 말의 한 미약해진 형태이다'라고 하면서, "책이라고 하는 것은 우리에게 저자의 부재를, 씌어진 말은 그것을 말하는 사람이 미리 모습을 감추어버린 것을 의미한다"(Ortega Y Gasset, 1959: 20)고 말한 것은, 문자화된 말이 가질 수밖에 없는 (때때로 부담으로 느껴지는) 근본적인 성격을 지적한 것이다. 200년의 시간을 거슬러 올라가 루소도 '문자는 언어를 고정시키는 역할을 하는 것 같이 보이지만 언어를 변질시키는 것도 분명하다. 문자는 언어의 어(語)를 변화시키지는 않지만, 혼(魂)을 변하게 해버린다'(Rousseau, 1970: 67)라고 주장하면서, 또한 계속해서 '사람들은 쓰는 것에 의해 어쩔 수 없이 모든 말을 공통으로 이해되고 있는 의미로 사용하게 된다. 하지만 말하는 사람은 상황에 따라 의미를 바꾸고 자신이 좋아하는 대로 의미를 정할 수 있다'라고 한 것은 매우 중요하다. 마찬가지로 레코드, 영화, 라디오, 텔레비전 등에 의한 브로드캐스팅에서는, 화자(話者) 앞에 없는 불특정 다수의 수신자를 향해 말이 발신되므로 발화되는 말도 문자로 씌어진 말의 성격을 가질 수밖에 없게 된다고 할 수 있을 것이다.

루소보다 2천 년 남짓 더 거슬러 올라가서 플라톤은 파이드로스와의 대화에서, 소크라테스의 말을 빌려 문자가 지닌 성격을 경고하면서 선명하게 지적하고 있다. 이집트의 고대의 신들의 하나인 테우트는 기하학 천문학 외에 문자도 발명하였다. 테우트는 당시의 이집트 전체에 군림하고 있던 신 타모스가 있는 곳에 가서 여러 가지 기술을 선보이고 그것을 널리 알리도록 권했다. 문자의 장점에 대해서 테우트가 설명했을 때 타모스는 다음과 같이 답하였다.

…사람들이 이 문자라는 것을 익히면서 기억력의 훈련은 소홀히 할 것이기 때문에 그 사람들의 혼 안에는 잊기 쉬운 성질이 심어질 것이다. 그것은 다름 아닌 그들이 씌어진 것을 신뢰하여, 어떤 것을 생각해내기 위해 자기 밖에 조각된 표시에 의지하여 밖으로부터 생각을 끄집어내는 것처럼 되어서, 스스로 자신의 힘에 의지해 안으로부터 생각을 해내지 않게 되기 때문이다. 사실, 당신이 발명한 것은 기억의 비결이 아니라 상기(想起)시키는 비결이다. 또 한편 당신이 이것을 배우는 사람들에게 부여하는 지혜는 지혜의 껍데기이지 진실된 지혜가 아니다. 다시 말해 그들은 당신 덕분에 직접 가르침을 받지 않고도 뭔가를 알 수 있게 되려고, 많은 경우 실제로는 아무것도 모르면서 겉모습만은 매우 박식한 사람인 것처럼 보이도록 할 것이며, 또한 지자(知者)가 되는 대신에 지자(知者)라는 자부만 발달시키기 때문에 교제하기 힘든 사람이 될 것이다(플라톤, 1967: 134-135).

굳이 장문의 인용을 한 것은 이러한 말들이 '책을 밝히는'(bookish) 서적 편중의 지(知)의 세계에 빠져들기 쉬운 현대의 인문 사회과학에 보내는 경고로서도, 생생한 힘을 지닌다고 생각하기 때문이다. 하지만 동시에 나는 문자가 지닌 높은 가치에도 존경을 표하지 않을 수 없다. 이 고대의 현자가 행한 문자에 대한 경고가 우리들에게 전달되는 것도 다름 아닌 문자의 덕분이기 때문이다.

인류사의 흐름 안에서 문자가 출현하여 그 사용이 점차로 널리 퍼진 후에, 다른 전달 기술의 발달에 의해 그때까지 문자가 수행해온 기능 중 많은 부분이 다른 것으로 대체되어왔으며, 그 추세는 지금부터 더욱 속도를 내어 진행되어갈 것이다. 특히 규약성의 측면에서 문자가 수행해온 통계, 기록, 등록, 계약, 연락 등의 기능은 대폭적으로 다른 수단에 의해 대체

되고 있다. 컴퓨터의 프로그래밍의 훈련소나 교통표지의 의미에 대한 반사적 이해를 기억시키는 운전교습소에서는, 조금 전 시대까지의 학교와는 반대로 문자의 사용을 억제하는 기술을, 일부러 문자를 이용하여 가르치고 있는 것이다. 자동차용 교통표지의 문제는 특히 시사적이라 하겠다. 만약 사람이 더 느리게 다닌다면 특별한 훈련이 없이도 의미가 통할 수 있는, 문자를 이용한 표지만으로도 충분히 목적을 달성할 수 있을 것이다. 사람이 빨리 다니게 되어 있으므로, 읽는 데 수고가 드는 문자가 아니라 순간적으로 의미를 알 수 있는 다른 기호를 사용할 필요가 생겨난 것이다. 또 한편으로는 하나의 언어를 넘어 국제적으로 통용되게 하기 위해서도 문자를 사용하지 않는 표지가 필요하게 된 것이다. 소위 세계적 커뮤니케이션 범위의 확대와 속도의 상승이, 멈춰 서서 읽는 표지의 존재를 불가능하게 하는 것이다.

교통표지의 예가 상징적으로 나타내는 것과 같이 문자를 사용하는 것은 물리적으로도 인간의 의식의 흐름 상에도 '멈추어 서는' 일이다. 언어는 사고를 위해 필요한 도구지만, 사고의 어떤 정체로도 간주되어야 한다고 스펜서가 말했는데(Spencer, 1966: 335), 문자를 이용하여 말을 쓰고 또는 읽는 것은 사고의 한층 현저한 정체일 것이다. 그 '멈추어 섬'이 있기 때문에―그리고 그 멈추어 섬은 문자로 씌어진 것이 개개의 독자에 의해 능동적으로 참조될 수 있다는 특질을 지니고 있으므로 한층 귀중한 의미를 지닌 것이지만―문자에 의한 표현의 영역은, 다른 온갖 미디어의 발달에도 불구하고 대치될 수 없는, 인간의 정신에서 더욱더 중요한 영역으로서 계속 존재할 수 있게 될 것이다. 일본의 어느 한 TV 방송국 연출자가 TV 프로그램 1시간에 포함된 정보량이 책 한 권의 정보량에 해당한다고 자신 있게 나에게 말한 적이 있는데, 그 말은 한 시간의 TV 방송에 포함된 정보를 문자로 다시 표현할 경우에 책 한 권 정도가 된다는 뜻이겠지만, 그 반대의 경우가 성립될 가능성은 희박할 것이다. 예를 들어 그다지 두껍지 않은 이 책 한 권이 포함하고 있는 정보를 어떻게 하여 한 시간의 TV 방송으로, 독자가 멈춰 서서 생각하면서 문자를 읽는 것과 같은 전달 밀도로 시청자들에게 전달하는 것이 가능할 것인가.

한편 문자의 비의성은 '세상이 열려감'에 따라 점차 그 기능을 잃어갈 것인가. 예를 들어, 언어에 의한 의미의 표현 외에도 쓰는 사람의 인품이나 감정이 전적으로 드러나는 붓글씨에서는, 붓으로 씀으로써 드러나는 표정이나 문자 특히 한자의 한 획마다 사람이 품고 있는 감각─그것은 한자의 원초적인 표의성과의 연관성 유무와는 관계없이, 한자를 날마다 사용하는 사람의 감각에 배어 있는 '선호 또는 취향'과 같은 것─이, 쓴 사람으로부터 읽는 사람에게 전달되기 위해서는, 양자 사이에 고도의 합의가 존재할 필요가 있는 것이다.

그러한 농밀한 합의가 성립된 생활감각을 공유하는 사람의 범위가 점차 좁아져서, 드디어는 극히 소수의 특수한 사람들만으로 된다면, 이러한 문자는 기나긴 역사의 걸음 끝에서 다시 한번, 하지만 처음과는 반대되는 지점에서, 매우 순도 높은 비의성을 획득하게 될 것이라고 볼 수 있을 것이다. 단순한 문자의 아크로바트에 지나지 않는 아라비아 문자의 카리그라피와는 다른 동양의 서도는 이러한 운명을 수용할 수밖에 없지만, 무수하게 문자가 범람하는 현대에─전달된 내용에 관한 합의는 점점 희박해짐에도 불구하고, 커뮤니케이션 수단의 기술상의 발달과 함께 정보의 양과 속도만은 미친 듯이 계속 늘어가고 있다─말 이전의 합의가 없이는, 사람과 사람사이에 주고받는 문자는 결국 형해(形骸)에 불과하다는 원시적인 진리를 조심스레 계속 증언하게 될 것이다.

20. 맺음말

지금까지 논술해온 것과 같이, 이른바 문자의 유무를 기준으로 하여 '문자
사회'와 '무문자사회'를 상호 단절된 두 가지의 이질적인 사회로 간주하
는 것이 잘못되었다는 것은 분명해졌다. 인류의 생활 가운데, 문자성과 무
문자성은 여러 가지 상태로 서로 침투하고 있다. 시간의 축을 거슬러 올라
가 보아도 문자가 원시적으로 지니고 있던 여러 가지 기능—복사(卜辭),
인장, 달력, 목록, 비명(碑銘) 등—은 이미 본 것처럼 보통은 문자라 불리지
않는 기호도, 불충분하기는 하지만 대행할 수 있는 것이다.[107] 또 남겨지

107. 서아프리카의 구루만체족 사이에 발달했던 지문점(地文占)의 도형(占에 대해 장기간 조사하여 현재 논문을 준비 중인 미쉘 칼트리(M. Cartry)의 교시에 의함), 사라하의 소금광산에서 운반해온 소금판에 새겨 소유자를 나타내는 기호, 마야의 역기호(曆記號), 전술한 다호메이의 통계기호, 모시의 왕릉에 심어진 바오밥 나무(2장 참조) 등은 복사(卜辭), 인장(印章), 달력(曆), 목록, 비석 등 극히 원초적이지만 동종의 기능을 가진 것의 예로 들 수 있을 것이다.

지 않은 또는 현재 우리들에게 알
려지지 않은 기호가 원문자(原文
字)보다 더 과거에, 보다 넓은 범
위의 사회에서 이용되었을 가능
성을 생각하면 시간의 축에 따라

서도 무문자사회와 문자사회는 차이는 있지만, 인류사회 내에서 연속된
관계에 있는 두 개의 상태로 간주되어야 할 것이다. 또한 현대이후에 문자
사회의 어느 한 분야에서 무문자화가 계속 진행되어 가고 있는 것도, 앞장
에서 살펴 본 그대로이다.

　　이 책의 서두(3장)에서도 말한 바와 같이, 문화인류학의 대상 영역
으로 '무문자사회'를 '문자사회'와는 확연히 구별되는 것으로 보고, 후자
를 배제하는 형태로 설정하는 것은 불가능하다. 다만 문화인류학이나 그
것과 밀접한 관계에 있는 민족학 민속학이 다른 학문과 비교해볼 때 지금
까지의 특색을 발휘하여 장래에 결실을 맺을 수 있을 것이라 기대되는 대

그림 32 바람으로 곡물을 골라내기

수확 후 막대기로 때려 이삭에서 떨구어내 모은 곡식은 식용으로 쓰기 전에 맷돌과 절구로 빻아 정미(精米)하고, 사진과 같이 바람으로 선별한 다음에 가루로 만든다. 원료 정미에서부터 조리까지 식사준비의 전 과정을 기혼 여성별로 가진 각각의 부뚜막에서 한꺼번에 해야 한다. 식사준비는 하루에 한 번으로 정해져 있지만, 꽤 많은 고생과 시간이 필요하다.

상영역으로서, 문화 안의 '무문자성'이라고도 부를 수 있는 부분(그것은 문자사회 내에도 존재한다)을 거론할 수 있을지는 모르겠다. 앞장에서 본 것처럼 문자가 무엇보다도 사람의 의식의 '멈춤'의 산물이며 의지적이며 개별적인 표명(表明)의 결정(結晶)이라고 한다면, 무문자성이라고 부를 수 있는 부분은 그 기층부를 이루는 무의식적이고 집합적인, 소위 문화의 하부구조에 대응한다고 할 수 있을 것이다. 여기서 말하는 문화의 하부구조는, 정신문화에 대치되는 문화의 물질적 측면에만 관련된 것이 아니다. 물질문화 이외의 정신문화 영역에, 생활이나 의례는 말할 것도 없이 예술의 분야에서 개별적 표현이 개화하는 토양이 되는 '양식'까지도 포함될 수 있을 것이다. 하지만 문화인류학은 양식 그 자체에서 한 걸음 더 나아가, 그것을 성립시키고 있는 습속이나 집단적 심성과의 관계에서 양식을 거론하는 것에서 학문적 특색이 발휘될 것이다.

문화 내에 존재하는 그러한 무의식적 집합적인 부분은, 그것을 직접 살아가고 있는 사람들에 의해 의식화되어 파악되지 않는 경우가 많다. 문화인류학에서 연구자가 속해 있는 문화와는 다른 문화의 연구가 중요한 의미를 지닌 이유도 거기에 있다. 다른 문화 안에 스스로 몸을 투신하여, 그 문화가 자신의 문화와 다르기 때문에 생겨나는 놀라움, 고통, 분함, 이상함 등을 역력히 체험하면서 연구자는 그 문화에 대하여 그 곳에서 태어난 사람들에게는 보이지 않았던 것까지 눈을 떠가는 것이 가능해지며, 또한 체험된 타문화와의 격차에 대한 감각을 통하여 연구자 자신의 문화 안에서 지금까지 그 자신에게 보이지 않던 것을 발견할 수 있게 된다. 문화인류학자에게 어느 정도 장기간의 타향 체험이 지닌 근본적이고도 중요한 의미가 거기에 있다. 소위 말하는 필드워크가, 문헌연구에 의해 미리 만들어진 틀에 따른, 현지에서의 단순한 자료수집 작업이어서는 결코 안

그림 33 곡물을 찧는 여자들

모시 사회에서도 아프리카 사바나의 다른 여러 지역의 주민과 같이, 수수나 토진비에 등의 가루를 물에 풀어서 그것을 구워서 만든 '메밀수제비'나 '갈뿌리과자'와 비슷한 전분가공법으로 조리한 '사가보'를 주식으로 하고 있다. 이것을 식혀서 굳히고, '돈아가' (Parkia biglobosa)의 열매를 삶아 발효시킨 '칼고' (쥬라어로 통칭 '순바라'라고 부른다)를 주원료로 해서 맛을 넣은 국물에 찍어 먹는다. 남부 모시 사회에는 '사가보'에 토진비를 이용하는 곳이 많지만 지역에 따라서는 오히려 수수가 더 이용되는 곳도 있다. 사하라 이남의 다른 아프리카사회와 마찬가지로 수레바퀴나 토기를 만드는 물레를 비롯하여, 고정된 축에 의한 회전원리가 응용되지 못한 모시 사회에서는, 곡물을 찧는 돌절구도 팔의 직접적인 왕복운동에 의한 것이며 회전식의 돌절구는 이용되지 않았다.

될 것이다.

그렇게 하여 얻어진 두 가지의 참조점이 확실한 것이라면, 거기에서 제3의 문화를 비추어 볼 가능성도 열릴 것이다. 그러므로 문화인류학의 방법은 문화의 삼각측량이라고도 말할 수 있는 성격을 갖고 있다. 연구자가 체험한 문화의 수가 많고 그 체험이 깊을수록 참조점도 늘어나고 측량의 범위도 넓어져 풍부한 결과를 가져올 수 있을 것이다. 문화의 무의식적, 집합적 표상에는 여러 개의 문화를 비교할 때 비로소 의미가 분명해지는 것이 많기 때문이다.

또한 역사연구에 관해서 말하자면, 이러한 시점의 상호성으로부터 역사의 본질에 닿을 수 있는 과제를 제기하는 것도 가능할 수 있을 것 같다. 이 책에서 때때로 언급하였듯이, 역사를 보는 시점의 원근감각을 바로 고치거나 문자기록의 연구만을 중심으로 삼는 대상을 넘어선 넓은 장에, 역사를 다시 한번 자리잡게 하여 살펴볼 수 있는 가능성 등이다. 모두에서 밝힌 것처럼 무문자사회의 역사를 연구하는 것은 문자사회의 '변경'에 있었기에 기성 학문이 돌아보지 못한 것들을, 정통적인 역사의 보조 자료로 수집하기 위해서가 아니다. 문화인류학이 문화 안의 무문자성에 집착하는 것은 문자성의 변방에 대한 관심에서가 아니다. 기성의 문명 안에서 확립된 너무나 '책을 밝히는' 서재적인 인문적 지(知)의 체계를 더 넓직한 세계에 해방시키고, 기성의 사고방식과 감수성에 약간의 바람을 불어넣어 보고 싶어서이다. 이렇게 볼 때 무문자사회의 연구는 가장 깊은 의미에서 문화인류학이 지향하는 바와 결부되어 있다고 할 수 있을 것이다.

후기

이 책은 잡지『思想』에 1971년부터 4년 간 단속(斷續)적으로 연재한 같은 제목의 논문을 수정, 보완하여 정리한 것이다. 게재 연도와 호는 1장~5장 (1971년 5월호), 6장~9장(1971년 7월호), 10장~12장(1971년 9월호), 13장 ~15장(1971년 11월호), 15장(속편)~16장(1974년 1월호), 17장~18장 (1974년 7월호), 19장~20장(1974년 11월호)이다.

　　1971년 2월, 파리에서 쓰기 시작하여 도중에 2년 정도 중단하고, 후반부는 서아프리카 모시족의 지역에서 지내며 썼다. 이 글을 쓰기 시작한 계기는 프랑스어로 학위 논문을 쓰는데 고심하고 있던 차에 일본어로 표현하고 싶다는 욕구에 사로잡혔기 때문이다. 학문적 형성기의 절반을 파리와 프랑스어권의 아프리카에서 공부했던 까닭에 연구상의 서술은 오히려 프랑스어 쪽이 편했을지도 모르지만 모어(母語)가 아닌데서 오는 압도적인 부자유스러움으로 인해, 써놓고 보면 끊임없이 불거져 나오는 것이 있어서, 그것을 방법론상의 문제이거나 혹은 일본인이 아프리카사회를 연구할 때 부딪히게 되는 기본적인 문제로 간주하고, 그것을 보다 일반화된 형태로, 그리고 일본어로 써보고 싶어졌다. 그런 마음으로 쓰기 시작하자, 문자가 손가락에서 홍수처럼 넘쳐흘러 나오는 바람에, 전체적인 체재 같은 것은 별로 신경 쓰지 않고 집필을 계속했다. 생각해 보면 이것을 쓰기 시작하기 직전에도 프랑스어가 부자유스러워 울적해진 기분을 풀고, 돌출구를 찾고자 하는 마음에서, 1년 반 전에 떠났던 마그레브 여행의 추억을 논문과 병행해서 역시 단숨에 써 버렸다(『マグレブ紀行』[마그레브 기행] 中公新書).

사백 페이지 남짓의 프랑스어의 논문이 이윽고 완성되어, 1971년 10월에 소르본느의 공개심사에도 합격해서, 그 후 바로 나는 또 아프리카로 떠나 버렸고, 전등도 없는 오지에서의 조사생활 속에서 「무문자사회의 역사」 연재는 2년 가까이 중단된 채 내버려두었다. 이 사이, 일본어의 그리움을 채우기 위해 『曠野から』[광야에서](筑摩書房, 中公文庫)라고 하는 별 쓸모없는 책을 재미삼아 썼다. 「무문자사회의 역사」는 연재 완료 후에 한 권으로 모아서 간행하고 싶다는 이와나미 출판사(岩波書店)으로부터 후의(厚意)적인 요청도 있었고, 나도 중도에서 포기하는 것이 싫어서 1974년에 오토볼타의 수도 와가두구에서, 비교적 안정되게 살고 있는 동안에 무조건 시작하여, 예정했던 것을 전부 다 썼다. 후반부는 특히 학위 논문에서는 크게 다루지 않았던 문제를, 차후를 위한 메모를 해 둔다는 심정으로 써 내려갔다. 집필을 중단하였다가 2년간 조사를 한 연후에, 그 이전에 예정했던 것들을 그대로 이어서 써내려 가는 것을 크게 주저했지만, 앞서 말했던 집필을 시작했을 당시에 가졌던 동기에 대한 집착도 있어서, 처음에 만든 노트를 따라, 그리고 새로운 지식이나 견해도 부가해 가면서 썼던 것이다.

　　『思想』지의 연재가 끝나고 정리할 준비를 진행하는 중에, 오토볼타에서 자동차 사고로 크게 다쳐 5개월 가까이 입원 생활을 어쩔 수 없이 하게 되어 작업은 다시 중단되었다. 작년에 귀국하고 나서 부분적으로 집필을 하기도 하고 방치하기도 하는 중에 그만 또 1년 정도 간행이 늦어졌다. 원고가 저자의 손을 떠나고 나서 책이라는 것이 출판되기까지의 절차는 마치 육친(肉親)의 죽음부터 출관(出棺)에 이르는 과정에서 볼 수 있는 아주 냉철한 절차를 방불케 하는데, 이러한 절차도 거의 끝나고, 발매일도 결정되어 내일 아침에는 무슨 일이 있어도 건네주지 않으면 안되는 「후기」의 원고 용지를 대하고 있는 지금의 나에게 할 수 있는 것이라고는, 상당히 기묘한 방식으로 쓰여졌지만 이제 겨우 완성되어 가고 있는 이 소책자를 이제는 애착을 들였던 만큼의 매정함으로 세상으로 내보내는 수 밖에 없다.

그간의 과정이야 어떠했든 간에, 이 작은 책을 지금 세상에 내보내는 이상, 이 책에 쓰여졌던 말들에 현재의 나는 전면적으로 책임을 갖고 있지만, 그러나 동시에 책에서 쓴 내용에서 조금이라도 앞으로 나가는 것이 현재의 나의 관심의 전부이기도 하다.

나의 관심의 하나는 이 책의 15장에서도 약술했듯이, 지배자의 혈연집단의 분절화의 과정과 정치조직의 분절적 성격이 사회계층의 분화(分化)와 분절간 상호 서열화(序列化)와 어떠한 관계를 갖고, 특히 후자가 어떠한 생태학적, 역사적 조건 하에서 실현될 수 있는가를 밝히는 것이다. 이 점은 흑인 아프리카 사회에 관한 한, 국가형성론, 넓게는 정치구조의 동태론 일반에 있어서 하나의 열쇠가 된다고 생각된다. 여기에, 제2차 대전 후의 학문상의 풍조 가운데 아프리카 연구 분야에서 소홀히 다루어 온 기술론(技術論), 물질문화론의 시점에서의 검토도 아울러 진행함으로써, 신진화주의(新進化主義)의 탈역사적인 유형론이나, 조금도 진전을 보이지 않는 프로세스·모델론(15장)을, 별도의 측면에서 그것들을 넘어서는 전망을 여는 것도 가능하지는 않을까 하고 생각한다.

이 점에 대해서는 본서의 주요한 자료의 기초가 되었던 조사 후에 이루어진 3년 반에 걸친 재조사 동안에 채록해서 얻었던 자료의 정리와 분석을 행하고 있지만, 특히 그때까지 나에게 있어서 제1차 자료가 부족했던 중부 모시, 북부 모시와 모시의 남쪽에 인접한 맘프루시, 다곰바에 대해서 귀중한 자료를 얻을 수 있어서, 이후 보다 넓은 시야에서 비교검토를 진척시켜 나갈 것을 염원하고 있다.

지금의 나에게 있어서 또 다른 큰 관심은, 구조주의를 둘러싼 논의 이후, 반쯤은 고전적인 문제가 되고 있는 구조와 역사에 관련된 것이다. 이 문제도 또한 나에게 있어서는 직접적으로는 앞에서 언급한 첫 번째 문제로부터 필연적으로 제기되는 것이다. 서 수단의 어느 한 시대에, 군사적으로 우월했던 집단의 이동 및 분열과, 그들에 의한 선주농경민의 지배, 혹은 그들과 선주민들과의 대립관계, 혹은 사람들이 살고 있지 않은 곳으로의 진출 등, 특정의 역사적 상황과 결부된 「사건」이, 그 곳에 형성되었던 사회의 구조를 규정하는 요인이 되는 한편, 10장에서 서술한 바와 같이, 수장위의 계승이 불가피하게 내포하고 있는 모순에서 생기는 지배자 집단의 분열과 이동 등은 말하자면 구조 자체에서 석출(析出)되는 「사건」이라는 성격을 갖고 있다. 더욱이, 14장과 16장에서 기술하였던 것처럼, 모시 사회의 정치구조에는 근본적(根底的)인 비누적성(非累積性)이 인정되는 한편, 기니만 연안의 여러 사회와 유럽 세력과의 접촉에 수반되는 내륙의 장거리 교역의 발달이나 유럽제 화기(火器)의 침투 등, 외부로부터의 힘에서 유래된 「사건」이 정치구조의 내부에 일으켰던 심한 변화는, 어느 단계를 거친 후에, 정치사회의 동태에 비반복성을 심어주었던 것으로 여겨진다.

　　「구조」와 「사건」 사이에 이와 같은 변증법적인 관계를, 몇 가지 요소(要素) 간의 관계가 등치(等値) 혹은 변환될 수 있는 모시=맘프루시=다곰바와 같이 상호 관련된 사회의 사례를 통해 밝히는 것은, 구조와 역사의 관계 일반에 관한 고찰을 진척시킬 수 있는 단서를 제공해 준다고 생각된다.

　　하지만 동시에, 이러한 연구의 절차 자체가 보다 근본적인 또 하나의 문제를 제기한다. 즉, 이와 같은 무문자사회에 있어서 정치조직에서 발생한 과거의 사건은, 본서에서 검토했듯이 주로 구연전승이나 의례, 그 외

여러 관행을 통해서 밝혀질 수 있는 것이지만, 집합적인 기억으로 시간을 거쳐 온 전승 자체는 이미 구조화되어 있다고 보지 않으면 안되기 때문이다. 게다가 정치에 관련된 사상(事象)이「살아지는」(v cu) 차원의 것인 데 대해, 구연전승이나 상징 체계로서의 의례는「생각되는」(con u) 차원에 속하고 있다.

다만「생각되는」차원의 구조를 단서로 해서「살아지는」사건으로 도달하고자 하는, 언뜻 보기에 역설로도 생각되는 작업의 유효성을 보여 주는 것은, 한편으로는 전승 상호간의 비교 검토와 다른 차원의 사상과의 관련짓기에 의해 명확하게 할 수 있는, 전승의 구조 자체가 내장하고 있는 역사성이고, 다른 한편으로는 역사의 시점에서 역대 수장의 계보를 추적하여 당대의 왕에 이르는 한 묶음의 역사전승의 내부에서 인정할 수 있는, 구조화의 밀도의 차이인 것이다.

이와 같이, 문화의「생각되는」차원이 이미 확실하게「역사」로의 지향을 띠고 있는 사회를 연구하는 것은, 문화의 어느 한 측면에서는 분명히 구조가 우월하면서도 구조가 항상 역사를 흡수하는 반복적 사회와 구조가 역사를 누적적으로 만들어 가는 사회, 이 두 사회의 양극적인 도식상의 대치가 보여주는 단절 안에, 오히려 양자의 변증법적인 관계를 찾아낼 수 있는 길을 열어 주는 것은 아닐까?

그렇지만 본 책을 통해서 밝힌 것처럼, 지금까지의 내 연구로는「생각되는」차원에 대해서의 고찰은 현저하게 불충분해서 역사전승의 분석이 고작이었다. 그 후의 자료도 첨가하여, 지금 나는 왕의 의례의 분석을 목표로 하고 있지만 의례, 세계관 등은 외부자의 이해가 가장 미치기 어려운 영역이고, 다년간 교제해 왔던 모시 사회에 대해서도 그 길은 아직 멀다고 생각하지 않을 수 없다. 스스로 생각해도 정나미가 떨어질 것 같은 느릿느릿한 타문화이해의 행보이기는 하지만, 3개월 후에는 다시 되돌아 갈 모시 사회에서 이 문제를 다시 생각해 보고 싶다.

1976년 10월 31일 동경에서

가와다 준조(川田順造)

이와나미현대문고판岩波現代文庫版을 위한 추기追記

그 사이 오랜 중단을 겪기도 해가면서, 1971년부터 4년간 월간지『思想』에
연재된 후, 졸저가 단행본으로 간행된 지 14년이 지난 연후에, '동시대의
라이브러리'의 한 권으로서 재간될 때, '길은 멀다. 하지만 아직 날은 저물
지 않았다'라는 초조함이 깃든 제목으로 내 책의 해제(解題)를 쓴 지 어언
11년이 흘렀다. 졸저를 하나의 출발점으로 하여, 끝없이 격렬하게 확산되
어가는 호기심에 쫓겨 꿈 속 같은 길을 걸어왔지만, 실제로 착수한 것의
1/3도 정리하지 못한 채 지난 11년이 흘러가버렸다. 지금 쓰고자 하는 추
기에 표제를 붙인다면, 11년 전에 느꼈던 것보다 훨씬 더 큰 초조감을 또
드러낼 수밖에 없다. 하지만 옛날 책의 복간을, 시간을 넘어 내게 다가온
자기 편달의 기회로 삼는 것도 전혀 쓸모없는 일은 아닐 것이다.

문자기록이나 사적(史跡)이 없는 사회에서 큰북 언어를 포함한 문
자기록과 왕의 의례로 대표되는 행위전승이라는, 끊임없이 집합적으로 해
석되고 고쳐지면서 현재에 집약되어 있는 '생각된'(con u) 차원의 자료를
실마리로 하여, 과거에 '살아낸'(v cu) 차원에 도달하려고 하는, 또는 그
두 가지 차원의 관계를 찾으려고 하는 이율배반과 스릴과 의심으로 가득
찬 탐색 가운데에서 지난 11년간 그 이전의 시행착오를 이어가면서 내가
해온 작업을 굳이 정리한다면, 크게 세 가지 정도의 키워드로 묶어볼 수 있
을 것이다(이번에 문고판의 기본이 된 것은, 1995년 11월 간행했을 때의
보족주를 포함하고 있는 동시대 라이브러리 판 제3쇄이므로, 주로 그 이후
의 5년 반 사이에 본서의 테마와 관련하여 발표한 것에 대해 서술하겠다).

첫째, 구판까지는 극히 불충분하였던, 생각된 차원의 표상 그 자체

에 대한 분석108과, 그것과는 무관한 것처럼 보이는 물질문화, 기술, 신체 기법, 그리고 본서의 기본이 된 내 박사논문의 중심과제이기도 하였던 정치조직을, 공통의 시야에서 검토하는 것이다.

생각된 차원 속의 문자기록에 대해서는, 역사표상의 방식으로서 중요한, 큰북 언어에 대한 더욱 철저한 분석과, 문자를 포함한 다른 전달수단과의 대비구조 안에 그것을 자리매김함109과 동시에, 왕의 선조의 계보낭송에 사용되고 있는 언어의 시제(tense), 양상(aspect)에 관한 상세한 검토110를 통해, 문자 사료에 의한 역사표상과 연속되기는 하지만 몇 가지 측면에서 크게 다른 비문자의 역사표상의 성격을 밝히고자 시도하였다. 그리스어의 graph 에서 유래한 유럽어의 표현과 일본어의 표현에 공통되는 '쓰다 긁다' (일본어에서 쓰다는 書く이며 카쿠라고 읽고, 긁다는 掻く이며 이 또한 카쿠라고 읽는다―

108. 『アフリカ社會における通信システムとしての太鼓ことばの研究』[아프리카 사회에 있어서 통신시스템으로서의 큰북 언어의 연구](小田淳一, 山本順人と共著), 1995년도 과학연구비보조금(일반연구B)연구성과보고서, 東京外國語大學アジアアフリカ言語文化研究所, 1996.

109. '音聲によらない言語傳達の形式における曖昧さをめぐって' [음성에 의하지 않는 언어전달의 형식의 애매함에 대하여](『記號學研究』13, 日本記號學會, 1993, 17-37쪽). 이것에다 대폭적으로 가필하여 '『しるす』ことの諸形式' ['표시하는' 것의 제 형식]이라는 제목으로, 졸저『人類學的認識論のために』[인류학적 인식론을 위하여](岩波書店, 근간)에 수록하였다.

110. '歷史の語りにおける時間と空間の表象― モシ王國の事例を中心に' [역사 이야기에 있어서 시간과 공간의 표상―구모시왕국의 사례를 중심으로] 長野泰彥編『時間 ことば 認識』ひつじ書房, 1999, 307-334쪽.

111. "Epic and chronicle: Voice and writing in historical representations", 제11회 국제역사과학회의(오슬로, 2000년 8월) Major Theme 2 : Millenium Time and History에서 구두발표. 완성된 텍스트는 동 회의의 정선논문집에 수록되어 오슬로 대학에서 근간예정.

역주)에 더 이상 구애되지 않고, '표시하다(しるす) 두드러지게 하다(著しくする)' 와 같은 생각을 도입함으로써 그림/조각과 소리, 시각과 청각에 의한 역사표상을 연속적인 시야에서 파악하는 것이 가능하게 된다. 이 점은 후술하는 '소리문화' 의 연구에 의해 보완되어, '서사시와 연대기' 로 대표되는 역사의 인식 표상의 두 가지 이념형의 대비를 보다 더 정밀하게 할 수 있었다.111 어떻게 하면 그림/조각과 언어에 의해 '개체' 를 가리킬 수 있을까라는 의문에서 출발하여 '부류와 개체' 의 표상에 대하여 고찰한

논문 「肖像と固有名詞」[초상과 고유명사][112]에
서는, 종래에 각도는 다르지만 방식은 마찬가지
로 해서 각각 다루어왔던 영역을 교차시킴으로
써 발견해내려고 시도해보았다.

　　행위 전승에 대해서는 나는 운이 좋았다.
여태까지 내가 주로 연구해온 모시 왕국의 텐코
도고 왕조에서 왕이 즉위한 지 33년째에 행하는
것이 관례화되어 있는 이웃나라 가나에 있는 시
조의 땅으로 회귀하는 의례가 90년대 말에 있었
던 것이다. 기억되고 있는 선례도 없이, 무엇을
어떻게 하는 것인지 누구도 명확하게 알지 못하
는 '관례'를, 텐코도고 왕의 존재조차 모르는 시
조의 땅의 수장들까지 끌어들여서 '강행'한 전
말을, 내가 참여해서 관찰할 수 있는 기회가 90
년대 말에 주어졌다. 그 체험을 기록하고 분석
하여 상세한 사진까지 덧붙여서 간행한[113] 후,
역사인식의 당사자성(當事者性)과 주관성, 윤리
성에 대한 고찰을 부가하고 사진은 대폭 줄여서
다시 낸 책이 있다.[114]

112. '肖像と固有名詞—歴史表象として
の 像と言語における意味機能と指示機
能'[초상과 고유명사—역사표상으로서의
그림/조각과 언어에 있어서의 의미기능
과 지시기능]『アジア アフリカ言語文化
研究』48, 49 합병호, 東京外國語大學ア
ジ ア アフリカ言語文化研究所, 1995, 495-
537쪽. "Le portrait et le nom propre," in
Gradhiva Revue d' Archives de l'
Anthropologie, No.21, Jean Michel Place,
Paris, 1997: pp.1-37.

113. 『サバンナの王國—ある '作られた
統' のドキュメント』[사바나의 왕국—어
느 '만들어진 전통'의 기록] リブロポー
ト, 1992.

114. 『サバンナ ミステリー―眞實を知る
のは王か人類學者か』[사바나의 미스테리
를 아는 것은 왕일까 인류학자일까] NTT
出版, 1999. 또한 역사인식의 당사자성에
대해서는 '歴史を必要とした社會'(역사
를 필요로 하는 사회), '歴史への意志(역
사에 대한 의지)' 라는 관점에서 역사학자
와의 토의의 기록도 있다(川田 ''歴史へ
の意志" をめぐって'〈보고와 토론〉, 『歴
史のある文明, 歴史のない文明』[역사가
있는 문명, 역사가 없는 문명](岡田英弘,
樺山紘一, 山內昌之와 공저자) 筑摩書
房, 1992, 151-236쪽.

115. "Historicit et subjectivit . propos
d' um〈pass actualis 〉en pays mosi
(Burkina-Faso)",in J. L. Jamard, E. Terray
et M. Xanthakou(eds,), En substances :
Textes pour Fran oise H ritier, Fayard,
Paris, 2000 : pp.58-75.

　　역사인식에서 당사자성 주관성 윤리성을 둘러싼 문제는, 「肖像と
固有名詞」에서도 다루었다. 이전부터 나는 복수의 주관 사이에 보다 고차
원적인 상호주관적인의 통합이 있을 수 있지 않을까라는 의문을 품어왔는
데, 이 '만들어진 의례전승'을 참여 관찰하고 얻은 강렬한 인상을 통하여
부정적으로 기울어질 수밖에 없게 되었다.[115] 그것은 외부 관찰자인 인류

학자가 현지의 당사자들의 인식에 '촉매' 역할을 할 수 있다고 하는, 본서의 저변에 깔려 있는 약간은 낙관적인 관점이 부정되는 것은 아니지만, 흔들리는 것은 사실이며, 또한 「口承史と過去への想像力」[구술사와 과거에 대한 상상력]116에서 기본적 성격을 논한 '표상으로서의 역사'에 내포되어 있고, 문자 사료에 근거한 역사에도 공통되는 역사인식의 윤리성과 정치성이 제기하는 극히 현대적이기도 한 문제로 나를 몰아가는 것이다.

116. "Histoire orale et imaginaire du pass", Annales : conomies-Soci t s-Civilisations, 48(4), Armand Colin, Paris, 1993: pp.1087-1105 (보충하기 전의 원발표는 1988년). 일본어로 새로 써서 「口承史と過去への想像力」라는 표제로, 『口頭 承論』하권, 평범사라이브러리, 2001[1992], 195-222쪽.

나는 역사인식의 논의에 '당사자성' (프랑스어 발표에서는 concernit 라는 조어를 사용하였다)이라는 개념을 도입하였는데, 외부의 연구자인 나도 나 나름의 입장에서 '당사자'라고 할 수 있을 것인가라는 점을 지금 생각해보고 있다.

이와 같은 역사의 인식과 표상의 방식에, 물질문화 기술 신체기법과 사회 정치조직의 측면에서 하나의 틀을 제공하는 요소로서 내가 주장해온 '소리문화'의 개념117에 기초한 만데와 하우사의 2대 소리문화 복합과 전술한 서사시와 연대기라는 이념형과의 대응을 생각해볼 수 있을 것인가라는 것도, 앞으로 나에게는 큰 연구과제이다.

117. '音文化の地域的展開を探るーイスラームを手がかりに'[소리문화의 지역적 전개 탐구ー이슬람을 실마리로 하여], 『民族學研究』65(1), 1-8쪽.

물질문화 기술 신체기법이 종합된 구상화에 틀림없는 소리도구(종래의 용어로는 악기)와, 소리를 담당하는 사회집단, 소리가 의미를 지니는 사회관계나 정치권력의 양태 등으로부터 만데, 하우사라고 하는 소리문화 복합을 서아프리카의 내륙사회에 상정하고, 지리적으로나 내용적으로나 양자의 중간에 모시 왕국의 소리문화와 그 큰북언어를 자리매김할 수 있지 않을까 하고 생각하고 있다.118

두 번째의 키워드로는, 구판의 해제 307쪽과 주139)에서 부분적으로 언급하고 있는 '문화의 삼각측량'의 방법을 들 수 있을 것이다. 그것은 첫 번째 부분에서 문제시하였던 바와 같이, 연구대상의 사회에서는 외부자인 나의 주관을, 대상사회와 내가 연구상의 근거로 하고 있는 '인류학이라는 문화'를 키워온 서양(나의 경우는 특히 프랑스) 사회와의 관계 안에서 상대화시켜 위치를 정해둘 필요에서 생겨난 것이다. 하지만 동시에 본서의 모티브의 하나인 세계인식에서 서양 근대 중심주의로부터의 탈각을 전제로, 서양 문화를 다른 두 가지 문화의 관계 안에서 상대화하는 것도 의도하고 있다.[119]

이러한 면에서 본서의 본문 중에서나 해제에서 문자의 역할과의 관계에서 다루었던 미개와 문명, 기술의 문화와 가치의 문화, 신체기법을 매개로 한 상호관계(나는 양자를 통합한 '기술문화'의 개념을 제창하고 있다), 진보와 정체를 둘러싼 문제군은 지금 거론한 세 가지의 기층문화가 각각 지니고 있는 성격을 다른 두 문화와의 대비를 통해 밝히고자 할 때 중요한 열쇠가 된다고 생각된다. 나의 '문화적 정체성'을 탐구하는 '내부의 인류학'의 연구대상으로서는 구판에서 언급한 에도 동경 외에, 학생시절부터 조사한 적이 있었던 이와테, 미에, 시마네의 농산어촌의 기본적 생업활동과 신체기법에 대해 3년 전부터 조사를 수행하고 있다. 프랑스의 기층문화에 대해서는 유럽 전체를 대상으로 한 국립민족학박물관의 공동연구[120] 후, 니노미야히로유키(二宮宏之)를 대표

118.「マンデ音文化とハウサ音文化－イスラーム音文化の地方的展開」[만데의 소리문화와 하우사의 소리문화 이슬람 소리문화의 지방적 전개]『民族學研究』65권 1호, 2000, pp.62-72.
"Les deux complexes de la culture sonore en Afrique occidentale: le compexe mande et le complexe hausa", in J. Kawada(ed.) Cultures sonores d' Afrique, 東京外國語大學 アジアアフリカ言語文化研究所, 1997, pp.5-50.

119.「文化の三角測量をめぐって」[문화의 삼각측량을 둘러싸고]1999年度大阪外國語大學教育研究學內特別 費プロジェクト『言語社會研究の方法論に關する基礎的研究報告書』[언어사회연구의 방법론에 관한 기초연구보고서]1999, pp.3-37.
「文化の比較可能性 アフリカ ヨーロッパ 日本」[문화의 비교가능성 아프리카, 유럽, 일본]『國際交流研究』創刊, フェリス女學院大學國際交流學部, 1999, pp.87-121.

120.『ヨーロッパの基層文化』[유럽의 기층문화](川田順造編) 岩波書店, 1995.

로 하는 역사학과 인류학의 공동 팀에서 문부성 과학연구소의 해외학술조
사를 수행해 왔는데, 나는 전통 장인들로부터 청취한 것을 중심으로 해서,
아프리카나 일본과 대비할 수 있는 형태로, 기술문화의 기본적 성격을 밝
혀내보고자 한다.

　　역사학자와의 공동 연구를 통하여 삼각측량의 방법이 인류학이 빠
지기 쉬운 고정적 유형론이 되는 것을 피하고, 시대적인 변화 특히 '근대'
와의 관계에서 일어나는 변동의 양상까지 포함하는 이념형을 다듬어야 할
필요를 절감하게 되었다. 유의미한 시대의 폭을 설정한 위에, 어느 한 사
회의 구체적인 사례로부터 추출된 것은 일본, 프랑스, 모시 등 지역의 고유
명사를 떼 내고 일반화시킨 '기술문화의 오리엔테이션' A, B, C 등인데,
현실의 어떤 지역의 기술문화 안에서도, 복수의 오리엔테이션의 중첩된
양상과 시대에 따른 변화에 대한 문제제기가 가능하도록 하려고 한다.[121]

121. 이 책의 자저해제에서 언급한 기술론, 물질문화론의 연장
으로서, 아프리카의 연구대상사회와의 실천적인 관여는 이른바
'개발' 문제와 관련을 맺으면서 계속되어 왔다. 간행된 것으로
는 岩井克人 鴨武彦 原洋之助 山內昌之 등과 공동편집한 『岩波
講座 開發と文化』(전7권, 岩波書店, 1997-98)이와나미 강좌 개
발과 문화 등이 있고, 또한 전술한 '문화의 삼각측량' 의 방법을
합치고, '기술문화' 의 개념도 명확히 하여 일반화하고 이론화를
시도한 것으로서 J. Kawada, The Local and the Global in
Technology, Working Paper, World Culture Report Unit,
UNESCO, Paris, 2000 등이 있다.

122. 「歷史 文化硏究にとっての地域」[역사·문화연구에 있어
서의 지역]『地域文化硏究』東京外國語大學大學院地域文化硏究
會, 1997, pp.1-11. 辛島昇 木村靖二 佐藤次高 濱下武志 松本宣
郞 등과 공동으로 기획하고 편집한 「地域の世界史」[지역의 세계
사](전12권, 山川出版社, 1998-2000. 川田「文化と地域 歷史硏
究の新しい視座を求めて」[문화와 지역 역사연구의 새로운 시각
을 찾아서]『地域史とは何か』[지역사란 무엇인가](「地域の世界
史」제1권, 1999, pp.210-248.

　　세 번째 키워드로 지역론
을 들 수 있겠다. 종래의 민족학
문화인류학에서 거론되어온 문
화권 문화영역과 같이 문화의 등
질성을 전제로 한 지역이 아니라
이질적인 요소가 상호 교류되고
변동하는 '장'으로서의 지역, 그
것은 자연과 인간의 동태적인 상
호작용의 장이며, 주민의 자기 동
일시와 집합적 기억의 장, 과거에
대한 상상력을 조형하는 장이기도 한 것이지만, 여태까지 다루어 온 과제
를 탐구하는 틀이 되는 것이다.[122]

8년간 나 자신이 대표자였던 국제공동연구를 행한 서아프리카 내륙의 나이저 강 대만곡부와 같이, 사막 대하 사바나가 서로 접해 있고, 다양한 생업 언어 문화를 가진 집단이 뒤섞여 있는 거의 1,000km 사방의 범위를 지닌 지역123으로부터, 모시왕국의 한 지방 왕조의 세력권, 그리고 걸어서 30분이면 다 돌아볼 수 있는 동경 후카가와(深川)의 한 구역에 이르기까지, 본서가 하나의 출발점이 된 다년간의

123. 자저해제의 주129)에서 들고 있는 네권의 프랑스어 보고서 외에, 그 발췌본을 일본어로 번역한 것은『ニジェール川大 曲部の自然と文化』[니제르강 대완곡부의 자연과 문화](川田順造編) 東京大學出版會, 1997.

필드워크를 통해, 이러한 지역개념도 만들어져왔던 것이다.

1995년 구판 제3쇄의 해제 중 주27)에 기재한『聲』[소리]는 1998년에 긴 보충주를 덧붙여, 兵藤裕己의 해설을 받아서 치쿠마학예문고로 간행하였고, 주의 말미에 있던 〈B〉에 논문집으로 거명되었던『口頭傳承論』[구두전승론]은 작년 9월의 이와나미『文學』증간『圓朝の世界』[원조의 세계]에 게재된 졸고『'はなし'が文字になるとき』['말'이 문자가 될 때]를 추가하여, 藤井貞和씨가 해설을 쓰고, '平凡社 라이브러리' 상하 2권으로 올해 4, 5월에 복간되었다. 이 추기의 주 109) 110) 111) 112)에서 제시한 논문 및 주115) 122)를 각각 '誰にとっての歷史か'[누구의 역사인가], '地域を問い直す'[다시 지역을 묻는다]라는 제목으로 일본어로 다시 쓴 것이『人類學的認識論のために』[인류학적 인식론을 위해](이와나미서점, 근간)에 수록되었다. 또한 본서의 기본이 된 프랑스어의 학위논문은, 구판 해제의 주 120) 142) 152), 이 추기의 주110) 111) 115)에 나오는 영어 불어의 논문을 추가하고, 학위논문의 지도교수였던 조르쥬 발랑디에 선생이 서문을 써주어서, 파리의 L' Harmattan사에서 곧 간행된다.

2001년 6월 20일 히로시마의 우거에서

가와다 준조

길은 멀지만 아직 날은 저물지 않았다.

집필시기로 말한다면 약 20년 전의 내 저서에, 다시금 후기를 쓰는 것은 낯 간지러울 뿐 아니라 무척 힘이 든다. 생각지도 않게 돌아온 탕아에게, 멋 쩍어 하며 한 마디 하고, 몸단장을 새로 해 주고, 등을 한 번쯤 두들겨 주면 서 다시 내보내는 그것이 아버지가 할 수 있는 최소한의 것인가.

1976년의 12월에 졸저가 간행되고 나서, 이번에 처음으로 전부를 통독하였다. 당연한 일이지만, 거론되고 있는 대상인 아프리카 사회도, 그 것에 대한 나의 견해도, 상당히 변하였다. 논의를 세우는 방식이나 문장의 치졸함은 가릴 수도 없다. 단지, 1960년대부터 1970년대 전반에 걸쳐, 학 문이나 사상적으로 활기가 넘쳐나던 파리와, 독립한 지 얼마 되지 않아 싱 싱한 열기가 가득 차 있던 아프리카에 파묻혀 이것을 썼던 것을, 지금 이 글을 쓰면서 애써 기억해 내고 있다. 논의의 토양이 되었던 그러한 시대성 은 존중하고 싶기도 하며 그 후의 내 나름대로의 연구의 심화와 전개가 있 었지만, 여기에서 서술하고 있는 논지는 크게 바꿀 필요가 없기에 수정은 최소한에 머물도록 하였다.

주로 수정한 것은, 가타카나 표기나 용어, 표기가 분명하게 부적절 한 몇 가지(누어 누엘, 어족(語族) 어군(語群) 등)이다. 단지 모시어의 가나 표기에서는 이후에 내가 발표했던 논문들에서 장음표기를 한 말들을 이 책에서는 거의 생략하고 있다(「모 고 · 나 바」를 「모고 · 나바」와 같은 형 식으로). 필요한 곳에 모두 장음표기를 하면, 그 말들이 자주 나오는 대목 에서는 매우 번잡스러워지고, 교정할 때 빠뜨리거나 하여 통일성을 상실

할 가능성도 커지게 된다. 여하튼 가타카나는 모시어를 정확히 표기할 수 없어서 고민하였지만, 이번에 재수록할 때는 원래대로 하였다.

　　본문 중에서 수정이나 주석표기는 하지 않았지만, 대상 중에서 변화가 현저한 것 중의 하나는 당시의 모시사회가 속해 있던 오토·볼타 공화국이 1948년의 쿠데타 이후,「부르기나·파소」라고 국명을 바꾼 적도 있다(이 명칭 자체가「나라」라는 말을 포함하고 있어서「공화국」은 붙이지 않겠다).「부르기나」는 모시어로「노예가 아닌 긍지가 있는 자유민」을,「파소」는, 그 나라의 서부에서 주로 사용되는 쥬라어로서「아버지의 집 = 조국」을 각각 의미한다. 이전,「오토볼타인」이나「오토볼타의」는, 프랑스어식으로 형용사를 만드는 방법으로는「볼타익」이었지만, 현재로서는 그 나라의 북부를 중심으로 화자들이 많은 부르베어에서 사람을 나타내는 크라스 어미를 차용한「부르기나베」라는 말이,「부르기나·파소인」이라는 의미뿐만 아니라, 형용사로서도 이용되고 있다.

　　「오토볼타」혹은「상(上)볼타」라는 국명은 볼타강이 세 갈래로 나뉜 상류지방에 이 나라가 위치한 것에서부터 식민지 시대에 프랑스인이 붙인 지명이며, 그것이 독립 후에도 계속 이어졌다(본문4장, 주3)참조). 원래부터 볼타라는 강의 명칭 자체가 15세기에 기니만을 따라 탐험항해를 해 왔던 포르투갈의 선원이, 이 강의 하구(현 가나공화국의 해안에 해당함)에서 거센 해류 때문에 그보다 동쪽으로 더 나가는 것을 단념하고 돌아간 사실에서 이 강을「리오·다·볼타」(돌아가는 강)라고 불렀다는 것에 유래하고 있기 때문에, 아프리카 독립국의 이름으로서는 그다지 명예로운 것이 아니었다. 식민지 시대에 프랑스인들이, 흑(黑)볼타, 백(白)볼타, 적(赤)볼타라고 불렀던 세 줄기의 볼타강의 이름도, 각각 현지의 호칭으로 바뀌고, 이 볼타강을 나타내는 흑, 백, 적의 세 가지 색을 옆으로 세웠던 국기도 적

색과 녹색을 횡 2단으로 놓고 중앙에 황색별을 넣은 것으로 바뀌었다.

이하에서는, 이 책에서 제기하기는 하였지만, 당시의 나로서는 충분히 논하지 못하였던 문제로, 그 후의 연구에서 분명히 할 수 있었던 것을 개략적으로 되돌아보고 몇 가지 문제점을 제시해 보고 싶다.

정치조직의 동태에 있어서의 구조와 사건에 대해서 본서에서는 10장, 11장, 15장, 16장, 후기 등에서 많은 페이지를 할애하고 있다. 동일한 왕조에서 갈라져 나와, 기층문화는 공통적이면서도, 몇 가지 점에서는 대조적인 특질을 나타내고 있는 소왕국군 북부, 중부, 남부 모시, 맘프루시, 다곰바 의 비교를 통해 이 문제를 검토하는 것은, 본서의 출발점이 된 프랑스어 박사논문『남부 모시의 정치구조의 생성과 발전[124]』에서 남부모시의 사례를 주로 분석한 후의 과제의 하나였다.

본서의 간행 후, 북부와 중부의 모시, 맘프루시, 다곰바에 대해서는 이 책에서 거론하지 않았던 자료도 이용하여, 수장위의 계승을 둘러싼 제도와 정치조직의 관계의 통시적 변화[125], 특정의 혈연집단 내에서의 수장위의 계승이 구조적으로 포함하고 있는 모순을 분절간의 상호 대립 또는 서열화에 의해 해결해 가는 과정[126]을 검토하였다. 유연관계를 맺고 있는 일군의 정치조직이 제1차, 제2차 분절(15장, 주 12)참조)이 정착한 각각의 지역에서 서로 다른 형태를 발달시킨 것은, 선주민=피지배민의 관계 및 장거리 교역의 중계지와의 연결 방식에 의한 것이 가장 큰 요인이었다고 생각된다.

선주민과의 관계에서는, 선주민이 지배를 간청(중부 모시)하는 경

124. Genese et evolution du systeme politique des Mosi meridionaux (Haute-Volta), Studies of Languages & Cultures of Asia & Africa Monograph series, No. 12, Tokyo, ILCAA, 1979.

125. 「首長位の繼承と政治組織 モシ・マンプルシ・タゴンバ族の事例」(수장위의 계승과 정치조직 모시·マンプルシ·タゴンバ족의 사례)(『民族學研究』, 41권 4호, 1977).

126. "Segmentation et hierarchie : le cas des systemes politiques pre-coloniaux mosi-mamprusi-dagomba (Haute-Volta et Ghana)", Journal of Asia & Africa studies, 14, Tokyo, ILCAA, 1977.

우와, 새로운 침입자가 선주민의 「토지의 주인」을 살육하는 경우(다곰바)를 양극으로서, 지배자의 혈연집단에서 이루어지는 제3차 이후의 분절이, ①선주민의 장로인 토지의 주인과 상호보완적인 관계를 맺고, 분절은 서열화하여 최고수장(왕)에게 권력이 집중화되며, 최고수장위(왕위)의 계승은 직계계승을 지향하게 되는 것(중부 모시), ②선주민과의 관계는 ①과 마찬가지이지만, 분절이 확산·병존하여 방계분절간의 순환계승으로 안정된 것(맘프루시), ③선주민을 병합하지 못하고, 수장의 혈연집단의 분절간에 대립항쟁으로 인해 왕조가 분열과 이동을 오랜 기간 동안 계속하는 것(남부 모시·텐코도고), ④새로 들어온 지배자가 토지의 주인과 조화로운 관계를 맺지만, 강력한 수장이 자기의 판도를 확대하여 방계친을 지방 수장으로 임명하여 분출시키는 것으로, 1~2대 사이에서는 ①에 가까운 형태를 취하지만, 그 후 지방수장으로서 안정되어 힘을 얻은 사람이 최고 수장 자리를 다투어 ③과 비슷한 형태를 취하게 되는, 이 두 가지의 형태가 반복된 것(북부 모시), ⑤새로 들어온 자가 토지의 주인을 죽이고 지배하지만, 방계의 분절이 점차적으로 소거되어 최고수장위(왕위)의 계승은 직계계승으로 변화해 가는 것(다곰바) 등의 서로 다른 과정을 볼 수 있다.

장거리 교역과의 관계에서 본다면, 지리상의 조건으로 혜택을 입어 교역 중계지와의 안정된 연결을 일찍부터 확보할 수 있었던 맘프루시, 다곰바에서는 왕도가 조기에 정해졌지만, 모시의 제 왕국에서는 왕의 거주지가 일정하지 않은 「편력왕조」의 시대가 오랫동안 계속되고 있다. 특히 북부 모시에서는 왕도의 「이동」을 이야기하는 것조차 불가능하며, 차라리 최고수장위(왕위)를 계승한 사람의 거주지(많은 경우 마을이라고 할 정도의 작은 규모)가 「왕도」이며, 두 사람 이상의 왕의 거주지가 된 "마을" 도 있지만, 1대에서만 두 번, 세 번 거주지를 바꾸는 왕도 많았다. 왕도의 안정은 왕위계승의 선정을 비롯하여, 행정조직에 있어서의 중앙의 확립, 중앙집권화의 진행과 밀접한 연관을 지닌다고 생각된다[127].

127. 「モシ族における王都の諸性格 テンコドゴの事例」[모시족에 있어서의 왕도의 제 성격 テンコドゴ의 사례](富川盛道(編)『アフリカ社會の形成と展開 地域・都市・言語』[아프리카 사회의 형성과 전개 지역・도시・언어], 東京外國語大學 アジア・アフリカ研究所, 1980).

선주민과의 관계, 장거리 교역과의 연결 등의 「사건」에 의해서, 지역마다 실현된 형태는 다양하지만, 공통적으로 기본구조를 지배하고 있는 것은 「고참(古參)원리」와 「우월원리」이다.

앞의 ①, ②, ④ 등에서는 고참원리를 기반으로 하여, 선주민의 최고참 혈연집단의 장로인 「토지의 주인」이 군사력에서 우월한 신입자의 청년 내지는 장년수장을 의례적으로 인증하지만, 토지의 주인이 정치・군사수장과 상호보완적인 제사수장으로서 존재하지 않는 남부 모시의 텐코도고나 다곰바에서는 수장의 혈연집단의 최고참으로 간주되는 분절의 장로(아버지가 최고 수장이었던 사람만이 왕위 계승권을 지니고 있다는 원칙에서, 이 분절의 장로는 그 자신은 계승권을 지니지 않는다)가, 우월원리에 근거한 정치・군사수장을 인증한다.

이와 같이, 왕위계승은 장기적으로는 집권적 정치조직의 동태와 연관되지만, 단기적으로는 아버지와 아들, 형과 동생, 숙부와 조카 등의 근친남성간의 사랑과 증오, 융화와 대립의 양극적 관계가 응집된 것이며, 왕의 즉위를 둘러싼 의례와 금기는 그것을 상징적 차원에서 표현한 것이라 할 수 있다. 특히 모시왕국 독자의 「쿠리타」(상[喪]을 먹은 자)의 관행 선왕의 근친자인 여성 또는 소년, 즉 왕권에 대한 공격성을 지니지 않은 사람을 선왕으로 분장시켜 죽은 사람을 상징하게 하여 예배를 드리고, 후계의 왕이 즉위한 후에는 그녀(또는 그)에게 물질적인 보상을 충분히 하여 왕도에서 멀리 떨어진 곳에 정중히 추방한다 을 구성하는 일련의 의례와 금기는,

부자(형제, 숙부생질)간의 양극적인 관계를 아들 쪽에서 행하는 망부(亡父)의 무력화와 숭앙, 격리를 상징하는 것으로서 매우 흥미로운 것이라 하겠다. 「쿠리타」에 대해서는 맘프루시, 다곰바의 왕위계승 의례와도 비교하여 초보적인 고찰을 시도해 보았지만[128], 다른 영역의 연구를 우선적으로 선행하였기 때문에 아직까지 자료를 충분히 정리하지 못하고 있다. 역사표상(表象)의 면에서 비교대조의

128. 주2)에 거론된 문헌, 특히 342, 345, 350, 362 쪽 등.

사례로서 후술하려고 하는 세속권력도, 절대적인 신성왕(神聖王)이었던 베닌(현 나이지리아)왕의 계승의례와 대비하여, 앞으로 분석을 시도해 보려고 생각하고 있다.

이 책에서도 일부에서 기술하고 있지만(10장, 16장 등), 앞에서 본 것처럼, 교역이 집권적 정치조직 혹은 국가의 형성에 행한 역할은, 개개의 정치조직에 있어서는 외부자인 상업집단과 왕권과의 관계, 그들이 가져온 기술이나 물질문화가 중앙집권의 강화에 대하여 지닌 의미 등의 구체적인 검토를 통하여 분명해 질 것이다. 그리고 이것은 보다 광범위한 비교로 전개시킬만한 문제를 포함하고 있다.

모시 사회에 있어서 만데계, 맘프루시, 다곰바 사회에 있어서 하우사계, 그 어느 경우든 고도로 이슬람화되었던 이러한 교역집단은, 식민지화 이전의 서아프리카의 수많은 제국, 왕국의 흥망을 넘어, 독자의 조직을 보존하면서 활동하였다. 그들은 왕에게 다른 나라에서 준마나 장신구 등을 비롯한 위신재(威信財)나 특권적인 폭력 장치인 총을 들여온 상인인 동시에, 왕에게 가까이 있으면서, 토착신앙과 조화시킨 "이슬람 풍의" 기도나 복점(卜占)을 하고, 호부(護符)를 주는 일종의 "음양사(陰陽師)"이며, 왕이 즉위 예식에서 입는 목면의 두건이나 장의를 만드는 특수직능자이며, 선조가 목면의 종자나 베를 짜는 기술을 가져왔다고 하는 "문화영웅"

이며, 종종 왕으로부터 교의(交誼)의 표시로 왕녀를 아내로 하사받는 왕의 인척이기도 하였다.

　이러한 장거리 교역과의 관계에서 정치권력이 배태하게 되는 문제는 기술·물질문화와 떼어놓을 수 없다. 총에 대해서는 이 책에서도 언급하였지만(16장), 서아프리카의 해안지방에서는 15세기 말부터 16세기에 해로(海路)로는 아비스조(朝)의 포르투갈로부터, 내륙의 사하라 남쪽 경계지방에서는 16세기말에, 니제르강 대완곡부에서는 사드조(朝)의 모로코에서, 그보다 동쪽의 챠드호(湖) 주변의 보르누 제국에서는 오스만조(朝)가 지배하는 북아프리카에서, 각각 들여왔다. 흑인아프리카에서는 그 후에도, 발화장치나 탄환 등은 그 지역의 대장장이들이 만들었지만, 총신은 제조되지 않고 외래의 제품에 의존하고 있었다. 내륙지방에서 지역마다 만들고 있던 흑색화약의 3원료, 목탄, 초석, 유황 중에서, 서아프리카에서는 산출되지 않아 북아프리카에서 장거리 교역으로 들여온 유황의 명칭은 서아프리카 내륙의 여러 지역에 따라서 흥미로운 분포의 편차를 보여주고 있고, 그것은 총의 명칭이나 형태나 이용법 등과 함께, 화기기술의 계보를 해명하는 수단을 제공해 준다[129].

129. 「ニジェル河大灣曲部とハウサの物質文化 豫備的考察」[니제르강 대완곡부와 하우사의 물질문화 예비적 고찰](일본아프리카학회, 제16회 학술대회에서 보고, 1979년), 『サヴァンナの手帖』[사바나의 수첩], 新潮社, 1981, 226쪽 등.

130. 「黒人アフリカの首長制 歷史研究のための覺え書き」[흑인아프리카의 수장제 역사연구를 위한 메모](『歷史學研究』, 462호, 1978), 특히 55쪽. 「生産手段と破壊手段」[생산수단과 파괴수단](『民族學研究』, 42권 1호, 1977), 『사바나의 수첩』[サバンナの手帖](6), 227~230, 등. 하지만 현지조사에 의해 얻어진 자료의 대부분은 미발표.

　본서에서 거론한 각각의 왕국군에서, 어느 시대 이후에 설치된 왕 직속의 총포부대「캄보안세」는 남쪽의 아샨티 왕국(현재의 가나)에서 도입된 것이라고 나는 추정하고 있지만, 그 조직의 비교와 전파의 역사는, 식민지화 이전의 아프리카 사회에서 집권적 정치구조의 형성과 폭력장치의 권력에의 집중과정을 생각하는 하나의 사례로서 매우 흥미로운 것이다[130].

왕권과 결부된 기술·물질문화 중에, 그 외에 다른 군사 지배와 행정연락의 이기(利器)인 동시에 특권적인 운송수단이었던 말을 둘러싼 문화131, 의례상의 상징적인 의미와 함께 위신재로서도 중요하였던 목면의 베짜기와 옷의 문화132, 권력자의 찬미나 역사전승 그리고 왕권이데올로기의 홍보수단으로서 무문자사회에서 커다란 역할을 한 큰북을 비롯한 악기(그 복합은 서아프리카의 왕국문화와 대응하여 의미 있는 편차를 보여준다133), 왕궁이나 모스크를 포함하여 굽지 않은 흙으로 지어졌기 때문에 시대가 흘러가면 유존되기 힘든 건조물134 등의 계보나 문화적 의미는, 광범위한 비교를 통하여야만 분명해 지는 것이 많다. 그러한 방향에서의 연구는, 오히려 이 책을 간행한 후에 부르키나판, 말리, 세네갈, 니제르 등에서 통산하여 2년 남짓 되는 현지조사에서 얻어진 식견에 의해 어느 정도 진척시킬 수 있었다135. 왕권과 직접 결부되지는 않지만, 생활문화전체의 기층을 이루는 자연과 인간과의 관계136, 농기구와 대장 일137, 토기, 표

131. 『サバンナの手帖』[사바나의 수첩](6), 230~234 쪽. "Civilisation equestre", KAWADA(ed.) Boucle du Niger : approches multidisciplinaires, vol. 1, Tokyo, ILCAA, 1988.

132. 「裸でない王様」[벌거숭이가 아닌 왕](『通信』, 27호, アジア・アフリカ言語文化研究所, 1976년)〈C〉,『サバンナの博物誌』(「織る」「着る」の章)[사바나의 박물지짜기, 입기의 장] 新潮社, 1979. "Tissage et vetements", in op. cit., note 8.

133. 「西アフリカ諸社会における樂器の傳播と受容 豫備的考察」[서아프리카 제 사회에서의 악기의 전파와 수용 예비적 고찰], 일본음악학회 제 38회 전국대회(1987년)에서의 보고. (초록은 『音樂學』33권 3호, 1987),『サバンナの音の世界』[사바나의 소리의 세계](카세트 북), 白水社, 1988년, 92~121쪽. "instruments sonores," in op. cit., (note 8).

134. 「サバンナのすまい 自然と文化の結節」[사바나의 주거 자연과 문화의 결절](『月刊百科』, 202, 203, 204호, 平凡社, 1979)〈C〉, "Constructions en terre non cuite", in op. cit., (note 8).

135. 이 연구는, 1986년부터 1994년까지, 문부성 해외 학술조사연구 조성금을 받아, 일본인과 아프리카인 연구자의 학제적 공동연구『ニジェル川大彎曲部諸文化の生態學的基盤と共生關係の文化人類學的硏究』[니제르 강 대완곡부 제 문화의 생태학적 기반과 공생관계의 문화인류학적 연구(대표자 川田)]를 통해 계속되었다. 성과의 환원을 목적으로, 대상국의 공용어인 프랑스어로 간행된 4권의 보고서 Boucle du Niger: approaches multidisciplinaries, 4 vols., Tokyo, ILCAA, 1988~1994의 발췌본은 일본어로 근간예정(이와나미현대문고판 추기 주16)).

136. 「昔話における人間と動物 モシ族(西アフリカ, ブルギナ・ファソ)の事例」[옛날 이야기에 있어서의 인간과 동물 모시족(서아프리카, 블루키나?파느)의 사례](『口承文芸研究』, 10호, 1987)〈A〉, 「モシ族の自然と神と人」[모시족의 자연과 신과 인간, 聖心女子大學キリスト教文化研究所 監修『アフリカ文明再考』[아프리카 문명재고], 春秋社, 1990.

137. Technologie voltaique, Ouagadougou, Musee National de Haute-Volta, 1975: "Travail du fer", "Outils agricoles",『サバンナの博物誌』[사바나의 박물지](「火の熱さ」[불의 열기], 「柄の短い 」[짧은 괭이]『サバンナの農具のいろいろ』[사바나의 여러 가지 농기구])등 의 장)(주 9)).

138. Technologie voltaique, op. cit., note 14: Poterie", "Vannerie", 『サバンナの博物誌』[사바나의 박물지]「土器をつくる」[토기를 만들다],「壺の底はなぜまるい」[항아리의 밑은 왜 둥근가],「草を編む」[풀을 짜다] 등의 장)(주 9)).「サバンナの植物器文化 草とヒョウタンのソフトな世界」[사바나의 식물그릇 문화 풀과 표주박의 소프트한 세계] (전람회 도록『籠と瓢簞 川田順造コレクションを中心に』[바구니와 표주박 가와다 준조의 컬렉션을 중심으로],町田市立博物館, 1989)(C).

139.「身體技法の技術的側面 豫備的考察」[신체기법의 기술적 측면 예비적 고찰]『社會人類學年報』[사회인류학연보]제14권, 弘文堂, 1988. "Lestechniques du corp et la technologie traditionnelle : remarques preliminaires", in op, cit., (note 8).

주박, 바구니 등의「그릇(器)」의 문화[138] 등도, 이 책의 집필 당시부터 관심을 지녔던 테마이며, 연구 성과의 일부를 발표하였지만, 지금부터 정리하여 검토해야만 하는 자료가 산처럼 쌓여 있다. 동력을 이용하지 않은 기술과, 신체적 표현의 근저에 있는 신체기법에 관한 모색[139]은, 체질인류학자의 협력도 얻어 이제 막 시작한 상태이다.

이러한 외부세계와의 교섭까지 포함한 모시 왕국의 형성을, 같은 서아프리카에서 발견되는 정치사회의 여러 유형을 보여주는 사례 신성왕(神聖王)이 유럽과의 교역을 독점하고, 5세기 남짓 지속한 중앙집권국가를 형성한 베닌 왕국(현재의 나이지리아), 발달한 관료제와 상공업의 분업에 의해 유지되었던 "도시국가"라고도 할 수 있는 하우사 왕국(현재의 나이지리아), 북아프리카의 금과 소금의 교역을 지배하고 다민족의 위에 점과 선의 세력권을 만들었던 말리 제국(현재의 말리 등), 다양한 사회구성원리가 병존함으로써 세습권력자가 없는 평등사회를 실현하였던 이보 사회(현재의 나이지리아) 의 안에 두고, 정치학이나 유럽사학에서 정제되고 세련화된 개념을 과감히 적용하여 비교의 가능성을 찾는 작업도, 정치학자나 역사학자와의 공동연구의 장에서 시도해 보았다[140].

140.「民族と政治社會 西アフリカの事例を中心に」[민족과 정치사회 서아프리카의 사례를 중심으로] (川田順造・福井勝義 編『民族とは何か』[민족이란 무엇인가],岩波書店, 1988).

정치조직의 동태를 밝히기 위한 기술・물질문화의 고찰에서 시작하여, 이 책에서는 기술이나 물질생활의 누적=진보와 반복=정체의 양상에 대해 초보적인 질문을 던지고 있다. 역사에 있어서의 진보와 정체를 어떻게 생각할 것인가는, 문자사회와 무문자사회, 문명사회와 미개사회, 현대에서는 선진공업사회와 저개발사회의 관계를 어떻게 파악할 것인가, 더 나아가서는 실제적인 의미에서의 전체적인 세계사의 동태를 어떻게 이해할 것인가라는 문제이기도 하다.

종래에 문화인류학에서는 기술의 문화와 가치의 문화가 종종 대치되어 왔다. 기술의 문화는 비가역적이고 누적적이며, 따라서 진보가 있지만, 예술, 종교, 가치관 등의 가치의 문화에는 우세나 진보의 개념은 원래 적용할 수 없다고 보고 있는 것이다. 전통적인 민족지(民族誌)의 기술에서도 기술·물질문화는 자연환경 등과 함께 "하부구조"로서 첫 부분에, 세계관, 가치관 등의 "상부구조"는 마지막 부분에 놓이는 것이 보통이었다. 하지만 기술이나 물질문화는 어떤 사회의 사람들이 어떻게 자연을 인식하고, 자연에 영향을 미치고 있는가라는 구체적인 표명에 다름 아니고, 문화의 이 두 가지의 측면은 서로 대극적이기는 커녕, 서로 표리를 이루어 결부되어 있는 것은 아닐까?

그러한 생각은, 내가 서아프리카에서 살았던 총 8년 남짓 중에 2년 반을, 당시의 오토볼타 정부의 요청에 따라 일본의 기술협력 전문가로서 「개발을 위한 전통기술의 재평가」라는 프로젝트의 지도와 기초조사를 행했을 때의 실천적인 체험을 통하여 내 안에 뿌리내리게 되었던 것이다. 이러한 실감에 따른 견해를, 이 책에서 제기하고 있는 문제를 전개시킨다는 의미에서 어떻게 일반화하고 이론화할 것인가는, 내게 있어서 주요한 과제의 하나이다.

무문자사회의 역사가 문제가 되는 것도, 「무문자」인 것이 기술을 비롯한 지식의 누적과 진보에 브레이크로 작용하는 것은 아닌가 하고 의심되기 때문인 것이다. 문자를 지니지 않은 것과 누적적역사의 결여는 단지 문자자료가 없다고 하는 것 이상의 깊은 연관을 지니고 있다고 하는 견해도 있을 수 있다, 아니 그것보다는 오히려 그 편이 지금까지 훨씬 유력한 것이었다.

하지만, 이 책 (13장 등)에서도 반복하여 강조한 것과 같이, 나의 입장은 단순히 무문자사회를 세계사 속에서 「복권시키는 것」에 있는 것은 아니다. 오히려 무문자사회에서 역사가 존재하는 방식을 탐구하는 작업을 통하여, 문자사회를 상대화하는 시점을 구축하는 것이 이 책을 집필한 나의 의도였다. 그런데, 1960년대의 유럽, 특히 프랑스에서는 미개사회와 문명사회와의 질적인 단절을 부정하고, 양자를 동일한 시야에서 파악하려고 하는 입장이 문화인류학에서나 사회사를 비롯한 역사학에서도 생겨나고 있었다. 무문자사회의 역사를 문헌사학의 방법에 따르지 않고 재구축하려고 하는 민족사(ethno-history)의 연구도 이러한 조류를 배경으로 하여 번성하게 되었다(본문 4장). 역사가 없는 암흑의 대륙으로 취급당했던 흑인 아프리카의 식민지의 대부분이 1960년에 독립하고, 다른 지역의 「미개」라고 취급되어 온 식민지사회도 주권을 획득하여 세계사에 주체적으로 참가하게 된 것도 이러한 학문상의 추세와 무관하지는 않을 것이다. 다시 말해서 이 시기에는 미개=무문자사회를 문명=문자사회에 접근시켜서 공통의 시야로 파악하는 것에 힘을 쏟았다고 할 수 있다. 이 책도 기본적으로는 무문자사회를 문자사회와 연속되어 있는 상호 침투적인 관계로 파악하는 입장을 취하고 있다.

하지만 이 책의 제목이기도 한 무문자사회라는 호칭은 문자사회의 입장에서 붙여진, 부정적이고 있어야 할 것이 결여되어 있다는 규정방식이기도 하다. 그 후, 모시 사회의 역사전승이나 옛날이야기를 비롯한 구연민속, 큰북 언어 등, 풍부한 소리로 이루어지는 커뮤니케이션의 세계에 발을 들여놓고 보니, 나는 오히려 「문자를 필요로 하지 않았던 사회」라는 규정이 더욱 적절하지 않았나 하는 생각이 든다[141]. 상형문자로부터 5천년, 미디어의 혁신과 함께 문자는 지금 또 한번 전환기를 맞고 있는데, 소리나 그림/조각의 영역을 포함한 「표시하는」행위 중에서, 문자는 높은 분절성으로 인해 지적전달에서 격이 다르게 중요한 위치를 차지해 왔다[142]. 문자와 문자이외의 「표시하는」행위, 문자를 필요로 한 사회와 필요로 하지 않았던 사회를, 기본적으로는 연속한 모습으로 파악하려고 하면서도, 양자 사이에 굳이 차이를 두고, 왜 한편은 문자를 필요로 하고, 다른 한편은 문자를 필요로 하지 않았는가, 그리고 왜 어느 시대, 다시 말해 현대가 되어, 문자를 필요로 하지 않았던 사회도 문자가 필요하게 되었는가를, 인류사의 시점에서 다시금 묻지 않으면 안될 것이라고 생각하게 되었다. 그것은 동시에, 앞서 말한 것과 같은 관점에서의 기술론도 포함하고, 「미개」가 왜 「문명」과 다른 길을 걸어왔는가를 질문하는 것이고, 민족학과 민속학의 차이에 구애를 받고 있는 것에 대한 비판과도 통하는 것이다[143]. 본서에서 주장한 것을 돌이켜 보면 18장에서 인용한 프랑스의 촌락조사를 비롯한 문화인류학적 시점에서의 유럽촌락의 연구나, 문화인류학 모델을 이용한 유럽사회사 연구의 가치는 충분히 인정하고, 그 다음 단계로서 누빌 마을 사람은 역사의식상에서 누엘이나 모시의 촌락민들과 무엇이 다른가, 누빌 마을 사람들도 그 일부를 이루고 있는 프랑스 사회가, 왜 역사의 어느 한 단계에서 모시사회를 식민화하고 프랑스 문화를 주입시켰으며, 모시사회도 기술문화를 비롯하여 상당한 정도로 그것을 받아들였는

141. 「口頭傳承論1 音のコミュニケーションの諸相」[구두전승론1 음의 커뮤니케이션의 제 형태](『社會史研究』제2호, 1983)〈B〉.

142. 이러한 문제들은 졸저『しるす』[표시하기](弘文堂・思想選書, 근간)에서 논하였다.

143. 「民俗學と民族學 日本, フランス, アフリカの研究のいくつかの問題點」[민속학과 민족학 일본, 프랑스, 아프리카 연구의 몇 가지 문제점](일본민속학회 제39회 년회(1987년)에서 보고), 「歷史の中の社會・社會のなかの歷史」[역사 속의 사회・사회 속의 역사](『社會史研究』제8호, 1988)〈A〉.

데, 왜 그 반대의 현상은 일어나지 않았을까를 집요하게 생각해보고 싶은 바이다. 차이를 만드는 것은 값싼 윤리감에서 차별적이라고 하여 묻어버릴 것이 아니라, 역사상 현재 일어나고 있는 것의 의미를 계속 질문해 가는 것이, 진정으로 차별의 근원을 무너뜨리는 것으로 발전할 수 있지 않을까 생각한다[144].

　　동시에, 이 책의 20장에서 초보적인 전망을 제시한 「문화의 삼각측량」의 사고방식을 더욱 진척시켜, 모시문화나 프랑스 문화를 보는 나 자신의 주관을 명확하게 하여 그것을 오히려 상대화하고, 「나의 문화」를 모시문화나 프랑스문화와 등거리에까지 대상화 할 것을 모색할 것, 그 방법을 「나」개인의 문제로서만이 아니라, 이 책의 13장에서도 일부 논의한 바 있는 타문화의 인식에 있어서 상호적 주관의 문제로서 일반화하는 것이 필요하다고 생각하게 되었다[145]. 문화인류학에서, 연구대상이 연구주체와 같은 차원,

144. 이러한 연구에는 학제적인 협력이 필요하다. 내가 봉직하는 아시아·아프리카 언어문화 연구소의 공동연구 프로젝트의 하나로서, 1986년부터 내가 중심이 되어 시작한 『미개』개념의 재검토」에서는, 문화인류학, 민속학, 역사학, 일본문학, 음악학, 철학, 미술사, 건축학, 인문지리학 등의 분야의 제일선 연구자와, 시인, 작곡가도 포함한 넓은 범위의 사람들이 공동으로 연구회를 운영하고 있다. 그 연구회의 제 3회까지의 보고와 토론은, 『미개』개념의 재검토 I , II』로서 리브로포트출판사에서 간행(1989)되었는데, 이 하는 속간 예정이다.

145. 타문화를 보는 「나」의 문화적 정체성(identity)을, 아프리카 문화를 대상으로 한 것과 같은 방법으로, "내부의 인류학"을 연구하는 것은, 아프리카 연구와 병행하여 조금씩 계속하여 왔다(연구대상지역은, 나의 선조가 에도 시대부터 살았고, 나도 유년시대를 보냈던 후카가와(深川)이다. 그 결과의 일부는 일본민속학회에서 두 번의 보고, 「都市の常民をめぐって 東京(江戶)深川の場合」[도시의 상민을 둘러싸고 도쿄(에도) 후카가와의 경우](제37회 연회, 1985), 「都市民俗の地域的特性をめぐって 東京·深川の場合」[도시민속의 지역적 특성을 둘러싸고 도쿄·후카가와의 경우](제41회 연회, 1989) 외에, 「母の聲、川の いある幼時と未生以前をめぐる斷想」[어머니의 목소리, 강의 냄새 유년기와 아직 태어나기 이전을 둘러싼 단상」(『子どもの館』, 福音館, 1983년 3월호), 「下町」[시타마치;서민들이 모여사는 곳〈역자 주〉](『リュミエール』, 筑摩書房, 1~8호, 1985~87) 등에 발표하였지만, 그 외에 같은 테마로 쓴 문장과, 면접한 내용을 수록한 것은 조만간 정리하여 간행할 예정(『母の聲、川の い』[어머니의 목소리, 강의 냄새], 筑摩書房). 문화의 어떤 측면에 관해 구체적으로, 일본·프랑스·모시(또는 서아프리카)의 「삼각측량」식의 비교를 행하였던 것으로서는, 소리문화에 대한 「文化人類學と音樂」[문화인류학과 음악](蒲生鄕昭 他編『岩波講座。日本の音樂·アジアの音樂』[이와나미강좌, 일본의 음악·아시아의 음악]제1권, 1988) (A), 기술문화에 대하여「未開と開發 技術文化の系譜」[미개와 개발 기술문화의 계보](『「未開」概念の再檢討[미개념의 재검토III』[미개개념의 재검토III, リブロポート, 近刊], 신체 기법에 대하여 주16)의 전게 논문이 있고, 『聲』[소리](筑摩書房, 1988)에서도, 몇 가지의 측면에 대한 세 문화의 비교를 행하고 있다. 「문화의 삼각측량」의 방법의 검토를 포함한 고찰은, 일본, 프랑스, 아프리카에서의 몇 번의 강연 기회에서도 시도하여 각각의 나라에서의 출석자들의 의견을 들을 수 있었다. 이 강연들 중 간행 된 것은 "Development and culture : Is Japan a model?" in Wole SOYINKA and JUNZO KAWADA Development and culture, Africa Leadership Forum(Ota, Nigeria), New York, U.N., 1988. 이 논문들에 주20)의 소론 등 관련된 문장과 새로이 집필한 「文化の三角測量のために」[문화의 삼각측량을 위하여]가 추가된 논집은 〈A〉.

같은 사이즈로, 윤리적으로도 결부되어 있다는 사실로부터 생겨난 인식과 기술에 관련된 제 문제는, 어떤 의미에서는 포화상태이며 내향적이 되어 버린 근년의 문화인류학에서 유행하고 있는 테마이며, 안팎에서 엄청난 양의 논문이 쓰여지고 있다. 그러나 결국 이러한 종류의 인식론은, 그 근본에 있어서 단순한 것 외에는 있을 수 없으며, 끝없이 현학적인 수식만을 고형화함으로써, 도리어 불모의 막다른 골목에 들어가 버릴 가능성이 있다. 이론은 이미 수없이 많으므로, 여하튼 뛰어난 "작품"을 만드는 것 외에는 없다고 생각한다. 그것은 이 졸저 이후에 나 자신에게 향해진 칼날이기도 한 것이지만….

「후기」에도 장래의 연구의 방향으로서 썼던 것이지만, 나는 본서를 완성한 후에 본서에서는 충분하게 다루지 못한 「생각되어진 차원」의 탐색에 대해, 나의 노력의 대부분을 쏟아 부었다. 이 책의 간행 후에도 1년, 반년씩 모시 사회 현지에서 생활하면서 행한 필드워크를 통해, 이 책에서 의문점으로 남겨져 있던 것을 비롯하여, 멸망한 왕조에 대한 구비(口碑)나, 지방전승의 조각조각에 이르기까지의 면접조사는 스스로 생각해 봐도 질릴 정도로 지극히 상세하게 수행하였다. 하지만 그러한 조사를 계속하면 할수록, 과거에 대해 "말"로써 행하는 표명이 속하고 있는 차원과, 과거의 사건의 차원과의 사이에 존재하는 격차를 넘어서는 것이 너무나 어려워져 더욱 마음 졸이게 되었다. 그래서 역사의 표상의 형식과 은유가 생성되고 전승되는 문제에도 관심을 가지게 되었다.

첫째, 양식화되어, 왕이 거행하는 의례의 장소에서 낭송되는 왕의 선조의 계보이야기를 모시어로 정밀하게 채록하고 주석[146]을 달고, 그

146. Textes of historiques oraux des Mosi meridionaux (Burkina-Faso), Study of Language and culture of Asia and Monograph Series No. 18, Tokyo, ILCAA, 1985.

리고 그것이 큰북의 연주로 표현되는 구조를 사운드스펙트로그램 (soundspectrogram; 언어음과 큰북의 주파수 성분의 분석)도 이용하여 분석하고, 신서사이저(synthesizer)에 의한 합성음을 사용하여 실험(물론 나자신이 모시족의 큰북 언어의 연주법도 배웠다)하였고[147], 그리고 어느 한 사회에서 왜「큰북 언어」가 어떠한 종류의 전달에 이용되었는가에 대해, 역시 서아프리카에서 널리 이용되고 있는 피리언어와 대비하여 그 사회적 기능을 고찰하였다[148]. 그 결과 이른바 역사 전승이라는 것을, 보다 넓게 옛날이야기, 수수께끼, 속담, 말놀이, 노래 등의 언어기술 전체에, 더 나아가서는 언어음과 악기음 등 비언어가 만드는 인공음에 의한 커뮤니케이션의 세계에 놓고, 그 안에서「역사에 관련된 언표(言表)」에 대해 화자와 청자의 관계나 발화의 장까지 검토하여 확인하는 방향으로 연구가 향하게 되었다[149]. 또한, 자연음과 악기음을 포함한 소리의 세계 안에서 "언어적 영역"을 구분해서 듣는다는 입장에서부터, 언어음의 소리와 의미의 연결이라는 것이 자의적이고 개념화된 의미를 통하여 행해지는 전달 이전에 소리 자체가 지닌 상징의 문제나, 발화에 있어서의 연희성 등, 언어행위론에 대한 비판적 전개를, 문자를 필요로 하지 않았던 사회의 규격화되지 않고 무질서에 빛나는 소리의 표현 안에서 모색하게 되었다[150].

147. 『サバンナの音の世界』[사바나의 소리의 세계](레코드 앨범, 도시바 EMI, 1982), 및 同名의 카세트 북, 白水社, 1988. 특히 테마 3「音のなかの言葉・言葉のなかの音」[소리 속의 말・말 속의 소리].

148. "Le panegyrique royal tambourine: un instrument de controle ideolo gique", in Yves PERSON(ed), Etat et societe en Afrique noire, Paris, Soiete Francaise d'Histoire d'Outre-Mer, 1981. 이 논문을 나 자신이 일본어로 번역한 것은「音の紋章 無文字社會における權力とコミュニケーション」[소리의 문양 무문자사회에 있어서 권력과 커뮤니케이션]이고, 『西の風・南の風 文明論の組みかえのために』[서풍・남풍 문명론의 재편성을 위하여](河出書房新社, 1992)에 수록되어 있다.

149. 주18)의 전게 논문 및「口頭傳承論 2」[구두전승론 2](『社會史研究』제5호, 1984),「語り手と語りの場 西アフリカの事例から」[이야기꾼과 이야기하는 장소 서아프리카의 사례에서] (關敬吾博士視米壽記念論文集『民間說話の研究 日本と世界』[민간설화의 연구 일본과 세계], 同朋社, 1987년). 또한, 이것에 주13), 27), 30)과 그밖에 관련된 기존 발표논문을 추가한 것은, 『口頭傳承論』[구두전승론](河出書房新社, 1992)으로서 근간 예정.

150. 『聲』[소리](筑摩書房, 1988),「はなしの演戲性」[말의 연희성] (『口承文芸研究』2호, 1988).

272 | 무문자사회의 역사

이와 같이, 소리의 세계를 탐구함으로써 문자의 의미를 부상시켜 보고 싶다고 생각한 것이지만, 소리가 표상하는 영역이나, 이름짓기와 같이 「개별적 존재(個)」를 표시하는 행위에는, 그림/조각표상인 문자와도 연속하는 넓은 의미에서의 표시하기(criture)의 성격을 볼 수가 있다[151]. 또한, 「큰북 언어」는 어떤 측면에서는 문자와 서로 비슷한 성격을 나타내지만, 음성언어와의 관계를 검토하면, 오히려 "마이너스의 문자"라고 불리어질 수 있을 것이다[152]. 개별적 존재를 표시하는 것은, 역사 표상의 가장 기본적인 것이지만, 그림/조각으로 역사를 표상하는 초상에서의 「부류」와 「개별적 존재」의 관계도, 같은 맥락에서 문제가 될 수 있을 것이다[153].

151. 「モシ族の의 命名體系」[모시족의 명명체계] (『民族學研究』, 41권 4호, 1979) 및 주19)의 전게서.

152. 『音・ことば・人間』[소리・말・인간] (武滿徹씨와의 왕복서한, 岩波書店, 1980), 특히 7「音のエクリチュール」[소리의 표시하기] 및 주32)의 논문.

153. 「黑人アフリカの背像」[흑인아프리카의 초상](『is』44호, 1989년).〈A〉

문자를 이용하지 않는 역사의 표상으로서 소리와 그림/조각이 있다고 한다면, 그것은 큰북의 연주에 의해 역대의 왕들을 「표시하는」방법을 발달시켜 온 모시 왕국과는 현저한 대조를 이루고, 같은 서아프리카이지만 해안의 우림 지대에서 모시 왕국과 거의 같은 시대(14~19세기)에 번영했던 베닌 왕국(현재의 나이지리아)은, 왕의 기념상을 비롯하여 청동(놋쇠)이나 상아로 만든 정교한 조각상으로 역사를 표현해 왔다[154]. 물론, 소리와 그림/조각에 의한 역사의 표상은, 원리로서는 서로 배제하려는 것이 아니라, 아샨티 왕국과 같이 양자를 함께 발달시킨 사회도 있다. 하지만, 모시 왕국과 베닌 왕국은, 모시에는 역사에 관한

154. 「圖像にこめられた歷史」[그림/조각에 숨어있는 역사](『ナイジェリア・ベニン王國美術展』[나이지리아 베닌왕국미술전] 西武美術館, 1989). 또한, 이 논문에 주9), 11), 15) 그 외의 관련 논문을 정리한 『アフリカの心とかたち』[아프리카의 마음과 모습](岩崎美術社, 1995).

것도 포함하여 그림/조각 표상이 거의 없다고 해도 좋은 반면, 베닌에는 큰북 언어나 역대 왕명의 낭송 등 소리에 의한 표상이 결여되어 있다는 점

에서, 대치·비교할 수 있다[155]. 더구나, 이 두 왕국은, 각각 큰북의 연주에 의해 역사를 이야기하는 것과 궁정예술로서의 그림/조각의 제작에서, 흑인아프리카에서 최고도의 달성을 이루었다고 할 수 있기 때문이다[156].

155.「無文字社會における歷史の表象 西アフリカ・モシ王國とベニン王國の事例」[무문자사회에서 있어서 역사의 표상 서아프리카의 모시왕국과 베닌왕국의 사례](大林太良教授退官記念論文集『民族文化の世界』[민족문화의 세계] 제2권, 小學館, 1990).

156. 세계의 큰북 언어에 대한 연구의 집성이, 이 책의 초판간행과 동시에 출판되었다(T. A. SEBEOK & D. J. UMIKER - SEBEOK(eds), Speech surrogate: drum and whistle systems, 2 vols., The Hauge-Paris, Mouton, 1976). 여기에는 모시족의 큰북언어에 대한 연구는 포함되어 있지 않지만, 여기에 수록된 논문에서 거론되고 있는 사례와 비교하더라도, 모시 왕의 계보 이야기의 큰북 연주는, 최고도로 정제되고 세련된 것이라고 할 수 있다. 베닌의 궁정미술의 가치에 대해서는 이미 세계적으로 정평이 있으므로 덧붙여 말 할 필요가 없을 것이다. 또한, 주31)의 문헌 참조.

157. Hayden WHITE "The structure of historical narrative", Clio, University of Wisconsin, 1(3), 1972 ; do. Metahistory, Baltimore & London, The John Hopkins University Press ; Paul RICCEUR (ed.) La narrativite, Paris, CNRS, 1980 ; do. Temps et recit, tome 1, Paris, Seuil, 1983.

158.「呼びかける歷史·物語る歷史 無文字社會における口承史の形成」[부르는 역사·이야기하는 역사 무문자사회에 있어서 구승사의 형성](川田順造·德丸吉彦編『口頭傳承の比較研究』[구두전승의 비교연구] 弘文堂, 1984)〈B〉. "Histoire orale et imaginaire du passe", Annales: Economies-Societes-Civilisations, 48(4), 1993, Paris, Armand Colin.

다른 한편으로, 역사의 표상이 언표(言表)의 수준에서 제기하는, 이야기로서의 형식이나 은유의 문제가 있다. 이야기로서의 역사 서술에 대하여, 문자사회에 관해서는 화이트나 리쿠르 등의 연구가 있지만[157], 지금까지는 이러한 관점에서 구연전승의 역사이야기를 다루지 않았다. 인명의 고유명사가 언어형식상의 카테고리로서 존재하지 않고, 과거의 왕명이나 그들에 관한 서술도 모두 보통명사가 만든 언표를 통해, 그리고 과잉될 정도로 동식물이나 자연현상의 은유를 통하여 묘사하고 있는 모시 왕국의 역사이야기는 「시(詩)」와 「사(史)」가 교차하는 사례로서도 흥미롭다[158].

모시 왕국의 역사이야기와 같이, 일언반구도 틀리지 않고 낭송되어야 하고, 그리고 보다 안정도가 높은 「큰북언어」로 바꾸어 전승되는, 이른바 문자 텍스트에 가까운 이야기를 중간항에 둔다고 한다면, 한 쪽의 극에는 14세기를 최전성기로 하여 번영하였다가 멸망한 말리 제국에서 행했던 것과 같이, 구두적 구성법(oral composition)에 의해 이야기꾼의 자유도가 큰 역사서사시를 두고, 다른 한 극에는 같은 서아프리카 내륙의 하우사 왕국처럼 구승(口承) 및 아라비아 문자로 쓰여진 왕조연대기를 대치시킬 수 있을 것이다. 이들 아프리카 사회에서 각각의 형식이 생겨나고, 유지되어 온 사회적, 문화적 맥락도 아울러 분석하고, 보다 일반화된 개념을 이용하여 정리함으로써159, 이야기와 텍스트, 소리와 문자와의 관계에 대해, 문자 사회에서 지금까지 『헤이케모노가타리(平家物語)』『롤랑의 노래』『베오울프』등에 관해 축적시켜 온 연구성과와 공통의 장에서 비교 검토하는 시야도 넓힐 수 있을 것이다.

159. 「敍事詩と年代記 語られるものと書かれるもの」(서사시와 연대기 이야기되는 것과 쓰여지는 것」(『口承文芸研究』13호, 1990).

　　이 책을 하나의 출발점으로 하여, 시행착오를 거듭하면서 행해 온 이러한 탐색은, 문화인류학뿐만이 아니라, 역사학, 언어학, 음악학, 정보공학, 민속학, 국문학, 철학, 미술사, 정치학, 체질인류학 등 많은 분야에서 안팎을 불문하고 뛰어난 연구자들과의 교류와 공동연구의 기회를 가질 수 있었다는 데 혜택을 입어 가능하게 된 것들 뿐이다. 그리고 무엇보다도, 나에게 이러한 문제에 대한 감수성을 열어 준 것은, 한 사람 한 사람 표정이나 목소리가 마음속에 떠오르는, 이름을 다 말하기도 힘든 수많은 아프리카 사람들이다. 30년 가까이 되는 교제 속에서 그 사람들도 나이가 들거나 죽기도 하고, 아이들은 성장하여 자신들의 아이를 낳고, 나 역시도 나이만 들어 버렸다. 이 책에 사진이 실려 있는 노인들의 대부분도 지금은 사바나의 흙으로 돌아가 버렸다.

　　처음으로 아프리카의 땅을 밟았던 20대 후반부터 거의 15년, 1960년대의 대부분과 1970년대의 전반을, 나는 유럽과 아프리카에서 살았고, 그 대부분의 기간은 일본에서 직장도 지위도 없이, 그랬기 때문에 더욱 절실하게, 아프리카에서 살았고 아프리카를 체험하였다. 그러한 과정 중에

서 소위 나 자신을 잊어버릴 정도로 열중하여 써 낸 이 졸저를 상재한 후에
도, 나는 몇 번이나 아프리카에 체재하였고, 아프리카에 대한 이해는 조금
씩이라도 깊어져야 할 터인데, 그에 비례하여, 지금까지 보이지 않았었던
것이 보이기 때문이겠지만, 내가 아프리카를 얼마나 알지 못하였는가 하
는 무지에 대한 자각이 더욱 강해졌다. 그 강도는 이 책을 쓸 때 보다도, 시
간이 지남에 따라서 더욱 심해지는 것을 느끼고 있다.

　　돌이켜 보면, 이 책의 전반부를 썼던 해의 가을이었지만, 파리대학
의 학위 논문의 공개심사에서, 서두에 논문제출자가 행한 변론을, 나는
『사기(史記)』의 「날은 저물고 길은 멀다」를 뒤집어 「길은 멀다, 하지만 아
직 해는 저물지 않았다」라는 말로 맺었다. 자신의 부족함을 인정하지 않고
억지를 부렸던 것이 아니라, 지금부터 해야만 할 일들을 앞에 두고 생겨 난
초조함이 깃든 실감에서 우러난 말이었다. 이후 19년, 같은 길을 계속 걸
어가고 있지만, 그 생각은 지금도 변하지 않았다.

1990년 1월

川田 順造

추기

　본서가 「동시대 라이브러리」로 간행된(1990) 후, 제3쇄(1995.11)까지 출판된 다음 저작에, 주(注)에서 거명했던 논문의 일부를 수록하였다. 그 논문들에는 말미에 〈A〉〈B〉〈C〉 등으로 표시하였다.

　〈A〉『西の風・南の風 文明論の組みかえのために』[서풍・남풍 문명론의 재편성을 위하여], 河出書房新社, 1992
　〈B〉『口頭傳承論』[구두전승론], 河出書房新社, 1992
　〈C〉『アフリカの心とかたち』[아프리카의 마음과 모습], 岩崎美術社, 1995

　그리고, 『サバンナの博物誌』[사바나의 박물지]는 「ちくま文庫」,『サバンナの手帖』[사바나의 수첩]은 「講談社學術文庫」의 한 책이 되어 각각 간행되었다.

해   설

니노미야 히로유키(二宮宏之)

돌이켜 보면, 1970년대란 전후의 일본학문이 큰 구비에 걸쳐져 있던 시기는 아니었을까. 그 질문을 나 자신에게 되돌려 역사학의 영역에서 생각해 보더라도, 1968년이라는 상징적인 해를 하나의 마디로 하여, 전후의 역사학은 결정적인 전기를 맞이하였다. 그 벽을 넘어서고자 프랑스에서는 젊은 아날학파들이 역사인류학에의 길을 걷기 시작하였고, 일본에서도 사회사라는 이름으로 새롭게 역사를 파악하고자 하는 모색이 이루어졌다. 이러한 움직임은 그 순서에 있어서는 전후를 약간 달리 하면서도, 인간과학의 제 분야에 공통된 것이었다.

가와다 준조 선생의 이 저서는, 바로 그러한 때를 맞이한 세상에 등장하였다. 잡지 『사상』에 게재된 것이 1971~74년, 단행본으로 새단장한 것이 1976년이었다. 잡지에 처음 등장하였을 때부터 그것은 많은 이들의 강한 관심을 불러 일으켰다. 당시에는 학문의 주류로부터 벗어나 있었던 아프리카연구라는 장에서 발신되어, 종래의 학문을 암묵적으로 지지해 왔던 문제관심과 개념틀의 근본적인 전환을 구하는 강렬한 메시지였기 때문이다.

이 저서가 등장한 1976년 가을, 프랑스에서 자크 · 르코프가 일본을 방문하여, 일불회관(日佛會館)에서 「역사학과 민족학의 현재 역사학은 어디로 가는가」라는 제목으로 강연하였다. 역사학과 민족학(인류학)이 상호 협조할 것을 뜨겁게 설파한 역사인류학의 선언이라고 할 수 있는 것이었다. 이 강연회에는 야마구치 마사오(山口昌男)선생과 함께 가와다 선생도 참가하여 주었는데, 일본에서 역사가들을 상대로 하는 강연에 인류학자들로부터 영접을 받은 르코프는 놀라기도 하고 기뻐하기도 하였을 것이다. 실제로, 이 무렵의 문화인류학은 어떤 의미에서는 새로운 학문이었으므로, 일본 사회과학의 멍에에 사로잡히는 일이 적고, 자유로운 발상과 솔직한 제언을 몸에 익히고 있었다. 야마구치 선생은 독특한 게릴라적 발언으로 역사가들의 틀에 박힌 발상에 크게 동요를 일으켜 주었고, 가와다 선생은 정공법으로 방법적 비판을 통해 역사인식의 방법에 전환을 촉구하였던 것이다. 그리고, 그것은 막 태어나려고 하던 사회사에 있어서 천군만마의 원군이기도 하였다.

가와다 선생의 이 저서는, 무엇보다도 우선 아프리카 연구자로서의 선구적이고 본격적인 저작이다. 그러나 그것은 동시에 역사인류학의 방법에 관한 투철한 성찰로서 아프리카 연구의 영역을 넘어 아주 긴 사정거리를 지니고 있으며, 유럽연구에 있어서도 일본연구에 있어서도 시사하는 바가 다대하다. 필자에게는 아프리카연구로서 본 저서를 논평할 능력은 없으므로, 이하에서는 오로지 후자의 시점에서 두 세 가지의 감상을 피력함으로써 그 책임을 다하고자 한다. 또한 본 문고판에는 저자 자신에 의한 상세한 「자저해제」와 「추기」가 수록되어 있어서, 본서의 주요한 논점이나 그 후의 연구과정에 대해서 전망해 볼 수 있을 것이다.

큰북언어에 의한 왕의 계보이야기와 구연전승을 통해, 어떻게 하면 모시족 사람들의 역사를 재구성할 수 있을까. 이것이야말로 본서의 중심 주제였다. 저자의 고찰은, 우선 사료의 성격을 면밀하게 검토하는 것에서 시작되고 있는데, 그 안에 등장하는 고고자료 · 문자자료 · 구연전승자료의 비교검토에는 풍부한 시사점이 담겨 있다. 특히, 문자를 특권화하지 않고, 그것을 다양한 「표기나 기호」의 한 형태로 파악하고 있는 저자의 시점은, 오로지 문자사료에 입각해 온 정통파 역사학에 대해 예리한 비판이 된 것은 더 말할 나위도 없을 것이다. 더욱이, 이들 다양한 자료를 단순히 병렬적으로 다루는 것이 아니라, 각각의 특질을 첨예하게 추구하고 있다는 점에 본서가 공헌하는 바는 매우 큰 것이다. 구연전승자료와 문자자료를 대비하면서, 저자는 다음과 같이 말하고 있다. 구연전승자료는 과거의 시점에서 행해지는 해석이고, 그것을 연구자가 재해석하는 것이 된다…고. 어떤 경우에서나 자료는 이미 당사자에 의한 제1차적 해석의 소산이고, 연구자는 그것을 재해석하는 것이라고 명쾌히 지적하고 있는 것은 지극히 중요한 것인데, 이는 필자가 역사가에 의한 역사기술은 이중의 재현과정이라고 해석하는 것과 일치한다. 그로부터 저자의 고찰은 「살아온 역사」와 「상상되는 역사」, 그리고 연구자에 의해 재해석되는 역사가 맺고 있는 상호관련에로 나아가는데, 여기에는 이미 역사인식론의 핵심적인 논점이 아주 명쾌하게 지적되어 있다는 점에 놀라지 않을 수 없다. 아주 쉽게 결론을 도출해낼 수 있는 문제가 아니라는 것은 저자가 이 문고판에 부가한 「추기」에 솔직하게 기술해 둔 대로인데, 본서에서 문자자료와 구연전승자료·고고자료와의 대비을 염두에 둠으로써 역사인식론을 둘러 싼 논의도 보다 넓은 관점을 가질 수 있게 될 것이다.

저자는, 자신의 필드인 모시족의 사회를 이해하는 데 있어서, 원래는 유럽사회의 분석을 위해 만들어진 개념을 마치 보편적인 개념인 양 모시족의 역사와 사회에 적용하고 있는 논자들을 강하게 비판하고 있다. 그것을 크게 말하면, 유럽 중심주의 비판의 논점이며, 오늘날에 있어서는 광범위하게 인정을 받기에 이르렀지만, 1970년대라는 상황을 생각하면, 그 비판은 진실로 정곡을 찌르는 것이었다. 그만큼, 「보편개념」신앙이 근대

사회과학 분야에서 암묵적인 전제가 되어 있었기 때문이다. 「계급」과 「민족」이라는 개념을 인류의 전 역사에 적용함으로써 세계사의 구조를 파악하는 것이 가능하다고 믿어 온 일본의 전후역사학도 그 전형이었다. 이에 반해 저자는, '주민의 개념이나 용어에 따라' 대상을 해독해야 한다고 주장하고, 나아가 「흑인 아프리카에서 만들어진 개념이나 모델이, 예를 들면 서양의 근대사회의 감춰진 측면을 드러내 주는 데 있어서 오히려 더 유효한 개념이지 않을까」하고 되물음하고 있다. 바로 이것이야말로 근대역사학이 문화인류학으로부터 배워야 할 중요한 시점이 시사되고 있는 것이다. 근대의 이념을 담당하는 엘리트문화와는 이질적인 별개의 문화가 유럽사회의 심층에 계속 살아 있다는 사실에 주목하여, 이와 같은 민중의 생활세계에 밀착해 가면서 유럽을 다시금 파악하려고 하던 사회사 분야 안에 이와 같은 저자의 주장은 공감대를 형성하면서 받아들여졌던 것이다.

이러한 점에서 지극히 흥미로운 것은 18장 「신화로서의 역사·연표로서의 역사」이다. 그 장에서 저자는 에반스 프리차드의 누엘연구를 채용하여 시간의식을 분석하고 있는데, 누엘사회에서는 계절의 변화에 따라 생활의 리듬이 만들어내는 「생태학적 시간」과 함께, 연령집단의 틀 세우기나, 혹은 혈연집단의 세대의 틀세우기나 모두 일정한 깊이를 넘어서면 누적되지 않는 「구조화된 시간」이 살아 있는 것이다. 이에 대해, 유럽문화에 있어서는 과거의 사건은 절대연대 위에 자리매김되는데, 이에 대해 「누적적 시간」이라는 성격을 부여할 수 있을 것이다.

이와 같은 시간의식의 대비자체가 각각의 사회에 있어서 「상상되는 역사」의 특질을 파악하는 데 매우 중요한 것이다. 덧붙여 시사적인 것은 시간의식의 복합성에 대한 다음과 같은 지적이다. 저자는 프랑스의 민족학자에 의한 노르망디 지방의 한 촌락연구를 참조하면서, 마을 사람들이 마을의 과거에 대해 이야기할 때, 보불전쟁 이전 시기는 「옛날」이라고 일괄되어 있어서 그 시간의식은 깊이가 매우 얕고, 누엘 사람들과 마찬가지로 「구조화된 시간」의 특징을 보여주고 있다고 한다. 이러한 시간의식은, 후에 이루어진 미노촌락연구에 의해서도 추인되고 있는데, 저자는, 한편으로 보기에 「누적적 시간」을 살아가고 있다고 보이는 유럽사회에 있어서도 그 내부에 포함되어 있다는 사실에 대해 주의를 환기시키고 있는 것이다.

마찬가지로 이는 모시족의 사람들에 대해서도 해당되는 바, 왕의 계보이야기를 보더라도 선주민인 뇨논시에 있어서는 선조의 계보는 지극히 얕은 것들에 머물게 되고 「구조화된 시간」의 특징은 현저해진다. 이와 같이, 동일사회의 내부에서 볼 수 있는 문화의 다양성·복합성에 착안하는 것은, 안이한 유형화에 대한 저자의 비판과 통하는 점이 있으며, 그것은 또한 막 태어나고 있는 사회사에 대한 관심과도 중첩되는 것이었다.

이상, 본서가 던져주고 있는 중요한 물음의 아주 작은 일부만을 다룬 것에 지나지 않지만, 이 저서에서 명석한 문장에 의해 제기되고 있는 여러 문제들은, 간행 후 4반세기를 넘어 현재에 있어서도, 그 실제적인 의미를 잃기는 커녕, 전통의 창출이나 역사와 기억을 둘러 싼 논의, 또한 역사인식론의 새로운 전개 안에서 그 중요성이 한층 더 증대되고 있다고 해도 좋을 것이다. 20대에서 30대에 걸친 저자의 싱싱한 감성과 예리한 논리로 무장된 이 파이오니아적인 이 저서는 역사를, 문화를, 사회를 그리고 세계를 생각해 보고자 하는 사람들이 지녀야 할 원점으로서 재독·삼독을 권하는 바이다.

참고문헌

ABDEL-MALEK, Anouar(1971), "L'avenir de la theorie sociale", Cahiers Internationaux de Sociologie, 50: 23-40

"A five-year plan of research",(1932), Africa 5(1) : 1-13.

AL-OMARI, Ibn Fadl Allah(1927), Masalik el-Absar fi mamalik el-Amsar, 1, L'Afrique, moins l' Egypte(traduction et annotation par Gaudefroy-Demombynes), Paris, Geuthner.

ALEXANDRE, R. P.(1953), La langue m r , 2 vols., M moire de l'I. F. A. N.,34, Dakar, I. F. A. N.

ALEXANDRE, Pierre(1969), "Langages tambourin s: une critute sonore?", Semiotica, 1(3): 273-281.

BALANDIER, Georges(1951), "La situation coloniale: approche th orique", Cahiers Internationaux de Sociologie, 11: 44-79

BALANDIER, G. (1964), "R flexions sur le fait politique: le cas des soci t s africaines", Cahiers Internationaux de Sociologie, 37: 23-50.

BALANDIER, G.(1967), Anthropologie politique, Paris, Presses Universitaires de France.

BALANDIER, G.(1974), Anthropo-logique, Paris, Presses Universitaires de France.

BARNES, J. A.(1951) "History in a changing society", Human Problems in British Central Africa, 11: 1-9.

BARROS, Joao de(1552-1553), Asia, Lixboa, in Marc, 1909: 6-8.

BARTH, Heinrich(1858), Travels and discoveries in north and central Africa: being a journal of expedition undertaken under the auspices of H. B. M. 's Governement, in the years 1849-1855(trans1. from German), 5 vols., London, Brown, Green, Longman's and Robert, 1857-1858(Vol. 4, 1858).

BEIDELMAN, T. O.(1968), "Kaguru oral history", Baessler-Archiv, Neue Folge Bd. 16: 357-371.

BERNOT, Lucien et BLANCARD, Ren (1953), Nouville, un village fran ais, Travaux et Memoires de l'Institut d'Ethnologie, 52, Paris, Institut d'Ethnologie.

BERTIN, Jacques(1967), S miologie graphique, La Haye, Mouton.

BERTIN, J.(1970), "La graphique", Communications, 15: 169-185.

BINGER, Capitaine Louis-Gustave(1892), Du Niger au Golfe de Guin e par le pays de Kong et le Mossi(1887-1889), 2 vols, Paris, Hachette.

BIOBAKU, S. O.(1956), "The problem of traditional history, with special reference to Yoruba traditions?, Journal of the Historical Society of Nigeria, 1(1): 43-47.

BOHANNAN, L.(1952), "A genealogical charter", Africa, 22(4): 301-315.

BOHANNAN, p.(1953), "Concepts of time among the Tiv of Nigeria", Southwestern Journal of Anthropology, 9(3): 251-262.

BOVILL, E. W.(1958), The golden trade of the Moors, London, Oxford University Press.

BOWDICH, T. E.(1819), Mission from Cape Coast Castle to Ashantee, London, John Murray.

BRADBURY, Ray(1953), Fahrenheit 451, New York, Random House.

BROWN, P.(1951), "Patterns of authority in West Africa", Africa, 21: 261-278.

CAILLIE, Rene(1965), Journal d'un voyage Tembouctou et Jenn , 3 vols, Paris, ditions Anthropos.

CALAME-GRIAULE, Genevi ve(1965), Ethnologie et langage : la parole chez les Dogon, Paris, Gallimard.

CALAME-GRIAULE, G. & LACROIX, P.-F.(1969), "Graphies et signes africains", Semiotica, 1(3): 256-272.

CARDINALL, A. W.(1925), The natives of the northern territories of the Gold Coast, London, Routledge & Sons.

CARDINALL, A. W.(1931), Tales told in Togoland, London, Routledge & Sons.

CARRINGTON, J. F.(1949 a), A comparative study of some central African gong-languages, Bruxelles, Institut Royal Colonial Belge, Section des Sciences Morales et Politiques, Memoires 18(3).

CARRINGTON, J. F.(1949 b), Talking drums in Africa, London, The Carey Kingsgate Press.

CARTRY, Michel(1963), "Notes sur les signes graphiques du geomancien gourmantche", Journal de la Soci t des Africanistes, 33(2): 275-306.

CARTRY, M.(1968), "La calebsse de l'excision en pays gourmantche", Journal de la Soci t des Africanistes, 38(2): 189-225.

CHAMBERLAIN, A. F.(1906), "Acquisition of written language by primitive peoples", American Journal of Psychology, 17: 69-80.

CHARBONNIER, Georeges(1961), Entretiens avec Claude Levi-Strauss, Paris, Plon-Julliard.

CHERON, Georeges(1924), "Contribution l'histoire du Mossi : traditions relatives au cercle de Kaya", Bulletin du Comite d' tudes Historiques et Scientifiques de l'Afrique Occidentale Fran aise, 7(4): 635-691.

CHERON, G.(1925), "L'art militaire mossi", Bulletin du Comite d' tudes Historiques et Scientifiques de l'Afrique Occidentale Francaise, 8(3): 509-512.

CHIERA, Edward(1951), They wrote on cray, Chicago, The University of Chicago Press. 板倉勝正譯『粘土に書かれた歴史 メソポタミア文明の話』, 岩波書店, 1958.

CHILVER, E. M.(1959), "Feudalism' in the interlacustrine kingdoms", East African chiefs(ed. by RICHARDS, A. I.), London, Faber &

Faber: 378-393.

COHEN, Marcel(1958), La grande invention de l' criture et son volution, 3 vols., Paris, Imprimerie Nationale.

Colloque sur les cultures voltaiques(Sonchamp, 6-8 d cembre 1965)(1967), Recherches Voltaiques 8, Paris-Ouagadougou, C. N. R. S.-C. V. R. S.

COQUERY-VIDROVITCH, Catherine(1969), "Recherche sur un mode de production africain", La Pens e, 144: 61-78.

CROZAT, Dr.(1891), "Rapport sur une mission au Mossi, 1890", Journal Officiel de la R publique Fran aise, 5-9 octobre 1891: 4797-4801, 4806-4809, 4820-4823, 4835-4837, 4847-4850.

CUNNISON, Ian(1956), "Perpetual kinship: a political institution of the Luapula peoples", Rhodes-Livingstone Institute Journal, 20: 29-48.

CUNNISON, I.(1957), "History and genealogies in a conquest state", American Anthropologist, 59: 29-31.

DAAKU, Kwame Yeboa(1970), Trade and politics on the Gold Coast 1600 to 1720 : a study of the African reaction to European trade, Oxford, Clarendon Press.

DALBY, D.(1967), "A survey of the indigenous scripts of Liberia and Sierra Leone: Vai, Mende, Loma, Kpelle and Bassa", African Language Studies, 8: 1-51.

DAVIDSON, Basil(1959), Old Africa rediscovered, London, Victor Gollanz. 內山敏 譯『古代 アフリカの發見』, 紀伊國屋書店, 1960.

DAVIES, A. W.(n. d.), The history and organization of the 'Kambonse' in Dagomba, MS, Tamale, National Archives of Ghana.

DE BEAUMINY, A,(1925), "Une feodalite en Afrique occidentale fran aise: les tats mossi", Bulletin de l'Afrique Fran aise: Renseignements Coloniaux, 35(1): 24-36.

DELAFOSSE, Maurice(1912), Haut-S n gal-Niger, 3 vols., Paris, Larose.

DELOBSOM, A. A. Dim(1932), L'empire du Mogho-Naba: coutumes des Mossi de la Haute-Volta, Paris, Domat-Montchrestien.

DIENG, Amady Aly(1974), Classes sociales et mode de production esclavagiste en Afrique de l'ouest, Paris, centre d'Etudes et de Recherches Marxistes.

DIETERLEN, G.(1940), "Note sur les Kouroumba du Yatenga septentrional", Journal de la Soci t des Africanistes, 10: 181-189.

DIETERLEN, Germaine & CISSE, Youssouf(1972), Les fondements de la soci t d'initiation du Komo, Paris-La Haye, Mouton.

DIOP, Cheikh Anta(1955), Nations negres et cultures, Paris, Presence Africaine.

DIOP, Majhemout(1971), Histoire des classes sociales dans l'Afrique de l'ouest, Vol. 1: Le Mali, Paris, Francois Maspero.

DIOP, Majhemout(1972), Histoire des classes sociales dans l'Afrique de l'ouest, Vol. 2: Le Senegal, Paris, Francois Maspero.

DOBLHOFER, Ernst(1957), Zeichen und Wunder: Die Entzifferung verschollener Schriften und Sprachen, Paul Neff Verlag. 矢島文夫・佐藤牧夫 譯『失われた文字の解讀』, 3卷, 山本書店. 1963.

DORSON, R. M., et al.(1961), "Symposium on the concept of ethnohistory", Ethnohistory, 8(1): 12-92.

DUGAST & JEFFREYS, M. D. W.(1950), L' criture des Bamum: sa naissance, son volution, sa valeur phon tique, son utilisation, Douala, I. F. A. N.(Centre du Cameroun).

ECHENBERG, Myron(1966), The application of normal probability theory to the problem of Wagadugu Mossi State origins, MS.(Survey of African Chronology and Genealogies), Madison.

ECHENBERG, M.(1971), "Late nineteenth century military technology in Upper Volta", Journal of African History, 12(2): 241-254.

ECO, Umberto(1970), "Semiologie des messages visuels", Communications, 15: 11-51.

EL-BEKRI, Abou Obeid(1965), Description de l'Afrique septentrionale (trad. par MAC GUCKIN DE SLANE), Paris, Adrien-Maisonneuve.

ELKIN, A. P.(1954), The Australian aborigines, 3rd edition, Sydney, Angus & Robertson.

ES-SA'DI, Abderrahman(1964), Tarikh es-Soudan(texte arabe edite et traduit par O. HOUDAS). Paris, Adrien-Maisonneuve.

EVANS-PRITCHARD, E. E.(1939), "The Nuer time reckoning?, Africa, 12(2): 189-216.

EVANS-PRITCHARD, E. E.(1940), The Nuer, Oxford, The Clarendon Press.

EVANS-PRITCHARD, E. E.(1948), The divine kingship of the Shilluk of the Nilotic Sudan, Cambridge, University Press.

EVANS-PRITCHARD, E. E.(1950), "Social anthropology: past and present(The Marett Lecture)", Man, 198: 118-124.

EVERNDEN, J. F. et al.(1965), "The origin of man", Current Anthropology, 6(4): 342-431.

FAGE, J. D.(1964), "Reflexions on the early history of the Mossi-Dagomba group of states", in MAUNY, THOMAS & VANSINA, 1964: 177-191.

FENTON, W. N.(1962), "Ethnohistory and its problems", Ethnohistory, 9(1): 1-23.

FISCH, R.(1913), "Die Dagbamba", Baessler-Archiv, 3: 132-164.

FORTES, Meyer(1936), "Culture contact as a dynamic process: an investigation in the northern territories of the Gold Coast", Africa, 9(1): 24-55.

FORTES, M. & EVANS-PRITCHARD, E. E.(1940), "Introduction", African political systems(ed. by FORTES, M. and EVANS-PRITCHARD, E. E.), London, Oxford University Press: 1-23.

FORTES, M.(1945), The dynamics of clanship among the Tallensi,

London, Oxford University Press.

FORTES, M.(1949), The web of kinship among the Tallensi, London, Oxford University Press.

FROBENIUS, Leo(1912-1913), Und Afrika sprach.., 3 vols, Berlin, Vita(Vol. 2. 1912).

FROBENIUS, LEO(1925), Dichten und Denken im Sudan(Atlantis, Band 5), M nchen, Eugen Diederichs-Jena

藤枝 晃(1971), 『文字の文化史』, 岩波書店.

FULLER, Charles E.(1959), "Ethnohistory in the study of culture change in Southeast Africa", in BASCOM, W. & HERSKOVITS, M. J.(eds.) Continuity and change in African cultures, Chicago, London, University of Chicago Press: 113-129.

GARDIN, J.-C.(1958), "Four codes for the description of artifacts: an essay in archaeological technique and theory", American Anthropologist, 60(2): 335-357.

GARDIN, J. -C.(1965), "On a possible interpretation of componential analysis in archaeology", American Anthropologist, 67(5): 9-22.

GELB, I. J.(1958), Von der Keilschrift zum Alphabet, Stuttgart, Kohlhammer.

GLUCKMAN, Max(1954), "Succession and civil war among the Bemba: an exercise in anthropological theory", Human Problem in British Central Africa, 16: 1-25.

GODELIER, Maurice(1969), "La notion de 'mode de production asiatique' et les sch mas marxistes d'evolution des societes", in Centre d'Etudes et de Recherches Marxistes(ed.), Sur le 'mode de production asiatique', Paris, Editions Sociales: 47-100.

GODELIER, M.(1970), "Pr face", in Centre d' tudes et de Recherches Marxistes(ed.), Sur les soci t s pr capitalistes, Paris, Editions Sociales: 13-142.

GOODY, Jack(1954), The ethnography of the northern territories of the Gold Coast, west of the White Volta, London, The Colonial Office.

GOODY, J.(ed.)(1966), Succession to high office(Cambridge Papers in Social Anthropology), Cambridge, The University Press.

GOODY, J. & MUSTAPHA, T. M.(1967), "The caravan trade from Kano to Salaga", Journal of the Historical Society of Nigeria, 3(4): 611-616.

GOODY, J.(ed.)(1968), Literacy in traditional societies, Cambridge, The University Press.

GOODY, J.(1968), "Restricted literacy in northern Ghana", in: GOODY(ed.), 1968: 199-264.

GOODY, J. &WATT, I.(1968), "The consequences of literacy", in : GOODY(ed.), 1968: 27-68.

GOODY, J.(1971), Technology, tradition, and the state in Africa, London, Oxford University Press.

GRIAULE, Mrcel(1938), Les masques dogons, Paris, Institut d'Ethnologie.

GRIAULE, M.(1941), "Les Domf des Kouroumba", Journal de la Soci t des Africanistes, 11: 7-20.

GRIAULE, M.(1952), "Reflexions sur des symboles soudanais", Cahiers Internationaux de Sociologie, 13: 8-30.

GRIAULE, M. &DIETERLEN, G.(1951), Signes graphiques soudanais, Paris, Hermann.

HAMA, Boubou(1966), Enqu te sur les fondements et la gen se de l'unit africaine, Paris, Pr sence Africaine.

HERTEFELT, M. d'(1964), "Mythes et id ologies dans le Rwanda ancien et contemporain", in MAUNY, THOMAS, & VANSINA, 1964: 219-238.

HERZOG. C.(1945), "Drum-signalling in a west African tribe?, Word, 1:

217-238.

平川祐弘(1971),『和魂洋才の系譜』, 河出書房新社.

HOOKE, S. H.(1954), "Recording and writing", A history of technology (ed. by SINGER, C. et al.), Oxford, The Clarendon Perss: 744-773.

HUNTER, Moniea(1933), "The effects of contact with Europeans on the status of Pondo women", Africa, 4(3): 259-276.

HUNTER, M.(1934), "Methods of study of culture contact", Africa, 7(3): 335-350.

飯塚浩二(1963),『東洋史と西洋史とのあいだ』, 岩波書店.

ILBOUDO, Pierre(1966), Croyances et pratiques religieuses trditionnelles des Mossi, Paris-Ouagadougou, C. N. R. S.-C. V. R. S.

ILIASU, A. A.(1971), "The origins of the Mossi-Dagomba States", University of Ghana, Institute of African Studies Research Review, 7(2): 95-113.

INNIS, Harold A.(1950), Empire and communications, Oxford, The Clarendon Press.

石田英一郎(1959),『文化人類學序說』, 時潮社.

石田英一郎(1967),『マヤ文明』, 中公新書 127, 中央公論社.

IZARD, Michel(1965), Traditions historiques des villages du Yatenga, 1: Cercle de Gourcy, Paris-Ouagadougou, C. N. R. S.-C. V. R. S.

IZARD, M.(1968), "Note sur la situation de la recherche historique en Haute-Volta", Notes et Documents Voltaiques, 2(1): 22-34.

IZARD, M.(1970), Introduction a l'histoire des royaumes mossi, 2 vols., Recherches Voltaiques, 12-13, Paris-Ouagadougou, C. N. R. S.-C. V. R. S.

JAKOBSON, Roman(1965), "A la recherche de l'essence du langaga", Diog ne, 51: 22-38.

JENSEN, A. E.(1951), Mythos und Kull bei Naturv lkern, Wiesbaden, F. Steiner.

KABORE, Gomkoudougou V.(1962), "Caract re ʹf odalʹ du syst me politique mossi", Cahiers dʹ tudes Africaines, 2(4): 609-623.

KABORE, G. V.(1966), Organisation politique traditionnelle et volution politique des Mossi de Ouagadougou, Paris-Ouagadougou, C. N. R. S.-C. V. R. S.

KATI, Mahamoud et al.(1964), Tarikh el-Fettach(texte arabe dit et trad. par O. HOUDAS et M. DELAFOSSE), Paris, Adrien-Maisonneuve.

川田順造(1962),「アフリカにおける農耕・牧畜社會の形成 そのアフリか的諸性格」, 石母田正他編『古代史講座』, 3, 學生社: 261-289.

川田順造(1966), 「轉機にたつ黑人芸術 タカールで見たもの」,『朝日ジャーナル』,8(31): 98-102.

KAWADA, Junzo(1967), Le Zitenga : rapport de mission dans le cercle de Ziniare, Paris-Ouagadougou, C. N. R. S.-C. V. R. S.

KAWADA, J.(1969), "Chronologie des Busuma Naaba?, Notes et Documents Voltaiques, 2(2): 42-53.

KAWADA, J.(1971), Gen se et volution du systeme politique des Mosi m - ridionaux(Haute-Volta), MS, Th se pour le Doctorat de lʹUniversite de Paris V.

川田順造(1971),「象牙海岸 統と文化・アブラヤシ文化」, 泉靖一編『住まいの原型』, 1, 鹿島 研究所出版會: 208-219.

川田順造(1972),「人類學の視点と構造分析」,レヴィ=ストロス(荒川他譯)『構造人類學』, みすず書房: 427-451.

KAWADA, J. (1975), Technologie Voltaique, Ouagadougou, Musee National de Haute-Volta.

川田順造(1976),「王制をめぐる語彙」,『どるめん』, 9: 45-64.

KI-ZERBO, Joseph(1969), "Une source de lʹhistoire de lʹAfrique : la tradition orale", Diogene, 67: 127-142.

KOHLER, Jean-Marie(1972), Les migrations des Mossi de l'ouest, Travaux et Documents, 18, Paris, O. R. S. T. O. M.

KRAUSE, Fritz(1932), "Ethnology and the study of culture change", Africa, 5(4) : 383-392.

KRAUSE, G. A.(1887-1888), "Krause's Reise", Petermanns Mitteilungen, 1887 : 57, 92, 152, 217 ; 1888 : 88.

LAMBERT, G.(1907), Le pays mossi et sa population, MS, Archives du Senegal.

LAMING-EMPERAIRE, A.(1969), "Pour une nouvelle approche des societes prehistoriques", Annales, 24(5) :1261-1269.

LEFORT, Claude(1952), "Societe sans histoire et historicite", Cahiers Internationaux de Sociologie, 12 : 91-114.

LE MOAL, Guy(1960), "Unaspect de l'emigration : la fixation des Voltaiques au Ghana", Bulletin de l' I. F. A. N., B-22(3-4) : 446-454.

LEVI-STRAUSS, Claude(1944), "The social and psychological aspects of chieftainship in a primitive tribe : the Nambikwara of Northern Mato Grosso", Tyansactions of the New York Academy of Sciences, 7 : 16-32.

LEVI-STRAUSS, C.(1945), "L'analyse structurale en linguistique et en anthropologie", Word, 1(2) : 1-21 (in : Anthropologie structurale, 1958, Paris, Plon : 37-62). 佐佐木明譯「言語學と人類學における構造分析」, レ ウィ = ストロ-ス(荒川他譯)『構造人類學』, みすず書房, 1971 : 37-61.

LEVI-STRAUSS, C.(1952), Race et histoire, Paris, U. N. E. S. C. O. 荒川機男譯『人種と歷史』. みすず書房, 1970.

LEVI-STRAUSS, C.(1955), Tristes tropiques, Paris, Plon. 川田順造譯『悲しき熱帶』(上下), 中央公論社, 1977.

LEVI-STRAUSS, C.(1958), "Notion de structure en ethnologie", Anthropologie structurale, Paris, Plon : 303-351. 川田順造譯「民族學に

おける構造の觀念」、レ ウィ = ス ト ロ - ス(荒川他譯)『構造人類學』、みす
ず書房, 1971 : 299-382.

LEVI-STRAUSS, C.(1960), Lecon inaugurale de la chaire
d'Anthropologie Sociale, Paris, College de France(in :
Anthropologie structurale deux, 1973, Paris, Plon : 11-44).

LEVI-STRAUSS, C.(1962), La pensee sauvage, Paris, Plon. 大橋保夫譯
『野生の思考』、みすず書房, 1976.

LEVTZION, Nehemia(1965), Chronology from genealogical evidence :
the Volt Basin, MS, African History Seminar, School of Orirntal
and African Studies, London,

LEVTZION, N.(1968), Muslims and chiefs in west Africa : a study of
Islam in the middle Volta Basin in the pre-colonial period,
Oxford, Cla-rendon Press.

LEVTZION, N.(1971 a), "Mahmud Kati fut-il l'auteur de Ta'rikh al-Fat-
tash?", Bulletin de l'I. F. A. N., B-33(4) : 665-674.

LEVTZION, N.(1971 b), "A seventeenth-century chronicle by Ibn al-
Mu-khtar : a critical study of Ta'rikh al-Fattash", Bulletin of the
School of Oriental and African Studies, 34(3) : 571-593.

LEWIS, Herbert S.(1966), "The origin of African kingdoms", Cahiers
d'Etudes Africaines, 6 : 402-407.

LEWIS, I. M.(1962), "Historical aspects of genealogies in northern
Somali social structure", Journal of African History, 3 : 35-48.

LEWIS, I. M.(ed.)(1968), History and social anthropology, London,
Tavistock Publication.

LOMBARD, Jacques(1957), "Un systeme politique traditionnel de type
feodal : les Bariba du nord Dahomey : apercu sur l'organisation et
le pouvoir central", Bulletin de l'I. F. A. N., 19 : 464-506.

MAIR, Lucy P.(1933), "Baganda land tenure", Africa, 6(2) :187-205.

MAIR, L. P.(1934), "The study of culture contact as a practical prob-
lem", Africa, 7(4) : 415-422.

MAIR, L. P.(1938), "The place of history in the study of culture contact", Methods of study of culture contact in Africa(ed. by L. MAIR), Memorandum 15, London, International Institute of African Lan-guages and Cultures.

MALINOWSKI, Bronislaw(1926), Myth in primitive psychology, London, Kegan Paul.

MALIINOWSKI, B.(1929), "Practical anthropology", Africa, 2(1) :22-38.

MALIINOWSKI, B.(1930), "Rationalization of anthropology and of admin-istration", Africa, 3(4) : 405-430.

MALIINOWSKI, B.(1945), The dynamics of culture change, New Haven, Yale University Press.

MANGIN, E.(1914-1916), "Les Mossi : essai sur les us et coutumes du peuple mossi au Soudan occidental", Anthropos, 9(1914) : 98-124, 477-493, 705-736 : 10-11(1915-1916) : 187-217.

MAQUET, J. J.(1961 a), "Une hypothese pour l'etude des feodalites afri- caines", Cahiers d'Etudes Africaines,2 : 292-314.

MAQUET, J. J.(1961 b), The premise of inequality in Ruanda : a study of political relations in a central African kingdom, London, Oxford University Press.

MARC, Lucien(1909), Le pays mossi, Paris, Lsrose.

MARX, Karl(1970), "Le systeme foncier en Algerie au moment de la conquete framcaise"(manuscrit prepare par l'Institut du Marxisme-Lenismr de Moscou ; traduction francaise par A. GISSELBRECHT et A. TABOURET-KELLER, La Nouvelle Critique, 109, septembre-octobre 1959), in : Sur les societe precapitalistes : textes choisis de Marx, Engels, Lenine, Paris, Editions Sociales : 382-400 : "Formes qui precedent la pa production capitaliste", in op. cit. : 180-226.

MAUNY, Raymond(1957), "Etat actuel de nos connaissances sur la pre-histoire et l'archeologie de la Haute-Volta", Notes Africaines, 73 : 16-25.

MAUNY, R.(1961), Tableau geographique de l'Ouest-africain au moyen age d'apres les sources ecrites, la tradition et l'archeologie, Memoire de l'I. F. A. N., 61, Dakar, I. F. A. N.

MAUNY, R., Thomas, L. V. & VANSINA, J.(eds.)(1964), The historian in tropical Africa, London-Ibadan-Accra, Oxford University Press.

MAUSS, Marcel(1923-1924), "Essai sur le don : forme et raison de l'echange dans les societes archaiques", L'Annee Sociologique, n. s. 1 : 30-186.

MEILLASSOUX, Claude(1960), "Essai d'interpretation du phenomene eco- nomique dans les societes traditionnelles d'auto-subsistance", Cahiers d'Etudes Africaines, 4 : 38-67.

MEILLASSOUX, C.(1968), "Ostentation, destruction, reproduction", Eco-nomies et Societes, 2 : 759-772.

MEILLASSOUX, C.(ed.)(1971), The development of indigenous trade and markets in west Africa, London, Oxford University Press.

MEILLASSOUX, C.(ed.)(1975), L'esclavage en Afrique precoloniale, Paris, Francois Maspero.

MIDDLETON, John &TAIT, David(eds.)(1958), Tribes without rulers, London, Routledge & kegan Paul.

MONTEIL, P.-L.(1894), De Saint-Louis a Tripoli par le Lac Tchad : voyages au travers du Soudan et du Sahara accomplis pendant les annees 1890-92, Paris, F. Alcan.

MOORHOUSE, A. C.(1953), The triumph of the alphabet : a history of wri-ting, New York, Henry Schuman.

MURDOCK, George Peter(1951), "British social anthropology", American Anthropologist, 53(4) : 465-473.

MVENG, Engelbert(1967), "L'Afrique noire et les civilisations antiques", Communisation presentee au IIeme Congres International des Af-ricanistes, Dakar, decembre 1967.

NADEL, S. F.(1942), A black Byzantium : the kingdom of Nuoe in

Nige-ria, London, Oxford University Press.

ONG, Walter J.(1969), "World as view and world as event", American Anthropologist, 71(4) : 634-647.

ORTEGA Y GASSET, Jose(1959), "Difficulte du langage"(trad. par N. ROCHE-BOQUET), Diogene, 28 : 3-21.

PAGEARD, Robert(1963),?Recherche sur les Nioniosse?, Etudes Volta-iques, n. s. 4 : 5-71.

PAGEARD, R.(1965),?Une enquete histoyique en pays mossi(Ziniare, Gaongo, Koubri, Kombissiri, Sapone, Tanghin-Dassouri, Niou et Yako)?, Journal de la Societe des Africanistes, 35(1) :11-66.

PARSONS, Talcott(1966), Societies : evolutionary and comparative per-spectives, Eaglewood Cliffs, Prentice-Hall.

PERSON, Yves(1962), "Tradition orale et chronologie", Cahiers d'Etudes Africaines, 2(3) : 462-476.

PIAULT, Marc-Henri(1970), Historire Mawri : introduction a l'etude des processus constitutifs d'un Etat, Paris, C. N. R. S.

プラトン(1967), 藤澤令夫譯『パイドロス』, 岩波書店.

POLANYI, Karl(1966), Dahomey and the slave trade : an analysis of an archaic economy, London, University of Washington Press. 栗本惠一郎 ・ 端信行譯『經濟と文明』, サイマル出版會, 1975.

POOL, D. I.(1969), "Perspectives on tropical African demography", Africa, 39(2) : 167-176.

PROST, Andre(1953), "Note sur l'origines des Mossi", Bulletin de l'I. F. A. N., 15(3) : 1333-1338.

RADCLIFFE-BROWN, A. R.(1922), The Andaman Islanders, Cambridge, The University Press.

RADCLIFFE-BROWN, A. R.(1923), "The methnology and social anthropology", South African Journal of Sciences, 20, in SRINIVAS, M. N.(ed.), Method in social anthropology, 1958,

Chicago, the University of Chicago Press : 3-41.

RANSOM, Jay E.(1945), "Writing as a medium of acculturation among the Aleuts?, Southwestern Journal of Anthropology, 1 : 333-344.

RATTRAY, R. S.(1932), Tribes of the Ashanti hinterland, 2 vols., Oxford, Oxford University Press.

REDFIELD, R., LINTON, R. & HERSKOVITS, M.(1936),?Memorandum on the study of acculturation?, American Anthropologist, 38 : 149-152.

RENOUARD, Yves(1961), "Information et transmission des nouvelles", L'histoire et ses methodes(ed. par C. SAMARAN), Encyclopedie de la Pleiade 11, Paris, Gallimard : 95-123.

RICHARDS, A. I.(1960), "Social mechanismes for the transfer of political rights in some African tribes", Journal of the Royal Anthropological Institute, 90 : 175-190.

RICHARDS, A. I.(1961), "African kings and their relatives", Journal of the Royal Anthropological Institute, 91 : 135-150.

RICOEUR, Paul(1955), Histoire et verite, Pairs, Seuil.

ROBINSON, Charles H.(1899), Dictionary of Hausa language, 2 vols., Cambridge, The University Press.

ROSCOE, John(1911), The bagamda : an account of their native customs and beliefs, London, Macmillan.

ROUCH, Jean(1956), Migration au Ghana(enquete 1953-1955), Paris, So-ciete des Africanistes.

ROUSSEAU, J.-J.(1970), Essai sur l'origine des langues ou il est parle de la melodie et de l'imitation musicale(edition, introduction et notes par C. PORSET), Bordeaux, Ducros.

SAHLINS, Marshall D. & SERVICE, Elman R.(eds.)(1960), Evolution and culture, Ann Arbor, University of Michigan Press.

SAHLINS, M. D.(1961), "The segmentary lineage : an organization of predatory expansion", American Anthropologist, 63(2) : 332-345.

SAVONNET, Georges(1968), Atlas de Haute-Volta : carte des densites de population, Ouagadougou, C. V. R. S.

SCHAFF, Adam(1971), Histoire et verite : essai sur l'objectivite de la con-naissance historique, Paris, Editions Anthropos.

SCHAPERA, I.(1935), "Field methods in the study of modern culture contacts", Africa, 8(3) : 315-328.

SCHNEIDER, M.(1952), "Zur Trommelsprache des Duala", Anthropos, 47 : 235-243.

SERVICE, Elman R.(1962), Primitive social organization : an evolutionary perspective, New York, Random House.

白川靜(1970),『漢字 - 生い立ちとその背景』, 岩波新書, 岩波書店.

SKINNER, Elliott P.(1960), "The Mossi 'pogsiure'", Man, 60 : 20-23.

SKINNER, E. P.(1962), "Trade and markets among the Mossi people", in BOHANNAN, P. & DALTON, G.(eds.), Markets in Africa, Evanston, Northwestern University Press : 237-278.

SKINNER, E. P.(1964), The Mossi of the Upper Volta : the political deve- lopment of a Sudanese people, S tanford, Stanford University Press.

SMITH, M. G.(1956), "Segmentary lineage systems", Journal of Royal Anthropological Institute, 86 : 39-81.

SMITH, M. G.(1960), Government in Zazzau 1800-1950, London, Oxford University Press.

SMITH, M. G.(1962), "History and social anthropology", Journal of Royal Anthropological Institute, 92 : 73-85.

SMITH, M. G.(1964), "The beginnings of Hausa society, A. D. 1000-1500", in MAUNY, R., THOMAS, L. V. & VANSINA, J.(eds.), The historian in tropical Africa, London-Ibadan-Accra, Oxford University Press : 339-357.

SOEUR JEAN BERNARD(1966), Les Bisa du cercle de Garango, Paris-Oua-gadougou, C. N. R. S.-C. V. R. S.

SOUTHALL, Aiden W.(1954), "Alur tradition and its historical significance", Uganda Journal, 18(2) : 137-165.

SOUTHALL, A. W.(1956), Alur society : a study in process and types in domination, Cambridge, Heffer.

SOUTHALL, A. W.(1965), "Acritique of the typology of states and political systems", in : M. GLUCKMAN & F. EGGAN(eds.), Political sys-tems and the distribution of power, London, Tavistock Publications : 113-140.

SOUTHWOLD, M.(1968), "The history of a history : royal succession in Buganda", in LEWIS, I. M.(ed.), History and social anthropology, London, Tavistock Publications : 127-151.

SPENCER, Herbert(1966), "The philosophy of style", Westminster Review, October 1852(in : reprint of The works of H. Spencer(1981), 21 vols., 1966, Osnabruck, Otto Zeller, Vol. 14 : 333-369).

STEINHART, E. I.(1967), "Vassal and fief in three lacustrine kingdoms", Cahiers d'Etudes Africaines, 7 : 606-623.

STERN, Theodor(1957), "Drum and whistle 'language': an analysis of speech surrogates", American Anthropologist, 59 : 487-506.

STEVENSON, Robert F.(1968), Population and political systems in tropical Africa, New York & London, Columbia University Press.

STEWARD, Julian H.(1955), Theory of culture change : the methodology of multilinear evolution, Urbana, University of Ilinois Press.

SURET-CANALE, Jean(1969), "Les societes traditionnelles en Afrique tropicale et le concept de mode de production asiatique", in GARAUDY, R. et al., Sur 'le mode de production asiatique', Paris, Edition Sociales : 101-133.

SWART, E R.(1953), "Age of the baobab", Nature, 198 : 708.

SYME, J. K. G.(1932), The Kusasis : a short history, MS, Bawku, Traditional Office.

TAIT, David(1955), "History and social organization", Transactions of the Gold Coast and Topoland Historical Society, 1(5) : 192-210.

TAMAKLOE, E. F.(1931), A brief history of the Dagbamba people, Accra, Government Printers.

TAUXIER, Louis(1912), Les noir du Soudan : pays mossi et gourounsi, Paris, Larose.

TAUXIER, L.(1917), Le noir du Yatenga, Paris, Larose.

TEGNAEUS, Harry(1950), Le heros civilisateur : contribution a l'etude ethnologique de la religion et de la sociologie africaines, Stockholm, Pettersons Bokindustri.

TERRAY, Emmanuel(1969), Le marxisme devant les societes 'primitives', Paris, Francois Maspero.

TIENDREBEOGO, Yamba & PAGEARD, Robert(1963), "Histoire tradition nelle des Mossi de Ouagadougou", Journal la Societe des Africa-nistes, 33(1) : 7-46.

TOYNBEE, Arnold J.(1935), A study of history, London-New York-Toronto, Oxford University Press, vol. 1 : Introduction ; The geneses of civilizations.

URVOY, Y.(1941), "Gravures dans l'Aribinda", Journal de la Societe des Africanistes, 11(1) : 1-5.

VANSINA, Jan(1961), De la tradition orale : essai de methode historique, Tervuren, Musee Royal de l'Afrique Centrale.

VANSINA, J.(1962 a), "Acomparison of African kingdoms", Africa, 32 : 324-335.

VANSINA, J.(1962 b), "Ethnohistory in Africa", Ethnohistory, 9(1) : 126-136.

VANSINA, J.(1962 c), L'evolution du royaume rwanda des origines a

1900, Bruxelles, Academie Royale des Sciences d'Outre-Mer.

VANSINA, J.(1964), "The use of process-models in African history", in MAUNY, THOMAS & VANSINA, 1964 : 375-389.

VEYNE, Paul(1971), Comment on ecrit l'histoire : essai d'epistemologie, Paris, Seuil.

VON FRANCOIS, C.(1888), "Aus dem Schutzgebieten Togo", Mitteilungen aus des Deutschen Schutzgebieten, 1888 : 143-182.

VOULET, Lieutenant(1896), Mission Voulet-Chanoine au Mossi(21 rapports sur la marche), MS, Dakar, Archives du Gouvernemen Senegalais.

VOULET, Lt.(1897), "Au Mossi et au Gourounsi", Bulletin de la Societe de Geographie de Paris, 19 : 120-151.

WAGNER, GUNTER(1936), "The study of culture contact and the deter-mination of policy", Africa, 9(3), 1936 : 317-331.

WHITE, C. M. N.(1960), An outline of Luvale social and political organization, Rhodes-Livingstone Paper, 30, Manchester.

WHITE, Leslie(1959), The evolution of culture, New York, McGraw-Hill.

WILKS, Ivor(1962), "A medieval trade route from the Niger to the Gulf of Guinea", Journal of African History, 3 : 337-341.

WILKS, I.(1968), "The transmission of Islamic learning in the western Sudan", in GOODY, 1968 : 162-197.

WITHERS-GILL, J.(1924), The Moshi tribe : a short history, Accra.

YUNIS, E.(1924), "The Kuku and other minor tribes of the Kajo Kaji District", Sudan Notes and Records, 7 : 1-41.

백화점－도시문화의 근대

저자 하쓰다 토오루初田 亨　**옮긴이** 이태문

원제 百貨店의 誕生－都市文化의 近代

페이지 320쪽　　**판형** A5신　**ISBN** 89-90618-01-0 02910

정가 15,000원　**발행일** 2003년 8월 11일

분류 인문〉근대도시 · 문화연구 · 도시민속학 · 도시건축사,
경영〉상업유통사 · 광고 · 마케팅 · 소비 · 디자인

책소개

저자는 이미 『도쿄 도시의 메이지(東京 都市의 明治)』에서 권공장에 대한 선구적인 연구
를 발표한 이래, 건축사의 관점을 축으로 백화점과 상업공간의 근대 일본도시 속 발전과
변용을 꼼꼼하게 분석하는 작업을 진행해 왔었다. 특히, 권공장에서 백화점으로의 역사
에 초점을 맞춘 이 책은 일본 디파트 연구에 든든한 기반을 다져 준 필독문헌이 되었다.
메이지 10년대부터 20년대에 걸쳐서 권공장의 탄생과 발전, 30년대 이후의 백화점 성립
과 고객 전략의 전개, 나아가 다이쇼 말기 이후 터미널 디파트의 탄생에 이르기까지 백화
점사를 자세하게 정리하였다. 그 중에서도 유난히 흥미로운 점은 백화점이 근대 일본의
도시 속에서 구체적으로 어떠한 공간이었는지를 사람들의 행락 체험과 연결시켜 보여준
점이다.

목차

기획의 변 / 한국어판 인사말 / 백화점을 번역하면서

제1장 권공장의 성립

제2장 번화가에 나타난 권공장

제3장 오복점吳服店에서 백화점으로

제4장 새로운 고객을 개척

제5장 유람장이 된 백화점

제6장 가정생활의 연출

제7장 신중간층과 도시문화

제8장 권공장과 백화점의 시대

후기 / 문고판을 위한 저자 후기

해설 『백화점』과 백화점 연구의 현재(요시미 순야)

일본백화점 연표

조선 백화점 및 박람회 관련 연표

찾아보기

박람회—근대의 시선

저자 요시미 순야吉見俊哉 **역자** 이태문
원제 博覽會の政治學 — まなざしの近代
페이지 340쪽 **판형** A5신 **ISBN** 89-90618-02-9 03910
정가 18,000원 **발행일** 2004년 2월 9일
분류 인문〉근대도시 · 문화연구 · 도시민속학 · 도시건축사,
경영〉상업유통사 · 광고 · 마케팅 · 소비 · 디자인

책소개

박람회는 그 성립 초기부터 국가와 자본에 의해 연출되어, 사람들을 동원하고 수용하는 방식의 방향이 이미 결정된 제도로서 존재하였던 것이다. 따라서 박람회를 상연되는 문화적 텍스트라고 가정할 때, 사람들은 이 텍스트에 자유롭게 스스로의 의식을 투영하는 이야기의 작가로서 참가하고 있는 것이 아니다. 이 텍스트는 이미 전혀 종류가 다른 손에 의해 구조화되고 그 상연되는 방식까지도 조건이 붙어있다. 이때의 필자란 물론 먼저 근대국가 그 자체이지만 동시에 다수의 기업가와 흥행사들, 매스 미디어와 여행대리점까지도 포함된 복합적인 편성체이다. 그렇다고 해서 박람회의 경험 구조는 이들 연출가들에 의해 일방적으로 결정되지도 않는다. 박람회라는 공간에 스스로 신체를 가지고 참가하는 사람들이 이 경험의 최종적인 연기자로서 역시 존재하고 있는 것이다.

목차

기획의 말 / 한국어판 인사말 / 박람회를 번역하면서
제1장 수정궁의 탄생
제2장 박람회 도시의 형성
제3장 문명개화와 박람회
제4장 연출된 소비문화
제5장 제국주의의 제전
제6장 변용하는 박람회 공간
종장 박람회와 문화 정치학
후기
부록   제1-5회 내국권업박람회의 디스플레이 / 국내박람회 연보 /
        조선 이외의 일본에 의한 식민지 박람회 개최현황 /
        식민지시대 일본내 박람회 참가현황 / 국제박람회 연보
참고문헌
찾아보기